ENCYCLOPÉDIE-RORET.

FABRICANT DE PAPIERS.

—

TOME SECOND.

AVIS.

Le mérite des ouvrages de l'**Encyclopédie-Roret** leur a valu les honneurs de la traduction, de l'imitation et de la contrefaçon. Pour distinguer ce volume, il porte la signature de l'Éditeur, qui se réserve le droit de le faire traduire dans toutes les langues, et de poursuivre, en vertu des lois, décrets et traités internationaux, toutes contrefaçons et toutes traductions faites au mépris de ses droits.

EN VENTE A LA MÊME LIBRAIRIE :

Manuel du Cartonnier, Cartier et Fabricant de Cartonnages, par M. LEBRUN. 1 vol. orné de figures.   3 fr.

— **Papiers de fantaisie** (Fabricant de), Papiers marbrés, jaspés, maroquinés, gaufrés, dorés, etc; Peau d'âne factice, Papiers métalliques; Cire et Pains à cacheter, Crayons, etc., etc.; par M. FICHTENBERG. 1 volume orné de modèles de papiers. . . . . 3 fr.

— **Papetier et Régleur**, par MM. JULIA DE FONTENELLE et POISSON. 1 gros vol. avec planches. . . 3 fr. 50

MANUELS-RORET.

NOUVEAU MANUEL COMPLET

DU

FABRICANT DE PAPIERS

OU

DE L'ART DE LA PAPETERIE

SUIVI

DE L'ART DU FABRICANT DE CARTONS ET DE L'ART DU FORMAIRE.

Par L.-Séb. LE NORMAND,

Professeur de Technologie, Membre de plusieurs Sociétés savantes,
nationales et étrangères.

OUVRAGE ACCOMPAGNÉ D'UN ATLAS
RENFERMANT 17 PLANCHES GRAVÉES SUR ACIER.

TOME SECOND.

PARIS

A LA LIBRAIRIE ENCYCLOPÉDIQUE DE RORET,

RUE HAUTEFEUILLE, 12.

ERRATA.

TOME SECOND.

		au lieu de	lisez
Page 7, ligne 16,	au lieu de	siégen,	lisez siéger.
11	8	1827,	1829.
78	5	brins,	molécules.
80	11	mettrait,	les mettrait.
	18	accessoirs,	accessoires.
94	4	DE PAPIER,	DU PAPIER.
98	4	chauffe,	chauffé.
125	16	papier blanc,	papier bleu.
134	8	dix parties,	dix livres.
155	6	frabrication,	fabrication.
163	10	ajouter,	ajuster.
165	14	empêcher,	arrêter.
175	2	opération,	observation.
183	13	dans le côté d'un bouchon.	d'un côté dans le bouchon.
190	4	sont latés,	sont lutés.
232	18	pour le ramasser.	pour la ramasser.
233	2	le remplacer,	la remplacer.
	3	du même bois,	du menu bois.
235	14	tale laminaire,	talc laminaire.
272	23	tient	fait.
273	24	pouvaient,	pourraient.

MANUEL

DE L'ART

DU FABRICANT DE PAPIER,

ou

ART DE LA PAPETERIE.

TROISIÈME PARTIE.

—

INTRODUCTION.

Après avoir donné dans le tome premier l'histoire de la papeterie, avec toute l'exactitude dont nous avons été capable, depuis les temps les plus reculés jusqu'à la fin du dix-huitième siècle, nous nous sommes réservé de renfermer, dans ce volume, l'histoire des perfectionnemens et des améliorations qui ont été introduits dans cet art important dans les dernières années du dernier siècle. Nous allons remplir cette tâche avec le même soin et la même exactitude que nous avons portés dans nos premières descriptions.

Nous donnerons d'abord le tableau historique et chronologique des diverses découvertes qui ont été faites dans le but de perfectionner la fabrication, et pour lesquelles les auteurs ont pris des brevets d'invention. Nous donnerons à la suite un tableau semblablement distribué des procédés pareillement brevetés, pour fabriquer le papier avec différentes substances autres que le chiffon, ou bien en employant des procédés particuliers de manipulation.

Parmi ces brevets, il en est plusieurs dont la durée est expirée et dont la description a été publiée ; nous conserverons un Chapitre spécial dans lequel nous renfermerons tout ce qui est connu. Mais ce Chapitre sera précédé de la description exacte des procédés suivis dans la nouvelle fabrication, et des machines nouvellement introduites dans les ateliers les plus renommés et qui exploitent avec succès et beaucoup de perfection.

Nous avons été long-temps à nous décider sur l'ordre que nous adopterions dans les descriptions que nous avons entreprises ; nous avons visité beaucoup de papeteries : dans les unes on suit l'ancien système ; dans les autres, et c'est le plus petit nombre, on a adopté le nouveau. Les chefs des unes et des autres cherchent à prouver que leur système est le meilleur. Ceux qui suivent l'ancien système de fabrication, sont acharnés à discréditer l'emploi des machines : ils leur attribuent mille défauts, le papier fait par les machines n'est pas aussi beau, il n'est pas régulier ; ces machines, ajoutent-ils, causent une grande déperdition de pâte, et le collage à la cuve est une invention préjudiciable à la bonne qualité du papier. Prenez, me disait un jour un de ces fabricans, une feuille de papier collé à la cuve, pliez-la en plusieurs doubles et portez-la dans la poche pendant quelques jours, vous verrez ensuite que quoique bien collée d'abord en apparence, la colle paraît avoir disparu, et la feuille n'est pas bien collée. C'était un fait dont je ne pouvais pas nier l'existence avant d'en avoir fait l'épreuve ; et pour cela je lui demandai une des feuilles de son papier qu'il regardait comme le mieux collé : il s'empressa de me satisfaire. J'inscrivis de suite son nom sur un coin de cette feuille qu'il plia in-8°, et qu'il plaça lui-même entre une autre feuille de papier.

Je fus ensuite chez un autre fabricant qui colle à la cuve, je le priai de me donner une de ses feuilles de papier, je la pliai avec l'autre dans la même enveloppe, après avoir écrit son nom sur un des coins. Ce fabricant me soutint que son confrère dont je ne lui dis pas le nom, se trompait, et que j'en aurais bientôt la preuve. Effectivement, au bout de huit jours, et c'était le double du temps que le premier m'avait prescrit, j'examinai les deux feuilles, elles me parurent également bien collées, l'encre ne pénétra pas plus dans l'une que dans l'autre, et j'en conclus qu'il y avait prévention dans le premier fabricant.

Nous consacrerons un Chapitre à l'utilité des machines et nous rechercherons si le reproche qu'on leur fait d'être préjudiciables aux ouvriers est fondé ou non.

Nous terminerons ce volume par le Vocabulaire de l'art du Fabricant de Papiers ou de l'art de la Papeterie.

NOTIONS PRÉLIMINAIRES.

Des perfectionnemens apportés dans l'art de la papeterie.

Depuis les dernières années du dix-huitième siècle, où l'industrie se trouva débarrassée des entraves dont le gouvernement absolu l'avait enchaînée, datent les découvertes, les perfectionnemens que des artistes ingénieux ont apportés dans l'art de la fabrication du papier, cette substance si précieuse qui, par le secours de l'imprimerie, a tant contribué aux progrès de la civilisation. Ces progrès ont été si prompts, qu'au bout de quelques années le bien-être général a commencé à se faire sentir.

Nous avons déjà fait pressentir que les améliorations, les perfectionnemens apportés dans l'art de la papeterie sont de deux espèces. La première est relative aux instrumens, aux machines qui servent à la fabrication, qui suppléent à la main-d'œuvre et abrègent le travail en lui imprimant plus de régularité, une plus grande perfection. Ils feront le sujet historique et chronologique présenté par le premier tableau.

Le second présentera de même, d'une manière chronologique, la série des diverses substances autres que les chiffons, que les auteurs ont employées pour suppléer au chiffon, dans la fabrication du papier, et des diverses manipulations qu'ils ont pratiquées.

Nous ajouterons à ces deux tableaux, qui ne comprennent que les progrès de l'art de la papeterie, en

France, tout ce qui est venu à notre connaissance sur cette matière et sur les mêmes perfectionnemens dans des pays étrangers à la France.

§. Ier. *Tableau chronologique des machines imaginées en France pour concourir au perfectionnement de l'art de la papeterie.*

1. 1799. Le 18 janvier, Robert, ouvrier à la papeterie d'Essonne, prit un brevet de 15 ans pour une *machine propre à faire le papier d'une grande étendue.*

Le 27 juin 1800, il céda son brevet à Léger-Didot, qui dirigeait la fabrique d'Essonne. Le nouveau propriétaire céda son brevet au baron Canson, fabricant de papiers à Annonay (Ardèche), à la charge par celui-ci de n'exercer cette industrie que dans l'arrondissement de Tournon, et dans un rayon de trente lieues. Ce brevet a été publié tome 5, page 18.

Léger-Didot porta cette invention en Angleterre, où il fit exécuter un petit modèle qui a paru aux expositions de 1819 et 1823. Ce modèle, qui fonctionnait, fut regardé comme un chef-d'œuvre.

2. 1809. *Fabrication de nouveaux papiers.* Le 14 avril, le baron Canson, à Annonay (Ardèche), prit un brevet de 5 ans, sous le titre que nous venons d'indiquer. Ce brevet a été publié tome 5, page 46.

3. 1811. *Machine à fabriquer le papier.* Le 16 octobre, Berte, à Paris, prit un brevet de 15 ans. Le 7 octobre 1812, s'étant associé avec Grevenich, ils prirent ensemble un brevet de perfectionnement pour cette machine, qui a été publiée tome 16, page 180.

4. 1813. *Machine propre à suppléer à la main-d'œuvre dans la fabrication du papier.* Le 19 novembre, le bre-

vet de 10 ans fut pris par Leistenschneider, à Poncey (Côte-d'Or). Publié, tome 10, page 199.

5. 1816. *Mécanique destinée à remplacer la main-d'œuvre dans la fabrication du papier.* Le 23 février, le brevet de 15 ans fut pris par le même Leistenschneider, à Paris, et cédé aux sieurs Bibille et Lenteigne, à Paris, le 6 mars 1820. Les nouveaux cessionnaires y ajoutèrent un nouveau perfectionnement. Ce brevet a été publié tome 21, page 159.

6. 1824. *Machine propre à fabriquer le papier vélin et à vergeure, par un mouvement continu.* Le 31 janvier, le brevet de 10 ans fut pris par Delcambre, à Paris, rue Neuve-d'Orléans, n° 22.

7. 1824. *Machine propre à fabriquer, 1° du papier continu vélin et à vergeure; 2° du carton continu de toute épaisseur; 3° du papier continu d'une couleur différente de chaque côté; 4° du papier vélin continu imitant la vergeure.* Le 12 février, le brevet de 15 ans fut pris par le même Delcambre, à Paris. Il paraît que ces deux brevets sont pour la même machine.

8. 1824. *Machine à fabriquer le papier par mouvement continu, dans des dimensions déterminées, sans qu'on soit obligé d'employer des toiles métalliques ou des moules à articulations.* Le 12 février, le brevet de 15 ans fut pris par Montgolfier, à Annonay (Ardèche). Nous avons vu cette ingénieuse machine, et quoique le brevet ne soit pas encore expiré, nous pouvons le décrire de manière à faire concevoir suffisamment son mécanisme.

9. 1825. *Machine propre à fabriquer du papier continu.* Le 5 janvier, le brevet de 15 ans fut pris par Bruand, Porlier et Durieux, à Besançon (Doubs).

10. 1827. *Machine propre à fabriquer le papier vélin et à vergeure, d'une grandeur indéfinie et d'un format fixe*

à volonté. Le 19 janvier, le brevet de 5 ans fut pris par Mairet, fabricant de papiers à Fontenay, près de Montbard (Côte-d'Or).

11. 1828. *Machine à presser et à sécher les feuilles de papier à mesure que les ouvriers les relèvent des cuves.* Le 22 mai, le brevet de 5 ans fut pris par Odent, fabricant de papiers à Courtalin, représenté, à Paris, par Armand, avoué, rue de Bondi, n° 13.

12. 1829. *Machine propre à la fabrication de toute espèce de papiers, laquelle peut presser et sécher en même temps.* Le 10 novembre, le brevet de 15 ans fut pris par Favreau, à Paris, rue de la Bucherie, n° 4. Le 23 juillet 1830, il y ajouta quelques perfectionnemens.

13. 1830. *Nouveaux moyens de fabriquer le papier.* Le 25 août, le brevet de 15 ans fut pris par Oechelhaeusser, de Siégen, en Allemagne, représenté, à Paris, par Chedeaux et compagnie, rue de Cléry, n° 25.

14. 1830. *Machine propre à la fabrication du papier.* Le 30 septembre, le brevet de 15 ans fut pris par Zuber et compagnie, fabricans de papiers peints, à Rixheim (Haut-Rhin).

§. II. *Tableau chronologique des brevets pris en France, pour l'emploi de diverses substances autres que le chiffon, et de nouvelles manipulations dans la fabrication du papier.*

1. 1791. *Fabrication d'un papier de sûreté propre à l'expédition des divers actes dont il importe d'empêcher l'altération et la falsification.* Le 31 octobre, le brevet de 15 ans fut pris par Maugard, à Paris. Il a été publié tome 1, page 437.

2. 1801. *Procédés propres à fabriquer du papier de toutes*

couleurs avec de la paille et d'autres matières végétales.
Le 22 mai, le brevet de 15 ans fut pris par Seguin, à
Paris. Il a été publié tome 3, page 266.

3. 1806. *Fabrication de papiers imitant le maroquin.*
Le 24 octobre, le brevet de 10 ans fut pris par Boehm,
à Strasbourg (Bas-Rhin). Il a été publié tome 6, page
281.

4. 1808. *Papier maroquiné de diverses couleurs.* Le 12
août, le brevet de 5 ans fut pris par Forget, à Paris. Il
a été publié tome 4, page 284.

5. 1811. *Procédés propres à fabriquer du papier blanc,
avec caractères de couleur, destiné à l'usage des banques,
caisses publiques et autres.* Le 21 septembre, le brevet
de 5 ans fut pris par Lévrier, Delisle et Guillot, à Paris.
Il a été publié tome 6, page 271.

6. 1817. *Procédés de fabrication de papier avec les rési-
dus de pommes de terre, après l'extraction de la fécule.*
Le 15 octobre, le brevet de 5 ans fut pris par Pascal
Béretta, à Paris. Il a été publié tome 10, page 8.

7. 1818. *Procédés relatifs à la fabrication des papiers à
écrire, et à la préparation du parchemin, qui ont la propriété de rendre inattaquable à l'acide muriatique oxigéné, et à tout autre acide, l'encre avec laquelle on écrit.*
Le 8 janvier, le brevet de 15 ans fut pris par Georges
Dorsay, à Paris, rue du Colombier, n° 12.

8. 1820. *Procédé de fabrication d'un papier et d'un
carton de paille pure.* Le 7 décembre, le brevet de 15
ans fut pris par Hirigoyen fils, à Budos, canton de Po-
densac (Gironde). Il le céda, le 6 février 1828, en totalité au sieur Pelletereau fils, négociant à Angoulême,
faubourg Saint-Cybard.

9. 1821. *Procédés de fabrication du papier avec la chenevotte, le sparte et le bois de réglisse, mélangés ou sé-*

parément. Le 18 août, le brevet de 10 ans fut pris par Jaubert, de Marseille, et le 24 mai 1822, il le céda au sieur Givre, à Marseille (Bouches-du-Rhône).

10. 1824. *Procédés propres à la fabrication du papier vélin, avec la chenevotte du chanvre non roui.* Le 10 juin, le brevet de 10 ans fut pris par Laforest et compagnie, à Lineuil (Dordogne).

11. 1824. *Procédé propre à faire, avec de la mousse, du papier destiné au radoub, doublage, calfatage des navires, etc.* Le 30 juin, le brevet de 15 ans fut pris par Vanhouten, de Rotterdam, représenté par Peremans frères, à Paris, rue de l'Echiquier, n° 33.

12. 1824. *Procédés de fabrication de papier avec la paille.* Le 30 décembre, le brevet de 15 ans fut pris par Bronzac, à Paris, quai Voltaire, n° 21, le vicomte Chaptal et D'Arcet, membre de l'Académie royale des sciences.

13. 1825 *Papier propre à la couverture des maisons.* Le 19 mai, le brevet de 10 ans fut pris par Forbes, à Paris, chez M. Ganning, rue du Faubourg-Saint-Honoré, n° 12.

14. 1825. *Carton fait avec de la paille.* Le 18 août, le brevet de 5 ans fut pris par Poleza.

15. 1825. *Procédés propres à la fabrication du papier avec la chenevotte du chanvre non roui.* Le 6 octobre, le brevet de perfectionnement au brevet d'invention du 10 juin 1824, fut pris par Laforest, Berryer fils et compagnie, à Paris, rue Saint-Claude, au Marais, n° 1.

16. 1825. *Procédés de fabrication de papier avec les chenevottes du chanvre, du lin, et avec la partie ligneuse de l'ortie, du houblon, de la liane et du maïs.* Le 14 novembre, le brevet de 15 ans fut pris par Laforest, Berryer fils et compagnie, à Paris, rue Saint-Nicolas, n° 2, faubourg

Saint-Martin. Ce brevet fut ensuite cédé le 29 octobre 1827, aux sieurs Fulchie, Orbon, Lebreton et Nouel, demeurans à Paris.

17. 1827. *Perfectionnemens chimiques et manufacturiers dans la fabrication des papiers colorés, en imitation de granit et de marbres divers, et moyens et procédés de les lustrer, glacer ou satiner.* Le brevet de 10 ans fut pris, le 2 mars, par Fichtenberg et compagnie, chez Albert, rue Neuve-Saint-Augustin, n° 28.

18. 1827. *Fabrication du carton et du papier avec le lin en baguettes.* Le brevet de 10 ans fut pris, le 29 juin, par Cadet-Devaux, à Paris, rue de l'Eperon, n° 8.

19. 1827. *Fabrication du papier et du carton avec la racine de réglisse.* Le brevet de 5 ans fut pris, le 14 septembre, par Poisson, à Paris, rue d'Angoulême-du-Temple, n° 19.

Quoique ce brevet ne soit pas expédié, nous pouvons donner quelques notes sur ce papier, d'après l'auteur qui les a publiées.

20. 1827. *Composition d'un papier glacé.* Le brevet de 5 ans fut pris par Lorget, à Paris, rue Montmartre, n° 84.

21. 1828. *Procédé propre à faire du papier avec les débris de peaux tannées de toute nature, papier appelé, par les auteurs, aporeutype.* Le brevet de 15 ans fut pris, le 28 mars, par Bernardet, professeur de calligraphie, et Daubenton et compagnie, rue Vivienne, place de la Bourse.

22. 1828. *Fabrication du papier et du carton de bois pourri.* Le brevet de 5 ans fut pris, le 16 juin, par Brard, directeur des mines de houille de Fréjus (Var).

23. 1828. *Procédé économique du collage du papier.* Le brevet de 5 ans fut pris, le 7 juillet, par Abadie fils aîné

fabricant de papiers , et Meynardie-Lavaysse jeune , Formaire , à Tarbes (Hautes-Pyrénées).

24. 1828. *Papier, appelé par les auteurs,* Falsifrage,
*destiné à mettre les billets de commerce, de banque,
etc., à l'abri des faux.* Le brevet de 5 ans fut pris le 29
décembre, par Pierquin et Mazel, à Paris, rue de Gram-
mont , n° 15.

25. 1827. *Fabrication de papiers et cartons de cuir,
imperméables et ordinaires.* Le brevet de 15 ans fut pris,
le 15 juin, par Rondeaux et Henne , fabricans de cartons,
rue du Bon-Puits, n° 24 , à la Chapelle-Saint-Denis
(Seine).

26. 1829. *Machine à rogner le papier.* Le brevet de 5
ans fut pris par Girondot, ingénieur-mécanicien , à Paris,
rue du Val-de-Grâce, n° 13.

27. 1829. *Fabrication du papier et du carton, de différentes couleurs , avec du foin seul, ou mélangé avec
d'autres substances.* Le brevet de 5 ans fut pris, le 27
juin , par Jullien, fabricant de papiers à Vascœil, représenté à Paris par Armonville, secrétaire du Conservatoire des arts et métiers, rue Saint-Martin, n° 208.

28. 1829. *Fabrication de papiers et cartons, dits tuiles
indestructibles à l'eau et à l'intempérie des saisons.* Le
brevet de 5 ans fut pris, le 25 juillet, par Vidocq, fabricant de papiers et de cartons , à Saint-Mandé (banlieue
de Paris).

29. 1830. *Procédé de fabrication de papier avec la pulpe
de betterave.* Le brevet de 5 ans fut pris , le 11 janvier,
par Bazy, chimiste-manufacturier, à Saint-Omer (Pas-
de-Calais).

30. 1830. *Nouveau procédé de blanchiment de papier.*
Le brevet de 10 ans fut pris , le 21 octobre, par Ranglet,

fabricant de papier de Montivilliers, à Paris, rue Notre-Dame-des-Victoires, hôtel de Svesbourg.

§. III. *Notes sur les perfectionnemens introduits dans quelques contrées étrangères à la France.*

Nous nous abstiendrons de citer ici les nombreuses patentes qui ont été prises en Angleterre sur les perfectionnemens qui ont eu lieu depuis 1799, dans l'art de fabriquer le papier. Le tableau que nous pourrions en présenter aurait une trop grande étendue, et les personnes que cette nomenclature pourrait intéresser, n'auront qu'à compulser le Bulletin de la Société d'Encouragement de Paris, qui, depuis son origine, en 1801, donne chaque année le tableau des patentes délivrées à Londres, dans lesquelles se trouvent les nombreuses améliorations que nos voisins d'outre-mer ont porté dans cette branche importante de l'industrie.

Il ne faut cependant pas oublier que c'est à un Français, M. Robert, à Essonne, près de Paris, que la papeterie doit la première machine qui a fait le papier d'un mouvement continu, en remplacement des trois et souvent quatre ouvriers qui, avant lui, étaient employés à ce travail. Nous n'oublierons pas que c'est en 1799, le 18 janvier, qu'il lui fut délivré un brevet d'invention. Quoique cette machine ne fût pas alors encore parvenue au degré de perfection qu'elle a atteint depuis, la justice et la reconnaissance exigent que nous la proclamions comme le type de toutes celles qui ont paru depuis.

Les journaux scientifiques et littéraires nous ont fait connaître quelques améliorations qui se sont introduites dans les papeteries de quelques parties de l'Allemagne et de l'Italie, qui ont été recueillies par M. L. Pietta, fabricant de papier et auteur d'un traité sur la fabrication du papier ; nous allons les reproduire.

En Prusse, dans les provinces rhénanes, les papeteries de Duren, près de Cologne, et quelques autres qui avoisinent Berlin, se font remarquer par la bonne qualité de leurs papiers. M. Engels, à Verden, près de la Roër, fait d'excellent papier d'emballage de toute espèce ; il se distingue par son papier tellement impénétrable à l'humidité, qu'il garantit de la rouille les aiguilles et tous les objets de quincaillerie fabriqués en fer ou en acier.

En 1827, le 8 décembre, un brevet d'invention fut délivré à M. Oeckelhausen, de Siégen, pour plusieurs objets importans : 1° pour une machine à choisir et couper les chiffons ; 2° à broyer la pâte ; 3° à coucher et presser le papier ; 4° pour une presse mue par l'eau.

En 1829, le 12 septembre, un brevet d'invention fut délivré à M. Léopold Franck, de Wedderzleben, pour une machine propre à détruire les nœuds de la pâte à papier.

Dans la Bavière, les papeteries de MM. Knœckel et Gosler, près de Neudstadt, jouissent d'une réputation méritée. Dans le grand-duché de Bade, à Heilbroun et près de Carlsrhue, les fabricans ont introduit dans leurs établissemens des machines à faire le papier continu. M. Niebinger, à Ausbourg, fait dans sa papeterie un papier imperméable à l'humidité, avec lequel on emballe les étoffes de soie les plus délicates, et les objets les plus précieux que la moindre humidité pourrait détériorer, et les rend à l'abri de tout accident. Il fait l'office de la toile cirée et garantit les actes publics et les plus précieux de la plus légère détérioration.

En Autriche, on signale plusieurs améliorations importantes faites depuis une douzaine d'années.

En 1820, un brevet d'invention fut délivré à M. Bawinger, de Vienne, pour des procédés de fabrication de chapeaux de femme avec de la pâte à papier.

En 1823, un brevet semblable fut délivré à M. A. Tedeschi, pour un procédé de fabrication propre à transformer les déchets de cuir en papier d'emballage et en cartons de toutes grandeurs et de toute espèce.

En 1824, un fabricant dont le nom nous a échappé, reçut un brevet d'invention pour des procédés de fabrication de papier avec la paille, les tiges de lin et de chanvre, les feuilles d'aloës, la moëlle de maïs, et avec d'autres plantes textiles, qu'il blanchit au moyen de lessives alcalines, sans altérer leur solidité.

Dans la Pologne, à Okaniew, près de Varsovie, M. Henich est à la tête d'une papeterie où il fabrique du papier avec de la paille ; il confectionne avec la même substance des cartons et des papiers d'emballage d'une très-bonne qualité. Il excelle surtout dans la fabrication d'un carton imperméable et incombustible, qui est employé avec avantage pour les couvertures des édifices.

On lit dans un petit ouvrage de M. Bonafous, de Turin, intitulé Coup-d'œil sur l'Exposition des produits de l'industrie des Etats de S. M. le Roi de Sardaigne, en 1829, quelques notices sur les progrès de la papeterie dans ces contrées, qui trouveront leur place ici.

Les frères Cappucino, fabricans de papiers à Turin, font du papier avec les écorces du peuplier et du saule.

Sur le rapport de l'Académie de Turin, qui examina leurs papiers, le gouvernement leur accorda un privilége de dix ans. Le rapport constate que l'Académie a été très-satisfaite des papiers d'impression, d'écriture et d'emballage que ces fabricans lui ont fournis. (Journal de Turin). Ce journal était imprimé sur ces papiers.

Voici un extrait de l'ouvrage de M. Bonafous de Turin, dont nous avons parlé plus haut.

« On ne peut disconvenir que la papeterie ne soit dans une progression en Sardaigne, quoique l'usage si répandu du coton donne à la pâte une qualité inférieure à celle qu'elle avait autrefois, lorsqu'on n'employait que des chiffons de chanvre et de lin.

« Le produit le plus remarquable qui ait été présenté au concours dans cette branche d'industrie, est le papier continu ou papier sans fin de M. Molino, propriétaire d'une papeterie privilégiée à Borgo-Sesia. Ce fabricant a aussi exposé du papier coloré en pâte, et de beau vélin, recherché par la blancheur et le poli qu'il a su lui donner. La chambre, en accordant à M. Molino une médaille d'argent, lui a décerné une récompense méritée.

« Des médailles de bronze ont été décernées à MM. Avondo, de Serravale, et à M. Spanna, de Cervarolo, pour les papiers de leurs fabriques, dont la prospérité annonce qu'ils satisfont le goût des consommateurs. Une troisième médaille a été accordée à M. Girardet, de Chambéry, qui a orné une des salles de l'exposition de ses papiers de tenture. »

Dans les Etats-Unis de l'Amérique, M. Sillimann annonce dans son journal qu'il a été délivré, le 2 décembre 1819, un brevet d'invention à M. P. Bignatelle, pour une machine propre à fabriquer le papier.

Nous avons souvent entendu vanter les papiers d'Allemagne, quoique nous ayons eu souvent occasion de les juger défavorablement à la vue de leurs livres imprimés. Nous avons été étonnés de lire, dans un auteur que nous avons reconnu généralement très-judicieux, ces paroles qui nous ont frappé, et que nous ne pouvons pas nous dispenser de citer.

« Les papiers d'Allemagne ne laissent pas de jouir de quelque réputation, et ils la méritent à plusieurs égards. Si quelques fabricans sont encore en retard pour les produits de luxe, ils sont du moins fort avancés dans la confection des papiers ordinaires, surtout d'écriture, qui sont sensiblement plus beaux, et par conséquent plus chers. »

Je lisais ces phrases en venant de lire, sur le même sujet, dans le journal polytechnique, publié à Ausbourg, par le docteur J.-G. Dingler, chimiste-manufacturier, l'article que je transcris :

« En comparant l'art de faire le papier en Allemagne à son ancien état et aux progrès qu'il a fait chez d'autres peuples, notamment en Angleterre et en Hollande, on n'en trouve point qui soit autant resté en arrière, ou qui même ait autant retrogradé. Il suffit, pour s'en convaincre, de considérer nos journaux et nos livres classiques. Quel papier ! Les Anglais et les Hollandais nous envient notre matière première, et connaissent bien le moyen de nous l'enlever, même dans les pays où les lois semblent favoriser particulièrement les fabricans, en prohibant la sortie des chiffons et en permettant celle des cartons. En effet, les Anglais et les Hollandais y font confectionner des cartons de chiffons fins, les exportent et les vendent de nouveau, convertis en papiers à lettres, avec un bénéfice de quatre-vingts pour cent. De la masse de pâte dont un Allemand tire une main de papier, un Anglais en obtient trois et un Hollandais quatre. Nous abimons notre matière première, et nous n'avons jamais produit une feuille comparable au *Honig* et *Zoon* hollandais, ou au *Wathmann* anglais. Notre eau, dans toute l'Allemagne, notre température, sont dix fois, peut-être trente fois meilleures pour la fabrication du papier, qu'en Hollande et en Angleterre, et nos produits sont trente fois plus mauvais. Les Anglais sont obligés d'abimer leurs chiffons par des blanchîmens artificiels, ce qui ne serait pas nécessaire chez nous.

« Les défauts des papiers allemands proviennent surtout : 1° du mauvais délissage des chiffons que les étrangers veulent bien nous laisser ; 2° du pourrissage des chiffons et du manque d'un blanchîment convenable ; 3° des machines mal organisées. Quels mauvais pilons ; et dans les papeteries où il y a des cylindres, quels mauvais cylindres ne voit-on pas chez nous ? Nos formes ne sont-elles pas de véritables cribles à sable, bien plus propres à tamiser qu'à puiser de la pâte ? Et nos presses, dont les vis sont d'une étonnante faiblesse ! et nos étendoirs ! et nos lissoirs !.... 4° De la malpropreté du travail, surtout dans quelques pays où la cuve de fabrication a souvent une couleur carmélite, et la colle une couleur capucine.

« La Société d'Encouragement pour l'industrie française distribuera encore plus d'une médaille avant que la France fabrique un papier à lettres qu'on puisse comparer à celui de Hollande ou d'Angleterre, et nous, en Allemagne, où l'on n'a pas encore une seule fois distribué une médaille de plomb à un fabricant de papiers, nous resterons long-temps encore loin de la France. »

On ne peut pas disconvenir que le docteur Dingler, allemand, naturellement porté à vanter les productions de son pays, savant distingué, ne soit meilleur juge que l'auteur français qui a écrit sur la foi d'autrui.

La justice exige que l'on accorde la primauté à la Hollande et à l'Angleterre des papiers fins, qu'ils ont acquise depuis long-temps. La France approche de très-près de cette perfection, et tout fait espérer qu'elle l'atteindra dans peu, grâces aux lumières que nos fabricans acquièrent tous les jours, et à la louable concurrence qui s'est établie entre eux.

CHAPITRE PREMIER.

DE LA FABRICATION DU PAPIER D'APRÈS LES NOUVEAUX PROCÉDÉS.

Afin de donner au lecteur la facilité de comparer l'ancienne fabrication avec la nouvelle, nous suivrons le même plan dans cette troisième Partie que nous avons adopté dans la seconde. Les Chapitres et les paragraphes de cette troisième Partie correspondent à ceux de la seconde, et portent les mêmes titres, de sorte que le fabricant pourra lire l'un immédiatement après l'autre, et en appréciera mieux la différence et les avantages.

Des chiffons et de leur approisvionnement.

Nous nous sommes suffisamment étendus, dans la deuxième Partie, sur la matière première nécessaire à la fabrication du papier ; notre tâche est entièrement terminée si nous considérons seulement les chiffons de chanvre, de lin et de coton, dont se compose généralement le papier ordinaire ; mais on a déjà vu dans les tableaux des brevets d'invention délivrés jusqu'à ce jour, que beaucoup de personnes ont imaginé d'employer des substances étrangères au lin, au chanvre et au coton, pour en fabriquer du papier. Nous ferons connaître, lorsque nous arriverons à l'examen de ces matières, quel avantage pourra en retirer la société.

Les approvisionnemens des chiffons se font comme par le passé, par la voie du commerce.

§. I. *Recherches sur l'abondance ou la rareté du chiffon, et sur les moyens de le remplacer.*

Dans notre deuxième Partie, nous avons presque épuisé la matière, nous avons prouvé qu'il se récolte en France une plus grande quantité de chiffons que nos papeteries ne peuvent en employer, et que malgré que nos voisins nous en soutirent beaucoup, malgré les défenses des exportations, il en reste encore une quantité plus que suffisante. C'est une vérité si incontestable, que dans un grand nombre de manufactures que nous avons visitées, les fabricans nous en ont montré des tas très-considérables dont ils sont pourvus ; nous ont assuré qu'ils en refusaient tous les jours, et que leurs prix tendaient plutôt à la diminution qu'à l'augmentation, ce qui donnait la meilleure preuve de la concurrence.

C'est une belle découverte, nous disaient-ils, que la chimie a faite en trouvant des procédés propres à transformer la paille, le foin, la racine de réglisse, les résidus des betteraves, etc., en pâte à papier; mais en supposant que toutes les substances se travaillassent avec la même facilité que le chiffon, qu'elles ne coûtassent pas plus à blanchir et à ouvrer, quelle perte pour l'agriculture! Combien de champs ne faudrait-il pas consacrer pour récolter toutes ces substances dont toutes sont nécessaires à la nourriture des bestiaux ou à leur litière, pour procurer à la terre les engrais dont elle a besoin et dont on manque dans presque toutes les exploitations rurales? Il en sera de celle-ci comme de la belle découverte de M. Braconnet, d'avoir trouvé le moyen de faire du sucre avec des chiffons. Certes, c'est une invention sublime, qui fait infiniment d'honneur aux talens chimiques de l'auteur; mais croyez-vous qu'il ait jamais eu la pensée de faire renoncer par-là à la culture des cannes à sucre ou de la betterave? Tenons-nous-en au chiffon, puisque nous en avons avec profusion et que nous ne sommes pas menacés d'en jamais manquer. Etudions-nous à les bien employer et à rendre nos papiers aussi beaux que ceux des Hollandais et des Anglais. Laissons les autres substances tenir leur place dans les recueils académiques, où elles honorent leurs auteurs, et tendent au perfectionnement des connaissances humaines.

§. II. *De la manière de trier le chiffon.*

Nous avons déjà décrit avec beaucoup d'étendue la manière de trier les chiffons selon l'ancien système : les ateliers sont les mêmes, mais les choix sont un peu différens. Cette opération exige des ouvrières intelligentes, qui aient une connaissance exacte des différens tissus qui ne présentent pas tous une égale résistance, et par conséquent une égale raideur. On distingue deux sortes de tissus, le tissu uni et ordinaire ou à deux marches, et le tissu croisé ou à quatre marches, au moins. Il n'y a personne qui ignore que de deux étoffes, tissées avec le même fil, celle qui sera à tissu croisé présentera plus de solidité, et par conséquent une plus grande résistance que l'autre, qui serait à tissu uni. Il résulte de cette observation, que si l'on soumet ces deux chiffons au même degré d'usé, à la même machine à broyer, qu'elle qu'elle soit, le tissu uni sera plutôt en petits filamens qui constituent la pâte à papier, que l'autre qui est croisé. Il en résulterait que l'un serait en poussière lorsque l'autre serait broyé au point convenable pour constituer une bonne pâte, de là des déchets considérables.

Il faut donc que la délisseuse fasse deux tas différens de chaque qualité de chiffons : c'est par là qu'elle doit commencer. Elle met d'un côté tous les tissus unis, et de l'autre tous les tissus croisés.

Nous avons oublié de dire que les marchands de chiffons les divisent en deux classes: les blancs, c'est-à-dire ceux qui proviennent des toiles blanches et sans couleurs, et ceux qu'ils appellent noirs, c'est-à-dire qui proviennent d'une toile colorée, ou d'une étoffe grise ou commune.

Après avoir fait son premier choix en deux tas, comme nous l'avons dit plus haut, les tissus unis et les tissus croisés, elle fait dans chacun de ces tas les choix usités dans les diverses fabriques, et qui se divisent ordinairement en cinq lots, dans chacune des qualités que nous avons signalées.

Pour les chiffons blancs. — Premier choix, les superfins. — Second choix, les fins. — Troisième choix, les mi-fins. — Quatrième choix, les ordinaires. — Cinquième choix, les coutures et les ourlets.

Pour les chiffons noirs. — Premier choix, les gris ou jaunes naturellement colorés. — Second choix, les gros-gris ou jaunes naturellement colorés. — Troisième choix, les chiffons fins colorés par la teinture. — Quatrième choix, les gros chiffons pareillement colorés par la teinture. — Cinquième choix, les coutures et les ourlets de ces cinq choix.

Le premier et le second choix des chiffons blancs sont employés pour la fabrication des plus beaux papiers désignés sous la dénomination de papiers de luxe. On destine aussi au même emploi le troisième choix des chiffons noirs, après qu'on en a séparé les bleus et les rouges, qu'on réserve à part pour une autre destination que nous allons indiquer. On décolore les autres chiffons de ce troisième choix, et lorsqu'ils ont acquis la blancheur nécessaire, ils sont réunis aux deux premiers choix des chiffons blancs, et ils servent à la fabrication des plus beaux papiers.

Les chiffons bleus et rouges, dont nous avons prescrit de faire des lots à part, ne seront pas décolorés; on les réserve pour la fabrication des papiers de couleur qu'on emploie pour la couverture des brochures.

Les deux premiers choix des chiffons noirs sont employés pour la fabrication des papiers gris ou bulles, assez fins pour y écrire, pour les papiers écoliers. Le quatrième et le cinquième sont destinés à faire les papiers d'emballage, ou à la fabrication du carton.

Les chiffons dans lesquels il entre de la laine sont mêlés à quelques parties de gros chiffons noirs qu'on rejette pour la fabrication du papier, et sont employés pour la fabrication du carton. A la suite de l'Art du Papetier, nous traiterons de l'Art du Cartonnier, qui fait partie de l'Art de fabriquer le papier. Ces deux arts, quelquefois séparés, sont souvent exercés simultanément par le même manufacturier.

§ 3. *Du lavage et du pourrissage des chiffons.*

Dans le paragraphe de notre deuxième Partie, correspondant à celui-ci, après avoir assez longuement décrit le pourrissoir, et la manière d'opérer pour faire pourrir les chiffons, nous avons fait connaître les vices de cette manipulation, nous avons montré les pertes considérables que cette mauvaise méthode cause dans les manufactures. Nous avons démontré que les Hollandais l'ont supprimée depuis long-temps, et que cette suppression, loin de nuire à leur fabrication, n'a fait qu'augmenter la beauté de leurs produits à un point que nous n'avons pas encore pu atteindre.

La fermentation qu'éprouvent les chiffons dans le pourrissoir est nécessaire, disent nos fabricans, pour débarrasser les filamens de cette matière grasse qui se développe abondamment, que nous avons désignée, avec Fourcroy, sous le nom de *Gluten. (Chap. III, § VIII, art. 2, du nettoyage et du rinçage de la cuve.)*

On se passe du pourrissoir en faisant tremper le chiffon dans l'eau pure afin de le bien assouplir ; alors on l'immerge dans une eau de chaux suffisamment chargée, ce qui le dispose au blanchîment qu'on emploie plus tard, comme nous l'indiquerons.

Dans les manufactures nouvelles on a imaginé des machines propres à nettoyer les chiffons séparés et choisis comme nous l'avons dit dans le § précédent, et d'autres pour les laver, qui doivent trouver place ici.

Machine à nettoyer les chiffons. (Pl. 13, fig. 7 et 8.)

Cette machine, que la fig. 7 montre de profil et la fig. 8 fait voir de face, est composée de deux cônes tronqués dont le plus grand est fixe et porte sur un bâtis en bois qu'on voit au-dessous, et qui le rend inébranlable. L'autre cône est seul mobile dans l'intérieur du premier. Le grand cône *a, b*, est formé de deux cercles et de huit rayons, fixés dans le plateau du centre qui constitue chacune des bases du cône tronqué. La circonférence de ce cône est couverte d'une toile métallique en fil de fer, soutenue par huit liteaux en bois.

Le cône intérieur est formé pareillement de deux cercles soutenus chacun par quatre rayons assemblés dans le plateau du centre. Il ne porte que quatre liteaux en bois qui forment sa circonférence. Les rayons du cône intérieur sont plus courts que ceux du cône extérieur de huit centimètres. Le cône intérieur est porté par un axe *c, d*, en bois, dont les deux pivots roulent dans une charpente en bois qui fait corps avec la charpente inférieure, et qu'on n'a pas dessinée dans les figures afin de les rendre moins confuses.

Les quatre liteaux du contour du cône intérieur sont garnis de pointes de fer, dont on verra plus bas l'usage.

L'arbre *c*, *d*, porte, du côté *d*, une double poulie dont les gorges ont des diamètres différens. On voit distinctement ces deux poulies en *g* et en *h*, dans la fig. 8.

Entre les deux cônes est placé un cylindre *m*, qui porte à son extrémité une poulie *k*, mue par une courroie qui passe en même temps sur la poulie *h*, laquelle lui imprime le mouvement de rotation.

Le cylindre *m*, porte une toile sans fin qui s'enroule sur un cylindre *n*. On voit en *o*, *o*, cette toile sans fin sur laquelle un enfant distribue, à la main, les chiffons. On n'a pas dessiné, dans la figure, la charpente qui supporte les deux axes des deux cylindres *m*, *n*, pour ne pas trop charger la figure ; on peut facilement concevoir cette charpente.

Voici comment la machine opère : La courroie sans fin *f*, communique la force du moteur à la poulie *g*, et met la machine en mouvement ; la poulie *h*, qui tourne en même temps, fait mouvoir la poulie *k*, fixée sur l'axe du cylindre *m*, et fait rouler la toile sans fin *o*, *o*, dans le même sens que la poulie *g*, parce que la courroie est croisée. Cette toile sans fin amène les chiffons jusque dans le cône tronqué. Là, les pointes des quatre liteaux du cône intérieur saisissent les chiffons et les font sauter et battre contre les liteaux fixes du cône extérieur, et par ce mouvement, toutes les ordures, les pailles et les autres saletés que portent assez souvent les chiffons, se détachent, passent à travers les mailles de la toile métallique, et tombent par terre.

Les cônes, par leur position et leur forme, font descendre les chiffons vers leurs grandes bases, où on les reçoit dans des paniers que l'on place au-dessous. Cette machine est très-expéditive et nettoie parfaitement les chiffons.

Machine à blanchir les chiffons. (Pl. 13, fig. 1 et 2.)

Le lavage des chiffons qui avait autrefois rarement lieu, se fait aujourd'hui régulièrement encore à l'aide de machines. C'est à l'aide de la vapeur de l'eau bouillante que l'on lave, ou pour parler plus correctement, qu'on blanchit parfaitement les chiffons.

Cette machine se compose 1° d'une chaudière A, figure 1, dont les lignes ponctuées indiquent la forme. Cette chaudière est surmontée d'un chapiteau *g*, qui se termine par un tube *h*, fermé hermétiquement par une soupape de sûreté à levier et à poids *i*, au moyen duquel on peut donner à la vapeur la tension que l'on désire, en avançant ou en reculant ce poids. Le chapiteau est fixé sur la chaudière par de fortes vis.

Vers le haut du tube *h*, est fixé un tube *a*, *b*, *c*, destiné à porter la vapeur au fond du cuvier dont nous allons parler. Ce tube a un robinet en *a*. La figure B, qui est au-dessous de la figure 1, présente le plan du fourneau, et en montre la grille. A côté, la figure C, fait voir sur une grande échelle la partie supérieure du chapiteau.

La figure 2 montre le cuvier dans lequel se pratique

le blanchissage. Ce cuvier a un double fond en *i*, percé de beaucoup de trous. Au centre de ce double fond est fixé un tuyau de bois *f, f*, percé tout autour, et dans toute sa longueur d'une multitude de trous, destinés, ainsi que ceux du double fond, à introduire la vapeur dans le cuvier. Le cuvier est fermé hermétiquement, dans sa partie supérieure, par un couvercle *d, d*, soigneusement ajusté, et retenu immobile par une forte traverse *a, b*, qui passe dans les trous carrés de deux douves diamétralement opposées, et plus longues que les autres. Cette traverse est encore consolidée par deux coins *c, c*. Au-dessous de ce couvercle est placé, à une distance de trois ou quatre pouces, un diaphragme *n, n*, formé d'un cercle et de quatre liteaux en bois, fixés de manière qu'ils laissent entre eux un trou carré dans lequel passe le tuyau *f, f*, et l'empêche de se déranger, pendant que l'on place autour les chiffons, de la manière que nous allons l'expliquer.

Au-dessous du double fond, un trou *m*, est pratiqué dans une douve, pour y recevoir le bout *c*, du tuyau *a, b, c*, (fig. 1) du chapiteau de la chaudière à vapeur. On lute bien ce tuyau avec le trou *m* du cuvier de blanchissage (fig. 2). Du côté *i*, diamétralement opposé au trou *m*, et tout près du fond intérieur du cuvier, on place un bon robinet à siphon qui rejette au-dehors l'eau qui résulte des vapeurs condensées, qui finirait, à la longue, par remplir le double fond, ou s'opposerait à la nouvelle introduction de la vapeur.

Tout étant ainsi disposé, et le cuvier placé à la hauteur convenable, sur un bloc de maçonnerie ou sur un chantier en bois, à côté du fourneau, de manière à pouvoir placer au-dessous du cuvier et du robinet à siphon, un vase pour recevoir l'eau condensée à mesure qu'elle se forme, voici comment on opère :

On a préalablement fait tremper, pendant quelques heures, les chiffons dans une eau tenant en dissolution de la potasse ou de la soude caustique marquant un degré à l'aréomètre. On découvre le cuvier, en relevant les coins c, c, la barre a, b, et le couvercle d, d. Le diaphragme restant en place, et le tuyau f, f, bien consolidé par les liteaux que porte ce diaphragme, les vides qui sont tout autour du tuyau sont assez grands pour y introduire la main afin d'y jeter les chiffons, après qu'on en a exprimé la solution alcaline en les pressant fortement entre les mains. On charge le cuvier autant qu'on le peut de chiffons humectés sans les trop presser; on pose le couvercle d, d, on place la barre a, b, on place les coins, et aussitôt que l'eau de la chaudière approche de l'ébullition, la vapeur entre dans le cuvier par le double fond et par le tuyau f, f, par les trous nombreux dont ils sont percés. Cette même vapeur arrive à l'extrémité supérieure du tuyau f, f, mais comme cette extrémité se trouve à un pouce au moins du couvercle d, d, la vapeur n'est pas arrêtée par le couvercle et peut se répandre facilement au-dessus.

On peut pousser *sans danger* la vapeur jusqu'à la tension de cent vingt degrés du thermomètre de Réaumur; mais pour être sûr de ne pas dépasser ce terme, et de crainte d'une explosion, on place un thermomètre dans un trou pratiqué dans le couvercle d, d, et dont la boule descend près du diaphragme n, n. Par ce moyen, on règle le point où doit s'ouvrir la soupape h (fig. z), en éloignant ou en approchant le poids i du point h. Deux ou trois heures après que la vapeur a ac-

quis, dans le cuvier, la tension de 120 degrés, l'opération est terminée, et le blanchiment est complet. On
éteint le feu, on laisse refroidir et l'on sort ensuite les
chiffons; on les étend sur des haies pour les faire sécher
et on les rentre en magasin pour les soumettre ensuite
à l'action du dérompoir.

Dans une des manufactures que nous avons visitées,
et dans lesquelles on fait usage de la machine que nous
venons de décrire, nous avons remarqué un perfectionnement que le propriétaire a imaginé pour faire rentrer
dans la chaudière l'eau au fur et à mesure qu'elle se
condense dans le double fond du cuvier. Pour cela, il a
élevé le cuvier assez haut pour que le robinet à siphon se
trouve à quelques pouces au-dessus du couvercle de la
chaudière. Dans ce couvercle, il a fixé un tube en cuivre
qui sort au-dessus du chapiteau, et qui descend presque
jusqu'au fond de la chaudière, de sorte que son orifice
est sans cesse plongé dans l'eau; à l'aide d'ajutages à vis,
il lute un tuyau en cuivre d'un bout avec celui qui sort
au-dessus du chapiteau, et de l'autre avec l'orifice du robinet à siphon. Par ce moyen, et à cause de la pente du
tuyau, l'eau découle continuellement dans la chaudière,
et comme elle conserve une très-grande chaleur, elle n'in-
terrompt pas l'ébullition.

Dans tous les cas, afin de s'assurer qu'il existe toujours
assez d'eau dans la chaudière pour que son fond en soit
constamment et suffisamment couvert, il est prudent de
placer, à côté du fourneau, et en dehors, un tuyau en
verre luté par le bas avec un tuyau de cuivre qui communique avec le fond de la chaudière, et luté par le
haut avec un autre tuyau semblable qui communique
avec le haut de la chaudière dans la partie où l'eau n'ar-

rive pas. A l'aide de ce tuyau, qui porte le nom de *tuyau de regard*, on voit constamment à quelle hauteur se trouve l'eau dans la chaudière, et l'on prévient par là tous les accidens qui pourraient arriver.

Cette manière de blanchir les chiffons à la vapeur est extrêmement importante et abrège beaucoup les opérations subséquentes. Elle présente encore beaucoup d'économie, car elle dispense de l'emploi d'une très-grande quantité de chlorure de chaux pour l'entier blanchiment des pâtes. Elle procure l'avantage de décolorer avec facilité les chiffons naturellement colorés et même grossiers, destinés à la confection des pâtes propres à faire les papiers blancs. Nous ne saurions trop recommander l'usage de ce procédé, dont de nombreux établissemens ont reconnu l'excellence.

§ IV. *Du Dérompoir.*

Dans notre seconde Partie, nous avons décrit le dérompoir que nous croyons avoir été imaginé par Desmarest; mais aujourd'hui cet instrument n'est plus usité. Les Anglais en ont imaginé plusieurs autres qui sont plus simples, et d'un emploi plus facile. Nous allons les décrire.

M. Piette, dans son traité de la fabrication du papier, a décrit, sans figures, une machine de ce genre, en ces termes :

« Le *dérompoir* le plus généralement employé consiste en une caisse ayant à sa partie inférieure deux barres de fer tranchantes, dont l'une est immobile, tandis que l'autre, mue par une roue et passant à côté de la première, coupe les chiffons qu'y mène un rouet garni de crochets. Le mouvement de la machine les rejette sur un crible continuellement agité, où ils perdent la poussière qu'ils contiennent. »

Celui que nous allons décrire avec figures, et qui est d'origine anglaise, nous paraît renfermer des perfectionnemens d'un service facile et plus sûr. Nous l'avons vu travailler et nous en avons été satisfait.

Dérompoir imaginé en Angleterre. (Pl. 13, *fig.* 3 *et* 4.)

La figure 3 montre la machine, vue par-devant; la figure 4 la fait voir en profil. Nous avons débarrassé ces deux figures de quelques parties accessoires qui les auraient rendues confuses, et auxquelles la description suppléera.

(Fig. 3), un fort bâtis en bois supporte, dans une fourchette, l'axe du levier c, b, qui se prolonge à volonté vers la droite. Ce levier porte dans une mortaise verticale une lame tranchante en acier trempé d. La partie du levier, prolongée au-delà de b, d, est dirigée dans le sens vertical, par une fourchette qui fait partie du bâtis de la machine. La lame tranchante d, est fixée dans la mortaise du levier par quatre boulons à vis, qui, en lui donnant toute la solidité nécessaire, permettent d'enlever cette lame pour l'aiguiser, toutes les fois qu'elle en a besoin, et même de lui en substituer une autre.

Au-dessous de cette lame, la figure 3 laisse voir une caisse, partagée dans sa hauteur, par un diaphragme. Elle est portée par un fort bâtis en bois. La partie inférieure de cette caisse est couverte par une lame tranchante, dont le tranchant est tourné en sens inverse de la première. Elle est fixée d'une manière inébranlable avec le bâtis et les deux côtés de la caisse. Ces deux lames, dont les tranchans se rencontrent, forment ensemble de forts ciseaux, entre lesquels les chiffons sont coupés par le mécanisme que nous allons décrire, qui les fait avancer vers les tranchans par un mouvement uniforme et plus ou moins accéléré à volonté. L'extrémité du levier *c*, *b*, est liée, par une fourchette, avec la bielle *a*, qui est mue par la manivelle d'une roue mise en mouvement par le moteur de la fabrique. Cette bielle imprime un mouvement de *va-et-vient* au levier, et par conséquent au couteau mobile.

La figure 4, qui montre la machine en profil, ou vue de côté par-derrière, montre le mécanisme qui fait avancer les chiffons progressivement vers les couteaux. On y remarque la caisse qui contient les chiffons et qui est inclinée vers les tranchans. Voici comment s'opère le mouvement progressif. L'arbre *c*, *c*, qui porte le levier, devient le moteur de ce mécanisme; il est emmanché à carré et d'une manière très-solide avec le levier, de sorte que celui-ci ne peut recevoir de mouvement qu'il ne le communique à son arbre : cet arbre porte en *f* un pignon qui engrène dans une roue *g*, laquelle est portée par un arbre *h*, sur l'extrémité duquel est fixée une roue d'angle *i*, qui engrène dans un pignon d'angle *k*. Avant de poursuivre, arrêtons-nous un instant pour expliquer comment ce rouage tourne sur lui-même, quoique le levier qui devient son moteur n'ait qu'un mouvement de *va-et-vient*. La roue *g* n'est pas inébranlablement fixée sur son arbre *h*, elle est prise entre une plaque fixée sur l'arbre et qui ne peut tourner qu'avec lui, et un rochet d'encliquetage fixé à la plaque par trois vis. La roue porte deux cliquets diamétralement opposés, et deux ressorts qui agissent sur les cliquets. On fait ensorte que les cliquets n'échappent que l'un après l'autre à distances égales. Par ce stratagème, on obtient des reculs la moitié plus petits, comme si la roue à rochet avait un nombre de dents double.

On dirige cet encliquetage de manière que la roue *g* marche en avant lorsque le levier s'élève et que l'encliquetage cède pendant que le levier descend pour couper. Il arrive alors que le pignon *f* et la roue *g* ont continuellement un mouvement de *va-et-vient*, tandis que l'arbre *h*, la roue *i* et le pignon *k*, reçoivent en même temps un mouvement progressif. Poursuivons notre description.

Le pignon *k* porte un cylindre sur lequel s'enroule une toile sans fin qui passe sur un autre cylindre placé dans l'intérieur de la caisse, qui se présente ici par arrachement. On concevra facilement la disposition de ces deux cylindres, dont les axes doivent être parfaitement parallèles. C'est sur cette toile qu'un enfant distribue les chiffons. On sent qu'on donnera aux sections des chiffons une largeur plus ou moins grande, à volonté, selon que l'engrenage du pignon *f* avec la roue *g*, permettra à celle-ci de faire plus ou moins de chemin pendant le mouvement ascensionnel du levier.

Cette machine n'a pas besoin, comme celle de M. Piette, d'un crible au-dessous pour chasser la poussière, puisque dans le système que nous décrivons, nos chiffons ont été débarrassés de toute ordure par les machines que nous avons déjà décrites.

Autre Dérompoir, dont le modèle se voit dans la grande salle du Conservatoire des Arts et Métiers, à Paris, rue Saint-Martin. (Pl. 13, *fig.* 5 *et* 6.)

La machine que nous allons décrire fut imaginée, à ce que nous croyons, par M. Molard aîné, comme coupe-paille, pour la nourriture des bestiaux. Nous l'avons reconnue, dans une papeterie, employée comme dérompoir pour diviser les chiffons

La figure 5 montre la machine de face; la figure 6 la fait voir de profil. Dans cette machine, comme dans les précédentes, nous avons supprimé tout ce qui aurait pu porter de la confusion dans le dessin, pour ne conserver que ce qui est le plus important pour l'intelligence de la machine.

Sur une forte charpente en bois est portée d'une part une auge ou caisse *m*, inclinée, et d'autre part l'arbre *b* en bois d'une grande roue en fer *c*, *c*, qui a cinq rayons courbés, portant chacun un couteau *d*, également courbé, fixé à son rayon respectif par quatre boulons en fer. Ces cinq couteaux sont comme ceux du premier dérompoir, en acier trempé, et leurs tranchans tournés vers l'auge.

Comme dans la machine précédente, sur le devant de l'auge, est fixée une lame tranchante, pareillement en acier trempé, dont le tranchant approche de très-près celui des cinq lames mobiles, sans pourtant se rencontrer. C'est ainsi qu'elles forment des lames de ciseaux qui coupent tout ce qui se présente entre elles.

Cette roue, qui est en fer et d'un grand diamètre, acquiert une très-grande force par son mouvement centrifuge, lorsqu'elle est agitée par sa manivelle *a*, qui tourne avec rapidité par le mouvement que lui transmet le moteur par la bielle. On sent qu'il faut une exécution bien soignée pour que les lames mobiles s'approchent de très-près de la lame fixe, sans jamais se toucher, car le moindre contact détruirait ces lames. On conçoit actuellement comment les chiffons sont coupés : il nous reste à expliquer comment s'opère le mouvement progressif.

La figure 6 nous donnera le moyen d'expliquer facilement ce mouvement. L'arbre *b*, qui porte la grande roue *c*, *c*, sur laquelle sont fixés les cinq couteaux, porte une vis-sans-fin *f*, qui engrène dans un pignon qu'on voit au centre du cercle *g*. Ce cercle *g* représente lui-même une roue qui engrène dans un pignon *i*, qui porte un cylindre placé sur le devant de la caisse ou auge *m*. Vers le derrière de cette auge est placé un autre cylindre semblable, l'un et l'autre tournant sur leurs axes. Une toile sans fin, bien tendue, enveloppe ces deux cylindres et sert à faire avancer, vers les ciseaux, les chiffons qu'un enfant distribue continuellement sur la toile, comme dans la machine précédente. Le cylindre *i*, en tournant, entraîne la toile, et celle-ci fait avancer continuellement les chiffons. On conçoit qu'on peut, dans cette machine, augmenter ou diminuer la largeur des coupures, en donnant au pignon qui engrène dans la vis-sans-fin un nombre de dents plus grand ou plus petit.

Le manufacturier chez qui nous avons vu ce dernier dérompoir, nous dit qu'il avait d'abord employé pour faire avancer les chiffons, un cylindre avec des crochets de fer, comme dans les machines à carder la laine ou bien dans les loups qui servent à l'ouvrir; mais que, dans les premières expériences, il avait reconnu que ce moyen présentait beaucoup d'irrégularités, et qu'il avait de suite adopté la toile sans fin que nous lui avions d'abord conseillée. Nous avons cru devoir consigner ici cette observation dans l'intérêt des fabricans, afin qu'ils sachent que cette expérience a mal réussi, et que par conséquent ils doivent s'abstenir de la reproduire en pure perte.

Quelques fabricans ont adopté comme dérompoir la machine dont on fait usage dans les manufactures de tabac pour couper le scaferlati ; mais nous devons leur faire observer que le dérompoir anglais que nous avons décrit le premier, est construit sur les mêmes principes, et que sa construction est infiniment moins dispendieuse.

Le *détrichage* ou *défilage*, opération qu'a pour but le *dérompoir*, est absolument indispensable lorsqu'on veut fabriquer de beau papier. Les gros chiffons ne se blanchissent jamais qu'à l'extérieur ; il faut donc les diviser, les déchirer, les réduire en petites parties, afin que toutes puissent être facilement attaquées par le *chlore* qu'on emploie pour les blanchir, et que leur ensemble produise ensuite une pâte du plus beau blanc.

CHAPITRE II.

Des machines à triturer les chiffons.

Dans la nouvelle manière de fabriquer le papier, les manufacturiers intelligens, à l'imitation des Hollandais, ont supprimé les moulins à pilons, et y ont substitué

les cylindres. Nous avons décrit les uns et les autres avec
tous les détails qui nous ont paru nécessaires ; nous n'aurons par conséquent rien à dire sur les trois premiers
paragraphes de ce Chapitre, dont nous rapportons seulement ici les titres afin qu'on ne voie pas qu'il y ait ici
quelque lacune, et nous renverrons le lecteur aux mêmes
paragraphes dans la deuxième Partie.

§. I. *Description du Moulin à maillets.* (Voyez tome I,
pag. 117.)

§. II. *De la manière de gouverner le Moulin à maillets.*
(Voyez tome I, pag. 137.)

§. III. *Des cuves affleurantes.* (Voyez tome I,
pag. 141.)

§. IV. *Description du Moulin à cylindre.*

Nous avons décrit avec assez de détail le moulin à cylindres, dans le tome 1er, page 144; pour qu'il ne nous
reste que peu de chose à dire pour rendre notre description aussi complète qu'il nous est possible,

Nous avons beaucoup insisté et nous insistons tou
jours sur la suppression des moulins à maillets, d'après
la pratique actuelle des Anglais et la longue habitude
des Hollandais ; mais il ne faut pas croire pour cela
qu'on réussirait à fabriquer aussi bien qu'eux, si on
n'adoptait comme eux des machines préparatoires qui
disposent convenablement le chiffon à être facilement
délissé, défilé, déchiré, sans présenter une trop grande
résistance aux cylindres qui sont destinés à séparer les
fibres les unes des autres. On aurait beau avoir des cy-

lindres puissans, ils ne pourraient pas suffire à l'effort considérable qu'ils seraient obligés de faire pour les détacher les uns des autres. Cet effort est réduit à très-peu de chose lorsque par l'action du dérompoir on est parvenu à réduire le chiffon en rubans d'une ou deux lignes de large. Alors on présente au cylindre une étoffe sans lisières, dont les fils tiennent à peine les uns contre les autres; le cylindre les sépare sans effort, les isole, et dans quelques instans il les réduit en pâte. Nous reviendrons sur cette matière importante que nous ne faisons qu'effleurer ici; mais avant nous devons décrire quelques perfectionnemens qui ont été introduits tant en France que chez l'étranger.

On a fait en France quelques changemens heureux à la construction des cylindres. Le tambour, qui était en bois, est aujourd'hui en fonte; il n'est pas sujet à se déformer, et conserve constamment sa forme cylindrique, ce que ne peut pas faire un tambour en bois, qui continuellement imbibé d'eau, se dilate et se contracte inégalement, et par la même raison l'extrémité des lames qui doivent approcher très-près de la surface de la *platine*, sans jamais la toucher, en sont à des distances inégales, et il est par conséquent impossible que la pâte puisse se triturer également et d'une manière convenable. Les lames, dont le cylindre est couvert, sont en bon acier non trempé; elles sont retenues dans des rainures à queue d'aronde; elles sont souvent doublées par des lames en zinc ou en cuivre, et sont assujéties par de doubles coins en bois dur. Voici comment nous construisons ces doubles coins qui ont la propriété de serrer plus solidement que les coins ordinaires. On emploie toujours deux coins à la fois, chacun de ces coins

présente en coupe, dans le sens de leur longueur, la
forme d'un triangle rectangle, dont un des côtés de
l'angle droit n'a que le huitième de la longueur de
l'autre côté de l'angle droit. On fait glisser ces deux
coins, en sens inverse, sur leurs hypothénuses ; on conçoit qu'alors les deux longs côtés des angles droits s'é-
loignent toujours parallèlement entre eux, et que l'objet
que l'on veut serrer est comprimé dans toute leur étendue, ce qui ne peut pas avoir lieu avec un seul coin.
Nous construisons les clavettes de la même manière.

Autrefois, lorsqu'on voulait retirer la *platine*, on était
obligé d'enlever le cylindre, ce qui prenait beaucoup de
temps et causait un grand dérangement. Aujourd'hui,
l'on peut, lorsque le cas le requiert, retirer la *platine*,
sans toucher au cylindre. Un massif en bois A (fig. 1,
Pl. 14), est fixé sur le devant de la pile ; sur ce massif
est fixée une plaque en bronze, dans laquelle est pratiquée une queue d'aronde horizontale B, qui reçoit la
platine formée elle-même en queue d'aronde : on l'y
assujétit parfaitement. La platine porte par-derrière,
c'est-à-dire sur le devant de la pile, une anse ou grand
anneau C, par laquelle on la retire avec facilité. Les
rondelles de fer, qui, dans l'ancien système, étaient
nécessaires pour soutenir et arrêter, par leurs extrémités, les lames qui ne faisaient qu'appuyer sur le tambour en bois, n'existant plus, puisque, comme nous
l'avons dit, elles sont incrustées dans le tambour en
fonte, rien ne s'oppose plus au libre passage de la platine. Cette figure n'est ici destinée qu'à faire concevoir
cette nouvelle disposition qui ne change rien à la construction tant extérieure qu'intérieure de la pile que nous
avons décrite dans notre deuxième Partie.

Les cannelures des platines ont subi aussi des changemens. Dans quelques fabriques, ces cannelures sont
longitudinales et parallèles à leur longueur A (fig. 2,
Pl. 14); dans d'autres B (fig. 3), elles sont parallèles
entre elles, mais dans un sens incliné à leurs larges
côtés; dans d'autres elles sont inclinées moitié d'un côté,
moitié de l'autre C (fig. 4). Cette dernière disposition
est très-désavantageuse; la pâte qui est poussée dans les
angles s'y accumule et présente une trop grande résistance. Aujourd'hui on rejette toutes ces formes, les platines sont entaillées par des lignes parallèles aux petits
côtés, on leur donne la forme des dents de scie inclinées en sens inverse de celles des lames. (Voy. la fig. 7
de la Pl. 10).

On voit dans les Planches qui accompagnent la description que nous avons donnée des machines à cylindre,
dans notre deuxième Partie, que chaque système de
moulin à cylindre est formé de trois piles ayant chacune
un cylindre et une platine, le tout mis en mouvement
par le même rouage. Ces trois piles B, A, C, disposées
comme l'indique la fig. 5, Pl. 14, sont ordinairement, en
France, sur le même plan : la pile A porte le cylindre *effilocheur*, les piles B et C, portent les cylindres *affineurs*.
L'on a perfectionné ce système en Angleterre, ce qui
rend le travail plus prompt et plus facile. Les piles B
et C (fig. 6) sont placées sur un plan au-dessous de celui sur lequel est placée la pile A. Des tuyaux qui partent
du fond de cette dernière cuve se rendent dans la partie supérieure des deux piles B et C; des bondes qu'on
débouche, ou des robinets qu'on ouvre au moment
convenable, font couler dans ces piles la pâte suffisamment effilochée pour y être affinée.

§ V. *Description du travail des piles à cylindre.*

Nous n'avons provisoirement rien à ajouter à ce que nous avons dit dans ce paragraphe sur le travail des piles à cylindres; dans notre deuxième Partie, nous y avons traité cette matière avec tous les détails que nous avons crus nécessaires, en nous renfermant dans les limites de l'ancien système de fabrication, c'est-à-dire avant que la chimie eût apporté dans cet art les perfectionnemens qu'elle a créés. C'est du blanchîment de la pâte par le *chlore* dont on comprend que nous voulons parler. En effet, comme cette opération se pratique le plus ordinairement dans les piles à cylindre, nous avons pensé que la place était ici marquée pour sa description.

Du Blanchîment de la pâte.

Avant la précieuse découverte que fit Berthollet, par l'application au blanchîment des toiles, de la propriété reconnue au chlore, de détruire entièrement les couleurs végétales, les fabricans ne parvenaient à faire du papier blanc qu'en choisissant des chiffons déjà blanchis par les nombreuses lessives qu'on leur avait fait subir. Ils les soumettaient de nouveau à des lessives caustiques; les exposaient à la rosée et à la lumière, et obtenaient un papier qui était regardé comme blanc, ne pouvant avoir rien de mieux, mais dont ils étaient obligés de masquer les défauts en lui donnant une teinte d'azur plus ou moins forte.

Quelque blanc que soit le chiffon, il ne produit pas,

sans une préparation préliminaire, un papier d'un blanc assez pur, pour arriver à la perfection si long-temps désirée, et que les applications de la chimie nous ont permis d'atteindre.

Depuis la découverte du chlore et de la connaissance exacte de ses propriétés, les savans se sont occupés des moyens d'employer avec facilité cette précieuse substance à la décoloration des pâtes de papier. Deux moyens également utiles pour obtenir ce résultat ont été proposés, et sont suivis avec succès dans les papeteries. Les manipulations, également faciles et promptes dans leur exécution, produisent les mêmes résultats : nous allons les décrire séparément.

Blanchiment par le chlore gazeux.

Dans l'atelier du blanchiment, qui est ordinairement placé à côté du moulin à cylindre, est disposée une presse destinée à exprimer autant d'eau qu'il est possible du chiffon effiloché et réduit en une pâte encore grossière qu'on retire de la pile du cylindre effilocheur. Ce chiffon est jeté dans une caisse en cuivre étamé qui repose sur le sommier de la presse, au-dessous du banc de presse que la vis fait mouvoir pour opérer la compression. Le banc de presse remplit, avec un jeu léger, toute la surface de la caisse en cuivre. L'eau que contient la pâte s'échappe par un *kas*, recouvert d'une *tellette*, pour arrêter la pâte; il est placé sur la paroi de la caisse à l'endroit le plus convenable.

Contre une cloison pratiquée sur un côté de l'atelier, perpendiculairement au mur des croisées, sont placées plusieurs grandes cuves ovales, construites en bois blanc, cerclées en fer, et fermées par un couvercle en bois blanc, fixé à la cuve par des agrafes en fer, dont deux extrémités sont recourbées à angles droits : l'une de ces extrémités appuie sur le couvercle, et l'autre s'engage sous le premier cercle en fer de la cuve. Ce couvercle est ajusté de manière à fermer la cuve hermétiquement pour contenir le gaz-chlore sans le laisser échapper.

La cloison dont nous avons parlé est éloignée du gros mur d'environ deux mètres. C'est dans cet espace que sont construits les fourneaux dans lesquels se fabrique le chlore. Il y a autant de fourneaux que de cuves.

Les dimensions de chaque cuve sont les suivantes : deux mètres de longueur, un mètre de large et un mètre de hauteur; elles sont ovales, ainsi que nous l'avons dit.

Un gros ballon d'environ huit litres de capacité est placé dans chaque fourneau; son col, qui a environ un pied de hauteur, est prolongé par un long tube doublement coudé, à angles droits, qui traverse la cloison, et va s'engager dans un trou pratiqué au milieu du couvercle de la cuve, où il est exactement luté, de même qu'au col du ballon. Ce long tube est en plomb; il est soutenu vers le milieu de sa longueur par un support en fer posé comme un chandelier sur le couvercle de la cuve. C'est dans ce ballon, qui est placé sur le fourneau dans un bain de sable, que l'on introduit les substances propres à produire le chlore qui sont, oxide de manganèse, 100 parties; acide hydro-chlorique du commerce, 220 parties. (Voyez l'Appendice, Chap. XI, §. 3.)

On commence par remplir la cuve, tout au plus à moitié, de la pâte que l'on retire de la caisse de la presse, et que l'on comprime fortement avec la main pour en former des espèces de boules. On conçoit que, malgré qu'on ait cherché à extraire, par l'action de la presse, toute l'eau contenue dans la pâte, on n'a pas pu y parvenir, et qu'il en reste encore assez pour que, par la compression de la main, elle conserve la forme qu'on lui a imprimée. L'eau qui reste dans la pâte est nécessaire pour attirer et retenir le gaz-chlore et le faire pénétrer partout dans la pâte.

La cuve remplie au point convenable, on la couvre, on fixe les agrafes, on charge le ballon, on lute bien soigneusement les deux bouts du tube, et l'on allume le feu. Quelques heures suffisent pour que le gaz soit entièrement dégagé, cependant on laisse l'appareil monté pendant trente-six heures, après lesquelles on découvre la cuve. Alors on trouve toute la pâte d'un blanc parfait, jusques dans l'intérieur des petites boules qu'on a formées. Le gaz-chlore a été entièrement absorbé par la pâte, à tel point que la cuve découverte ne donne presque pas d'odeur.

Nous avons vu cet appareil dans les belles papeteries de MM. Montgolfier, à Saint-Marcel, et à Grosberty, près d'Annonay. Ces habiles manufacturiers nous ont dit qu'ils trouvent plus d'avantage à employer ce procédé que celui qu'on pratique par le chlorure de chaux.

Blanchiment par le chlorure de chaux.

La manière de fabriquer en grand le chlorure de chaux n'est plus aujourd'hui un secret; nous en ferons connaître le procédé après que nous aurons terminé ce traité. Plusieurs chimistes-manufacturiers fabriquent cette substance en grand, et en fournissent abondamment toutes les manufactures. Il suffira, par conséquent, d'indiquer aux fabricans de papier la meilleure manière d'employer cette substance, ce que nous ferons en transcrivant l'instruction de M. Payen à ce sujet.

« On délaie d'abord le chlorure dans un poids d'eau égal au sien, c'est-à-dire dix kilogrammes d'eau pour dix kilogrammes de chlorure, puis, en délayant toujours, on ajoute successivement vingt fois autant d'eau, ou deux cents kilogrammes d'eau pour dix kilogrammes de chlorure. On brasse bien le mélange pendant quelques minutes, puis on laisse déposer pendant une heure ou deux. On soutire toute la solution claire, à l'aide d'un robinet placé au-dessus du dépôt, et l'on remplace cette solution par une égale quantité d'eau, deux cents kilogrammes, qu'on mélange bien. On laisse déposer et l'on soutire à clair : on répète ces opérations quatre fois. Les deux premières solutions obtenues sont mélangées, elles servent à préparer le bain de chlorure pour blanchir ; les deux autres sont employées, au lieu d'eau pure, à dissoudre une nouvelle quantité de chlorure en poudre.

« Si l'on employait la première fois la même quantité de chlorure que pour toutes les subséquentes, la première solution serait plus faible que toutes celles qui suivraient, puisqu'elle serait faite à l'eau pure, tandis que les suivantes doivent l'être avec des eaux de lavage qui contiennent du chlorure dissout. Pour rétablir l'égalité des proportions, il sera nécessaire d'employer, dans une première opération faite à l'eau pure, un cinquième en sus de chlorure. Si, par exemple, on veut avoir tous les jours une solution de chlorure de chaux, représentant dix kilogrammes de ce chlorure, il faudra, la première fois, employer douze kilogrammes, et toutes les autres dix kilogrammes seulement.

« Les solutions de chlorure de chaux doivent s'opérer dans des tonneaux ou des cuviers, doublés intérieurement en plomb, ou en mastic de fontainier, munis d'un couvercle mobile et d'un robinet placé à quelques pouces du fond, suivant la hauteur que le dépôt doit occuper, ce qui dépend de la quantité de chlorure qu'on doit employer habituellement, et du diamètre du cuvier dans lequel on fait la dissolution.

« Cette préparation faite, le blanchîment de la pâte se pratique de trois manières différentes :

« 1°. Dans la pile à *effilocher*, lorsque l'effilage et le lavage sont à moitié faits, on arrête l'entrée et la sortie de l'eau, et l'on ajoute la solution de chlorure de chaux claire. On laisse agir dans cette pile pendant une heure au moins (1); au bout de ce temps, on laisse écouler l'eau, et le lavage s'opère comme à l'ordinaire. On termine l'opération sans autre changement, c'est-à-dire qu'on met à égoutter, on passe dans la pile à raffiner, etc.

« 2°. Le second mode consiste à blanchir le défilé entre le travail des deux piles. Pour cela, on verse la liqueur claire de chlorure de chaux dans un baquet qui contient autant d'eau qu'il en faut pour délayer le chiffon; on y ajoute ensuite la quantité de pâte égouttée dont on aura besoin pour charger la pile à raffiner,

---

(1) Voyez au Chapitre XI, paragraphe 6, du blanchîment des chiffons et de la pâte à papier.

c'est-à-dire, de 75 à 80 kilogrammes ordinairement. On brasse cette bouillie à l'aide d'un mouveron ou spatule en bois, et on laisse agir pendant deux heures, en agitant le mélange de temps à autre. On soutire alors le liquide au moyen d'une cannelle placée sous une tellette. On jette quelques seaux d'eau pour laver le défilé et entraîner le chlorure qu'il retient ; puis on porte ce défilé blanchi dans la pile à raffiner, où on le lave, et on le traite comme à l'ordinaire.

« L'eau, égouttée du mélange, contenant encore du chlorure qui n'a pas encore agi, sert à commencer le blanchiment d'une nouvelle quantité de chiffon défilé, égale à la première. On laisse réagir ce mélange pendant une heure, on remue de temps en temps ; on soutire le liquide qui peut s'en égoutter, et l'on peut alors le passer dans la pile à *effilocher*, ou s'en servir pour tremper ou macérer du chiffon, afin de tirer parti des dernières portions de chlorure de chaux qu'il contient.

« On ajoute sur le défilé égoutté une dose de chlorure neuf et d'eau ; on délaie et on laisse réagir le mélange, en le brassant par intervalle ; au bout d'une heure, on soutire le liquide qu'on réserve, ainsi que la première eau de lavage, pour une opération suivante ; on porte le défilé dans la pile à raffiner, etc. On continue toutes les opérations suivantes de la même manière.

« 3°. Par le troisième procédé, on opère le blanchiment dans la pile à raffiner : pour cela, il suffit d'ajouter la dose de solution claire de chlorure de chaux dans la pâte délayée, et de suspendre l'écoulement du liquide que contient la pile, pendant une demi-heure au moins ; on laisse ensuite le courant d'eau s'établir comme à l'ordinaire, et on lave le plus possible pendant une heure et demie au moins.

« Pour guider dans le choix que l'on doit faire de ces trois modes de blanchiment, nous ferons observer que le premier donne, en général, des résultats moins satisfaisans que les deux autres ; que le deuxième, qui exige un peu plus de main-d'œuvre, présente plus d'économie, parce qu'il permet d'épuiser plus complétement le pouvoir décolorant du chlorure de chaux ; que le troisième, un peu moins économique que le deuxième, donne cependant de bons résultats, et présente l'avantage d'une exécution extrêmement facile.

« Dans le premier procédé, on doit employer trois kilogrammes de chlorure de chaux en poudre pour cent kilogrammes de pâte.

« Dans le deuxième, il ne faut que deux kilogrammes de chlorure pour cent kilogrammes de défilé.

« Le troisième nécessite l'emploi de deux kilogrammes et demi de chlorure de chaux pour cent kilogrammes de défilé.

« Ces procédés offrent les avantages de donner du papier plus blanc, et d'éviter le pourrissage qui fait perdre dix et souvent quinze à vingt pour cent, au moins de papier. »

On n'obtiendra toutefois ces avantages qu'en employant du chlorure de chaux parfaitement saturé, ce dont on peut se convaincre par des essais faits avec soin à l'aide du chloromètre de M. Gay-Lussac. Nous en donnerons une notice à la fin de ce traité.

Les fabricans qui préféreront blanchir le chiffon, pourront suivre les procédés indiqués par M. Robiquet, que nous ferons connaître à la fin de ce traité.

*Observations sur l'emploi du chlore dans le blânchiment
des pâtes à papier.*

En 1830, nous eûmes occasion de faire la connaissance de M. Charles Schinz, de Zurich, fabricant de
papiers à Stein en Thourgovie, en Suisse. Ce manufacturier éclairé, dont nous avons parlé avantageusement comme il le mérite, parmi les nombreuses notes
qu'il nous a communiquées, nous a fait part des expériences comparatives qu'il a faites pour se convaincre
de l'état dans lequel l'emploi du chlore est le plus
avantageux.

M. Schinz fit quatre expériences, dont les trois premières avec du gaz-chlore qu'il fabrique lui-même dans
sa manufacture, et la quatrième avec du chlorure de
chaux dont il était approvisionné, et qui provenait d'une
fabrique de produits chimiques.

Pour les trois premières expériences, il se servit
d'une grande cornue de verre, placée au bain de sable
sur un fourneau, dans laquelle il mit, pour chaque opération, la même quantité des substances propres à fournir le gaz; c'est-à-dire, cinq livres d'oxide de manganèse et douze livres et demie d'acide hydro-chlorique.
Après avoir fait exactement le mélange, il laissa d'a-
bord dégager le chlore sans chauffer, jusqu'à ce que son
appareil n'en fournît plus, alors il chauffa graduellement jusqu'à ce que toute réaction eût cessé.

Pour la première expérience, il reçut le gaz dans un
appareil à cuvettes de Berthollet, qui contenait 400
litres d'eau pure. Le liquide essayé au chloromètre de
Gay-Lussac, donna 7°.450.

Pour la seconde expérience, il chargea sa cornue des mêmes substances et en même quantité, et il remit le gaz dans le même appareil à cuvettes; et dans la même quantité d'eau, 400 litres, dans lesquels il avait fait dissoudre deux livres et demie de potasse. L'eau de javelle qui résulta de cette opération donna au chloromètre 13°.800 de force.

Pour la troisième expérience, il opéra comme dans la seconde; la seule différence fut qu'au lieu de potasse, il fit dissoudre, dans soixante-quinze litres d'eau, deux livres et demie de chaux fraîchement préparée. Ce chlorure donna au chloromètre 19°.800.

Pour la quatrième expérience, il prit du chlorure de chaux à l'état sec ; il en fit dissoudre une once dans douze litres d'eau, qui donnèrent au chloromètre 16° degrés.

Examinons, ajoute M. Schinz, à combien revient chacune de ces liqueurs à blanchir. J'estime ici chacune des substances employées aux prix qu'elles m'ont coûtées rendues à ma fabrique. Voyons d'abord à combien m'est revenu le gaz-chlore dans chacune des trois premières expériences.

5 livres oxide de manganèse à 37 fr. le cent. 1f85e

12 livres et demie acide hydro-chlorique à 17 f. 2 12

Feu, travail et cornue. . . . . o 65

Pour chacune des trois expériences le gaz a coûté. 4 62

Afin d'avoir une valeur comparative du chlore obtenu dans chacune de ces expériences, M. Schinz, pour les trois premières, a divisé 4 f. 62 par le nombre de degrés que chaque liqueur a donné au chloromètre, et il

a eu pour quotient la valeur d'un ui marque-
rait cent degrés au même chloromètre.

Pour la quatrième expérience, il avait employé une
once de chlorure sec qu'il avait évalué à 3 ou 4 centi-
mes, qui lui ont donné, comme nous l'avons dit, 160
degrés; il a obtenu la valeur de 100 degrés par cette
proportion 160 : 0.04 : : 100 : x.

Nous avons refait tous ces calculs que nous avons
trouvés erronés, ce qui ne change rien aux conclusions
qu'a voulu en tirer l'auteur, de prouver que le chlorure
de chaux est plus avantageux sous le rapport de la dépense. En voici les résultats :

Dans la première expérience, les 100° chlo-   f. c.
    rométriques ont coûté. . . . . . 0.62.

Dans la seconde, ils ont coûté. . . . . 0.41.

Dans la troisième, ils ont coûté. . . . . 0.24.

Dans la quatrième, ils n'ont coûté que . . 0.025.

Ce tableau suffit pour prouver que, sous le rapport
pécuniaire, il y a un avantage im se à employer le
chlorure sec. Il reste actuellement à examiner laquelle
de ces préparations donne le plus beau blanc à la pâte.
Voici sous ce rapport les observations de notre fabricant : ce sont ses notes que nous transcrivons.

« Dans l'emploi de ces diverses préparations, j'ai
trouvé, dit-il, beaucoup de différence. Les deux premières m'ont donné sans contredit un blanc bien plus
parfait que les chlorures de chaux, ce que j'attribue à
la chaux qui, par la décomposition du chlorure pendant le blanchiment, devient libre et se mêle à la pâte,
en lui communiquant une petite teinte jaunâtre, laquelle, malgré de fréquens lavages, ne s'en sépare plus.
Enfin, le chlorure de chaux sec a l'inconvénient de sa-

lir encore p l   e que celui que j'avais obtenu à
l'état liquide, ce qui provient de ce qu'il contient de
la chaux en excès. Le meilleur moyen de s'en préserver
un peu, c'est d'employer des lessives de chlorure de
chaux très-faibles.

« D'après tout ce qui précède, ajoute notre manufacturier, je rejette la manière employée dans différentes
fabriques, de blanchir avec le gaz-chlore seul; j'adopte
l'eau de javelle pour blanchir des pâtes très-fines; et
enfin pour tous les autres chiffons au-dessous des superfins, je ferai usage du chlorure de chaux que je fa-
briquerai dans ma manufacture à l'état liquide, puisque le chlorure sec est chargé de chaux avec excès; et
qu'il est moins propre pour atteindre mon but. »

§. VI. *Avantages de l'emploi des cylindres sur les maillets.*

Nous avons, d   notre seconde Partie, épuisé la
matière autant qu   nous a été possible; nous n'avons
rien à y ajouter.

§. VII. *De l'usage d'affleurer les pâtes.*

Nous avons dit, dans notre seconde Partie, tout ce
que nous pouvions avancer pour prouver aux fabricans
l'intérêt qu'ils avaient d'adopter un nouveau système.

CHAPITRE III.

DE L'ATELIER OU SE FABRIQUE LE PAPIER.

Il y a aujourd'hui deux manières de fabriquer le papier, 1° à la main selon l'ancienne méthode; 2° par mécanique, à l'aide de machines. Le lecteur nous aurait mal compris, si, lorsque nous nous sommes servis de ces expressions, faire le papier selon l'*ancien système*, ou opérer selon le *nouveau système*, on avait pensé que notre but était de proscrire le travail à la cuve pour adopter les machines à papier continu. Cette interprétation serait absolument contraire à notre manière de penser. C'est ici le lieu de nous expliquer clairement sur un objet aussi important.

Nous n'ignorons pas qu'une machine à papier continu remplace sept à huit cuves, et que la grande majorité des fabricans n'emploie pas un aussi grand nombre de cuves, que, sous ce rapport, ce serait folie à nous d'entendre proscrire l'usage des cuves pour adopter généralement les machines. Nous savons aussi que jusqu'à ce jour on n'est pas encore parvenu à fabriquer, par les machines, le papier superfin; que, dans les grandes manufactures, indépendamment des machines qu'on y emploie, on a conservé l'usage des cuves pour la préparation des papiers fins ou de luxe.

Les machines ne peuvent être employées que dans de très-grandes manufactures qui ont un débit considérable, et qui, pour les papiers ordinaires, et dans la vue de pouvoir soutenir la concurrence, sont obligées d'employer des moyens de diligence qui sont au-dessus de la fortune et du débit des petits fabricans.

Les expressions, *ancien système* et *nouveau système*, ne portent pas sur les instrumens dont on se sert, mais sur la manière de manipuler, soit pour former les pâtes, soit pour le collage et les apprêts. Ainsi, nous proscrivons les pilons pour y substituer les piles à effilocher, nous indiquons le collage à la cuve comme préférable à l'ancien procédé du collage, etc., etc. Nous donnerons à la fin de ce traité un résumé du nouveau système de fabrication qui rappellera sous un seul cadre tout ce que nous avons prescrit de meilleur, à l'imitation des Anglais et des Hollandais, jusqu'ici encore nos maîtres et nos émules.

Nous ne suivrons pas dans ce Chapitre et dans les suivans, la marche que nous avions adoptée pour les deux premiers Chapitres de cette troisième Partie, en suivant pas à pas les mêmes divisions de la deuxième Partie. Ce que nous avons à dire diffère trop de ce que nous avons dit dans cette Partie pour pouvoir nous y astreindre. C'est ici que nous devons décrire les machines par le secours desquelles on fabrique le papier sans le secours des trois ouvriers indispensables par le travail de la cuve, l'*ouvreur*, le *coucheur* et le *leveur*. Ces trois ouvriers sont indispensables pour travailler à la cuve que M. le baron Canson a imaginée, et que nous allons d'abord décrire.

Nouvelle cuve à ouvrer, par M. Canson, à Vidalon-les Annonay.

Il y a environ huit ans que, me trouvant à Annonay, je fus, avec M. Elie Mongolfier, faire une visite à M. Canson, qui me montra dans tous ses détails la belle manufacture qu'il a fait construire auprès de cette ville. Indépendamment d'une bonne machine à fabriquer le papier continu, qui travaille sans relâche, et qu'il a perfectionnée, il nous montra une cuve à ouvrer qu'il venait d'inventer, et qui présente des avantages qu'on n'avait pas encore obtenus jusqu'alors.

La figure 7, Planche 14, montre la cuve vue par-devant; la figure 8 la fait voir de profil et en coupe.

Cette cuve, en bois de chêne solidement assemblé et bien ferrée, peut être en bois blanc; mais elle doit être revêtue intérieurement de plaques minces de plomb, soudées avec soin, afin qu'elle retienne parfaitement l'eau et ne puisse en laisser échapper une goutte.

La forme trapézoïde de cette caisse ne lui conserverait pas assez de solidité; c'est pourquoi elle est solidement établie sur un pied A très-fort. Vers le fond de la caisse est placé un agitateur B, formé d'un axe en fer C, D, dont un des tourillons roule dans une crapaudine de bronze du côté D, et l'autre traverse une boîte à étoupes du côté C, où il porte, au-dehors, une poulie qui reçoit, par une corde ou une lanière de cuir sans fin, le mouvement du moteur. Quatre liteaux cloués sur des rondelles de bois traversées par l'axe et fixées avec lui, forment l'agitateur.

Un tuyau E, communiquant avec la cuve qui renferme

la pâte mêlée avec de l'eau en quantité suffisante pour lui donner la fluidité nécessaire au papier qu'on se propose de faire, amène cette pâte chaude dans la caisse trapézoïde. Ce tuyau est fermé, dans l'intérieur de la caisse, par une vanne, ou mieux par une soupape *a*, qui s'ouvre librement lorsqu'on soulève la tringle F.

La surface rectangulaire que présente cette caisse, vue par-dessus, n'est pas arbitraire ; elle a en longueur et en largeur de 10 à 12 centimètres de plus que la dimension, dans les deux sens, de la forme sur laquelle on doit faire la feuille de papier, afin de donner à l'ouvreur la facilité de balancer sa forme.

Un *kas*, garni d'une *tellette*, est placé au niveau du liquide, afin de laisser écouler l'eau surperflue, de manière que la matière et l'eau introduites par le tuyau E soient toujours au même niveau dans la caisse.

Voici les avantages que présente cette nouvelle cuve : Lorsque *l'ouvreur* a plongé sa forme et pendant qu'il la balance, la forme se trouve au-dessous de la partie courbée de la tringle F ; mais lorsqu'il a bien égalisé la matière, et en sortant sa forme, il soulève cette tringle avec la forme elle-même : une quantité de matière entre dans la caisse par le tuyau E, qui remplace exactement celle qu'il a enlevée avec la forme ; l'eau, qui se trouve alors surabondante, s'échappe par le *kas*, de sorte qu'après l'opération il ne se trouve dans la caisse que la même quantité de matière et la même quantité d'eau qu'il y avait avant. Les choses sont si bien disposées, qu'aussitôt que ce remplacement est exactement opéré, la tringle, poussée par un ressort, referme parfaitement la soupape,

M. Canson m'apprit que, par ce moyen, il était parvenu à fabriquer toutes les feuilles exactement du même poids. La matière est entretenue dans la cuve alimentaire à un degré de température tel que son introduction dans la caisse entretient celle-ci dans un degré de chaleur suffisant. Il me parut très-satisfait de sa nouvelle invention, qui ne dispense pas des trois ouvriers *ouvreur*, *coucheur* et *leveur*, comme nous l'avons déjà dit, ni des presses nécessaires au travail de la cuve. Cette nouvelle cuve, que nous regardons comme un perfectionnement remarquable, peut être utile aux petits fabricans et même aux grandes manufactures, qui comme nous l'avons fait remarquer, font, à la cuve, le papier de luxe.

DES NOUVELLES MACHINES A FABRIQUER LE PAPIER.

Description d'une Machine à fabriquer le Papier de grandes dimensions , et par mouvement continu, d'après les dessins de feu M. Molard jeune.

Avant de nous occuper de la description de cette machine, nous croyons devoir mettre sous les yeux des lecteurs un précis historique de son invention. On verra combien il a fallu de temps et de dépenses pour l'amener au degré de perfection où nous la voyons aujourd'hui.

En 1799, Louis Robert, employé dans la papeterie d'Essonne, près de Paris, inventa une machine à fabriquer le papier en grandes dimensions et par mouvement continu. Il s'en assura la propriété par un brevet d'invention de 15 ans, et reçut du gouvernement une somme de huit mille francs à titre d'encouragement.

M. Léger-Didot, alors directeur de la papeterie d'Essonne, acquit de Louis Robert son brevet et sa machine pour la somme de 25,000 francs, payables en différens termes. Devenu propriétaire de cette machine imparfaite, mais contenant le germe d'une invention importante, M. Léger-Didot partit avec elle pour l'Angleterre, où il fit divers traités pour sa construction et son exploitation. Cette machine reçut dans ce pays de grandes améliorations, et y devint l'objet de plusieurs patentes. Cependant, M. Léger-Didot, n'ayant pas rempli ses obligations envers Louis Robert, celui-ci rentra en possession de son brevet par un jugement du tribunal de première instance de la Seine, en date du 23 juin 1810. Pour ressaisir le privilége qu'il venait de perdre en France, M. Léger-Didot, en 1811, envoya de Londres, à M. Berte à Paris, le numéro du recueil périodique *the Repertory of arts and manufactures*, du mois de septembre 1808, qui contenait la description et le plan de la machine perfectionnée, avec ordre de prendre un nouveau brevet qu'ils exploiteraient en commun. M. Berte prit ce brevet en son propre nom, et y mit la condition que M. Léger-Didot reviendrait en France pour faire construire les machines.

Les deux années que la loi accorde pour la mise en activité d'un objet breveté s'étant écoulées avant que M. Léger-Didot put effectuer son retour, il autorisa M. Berte, pour l'indemniser de ses frais et avances, à faire établir, à ses risques et périls, deux machines à papier. Elles furent construites par M. Calla, mécanicien à Paris, en 1814 et 1815, et furent placées aux papeteries de S. *rel* et de la *Saussay*, près de Dreux, sous la direction de M. Grevenich, associé de M. Berte. Dès lors on commença à fabriquer, en France, où l'invention était née seize ans auparavant, des papiers à grandes dimensions, tant pour l'imprimerie que pour le décor. C'est à l'occasion de ces deux machines, bien imparfaites sans doute, si on les compare à celles que, plus tard, on a importées d'Angleterre, que M. Léger-Didot a fait à M. Berte un procès qui a duré sept ans, et qui ne s'est terminé, au profit de ce dernier, que par un jugement du tribunal de première instance, en date du 16 janvier 1827.

Ces entraves, apportées à l'industrie par des chicanes dénuées de toute raison, ont beaucoup contribué à retarder, chez nous, le développement de cette nouvelle industrie. Elles ont surtout empêché nos constructeurs de machines de s'en occuper dans la crainte d'être troublés dans leurs entreprises. La construction de ces appareils, qui n'offre pourtant rien de difficile, est restée jusqu'à ce jour presque exclusivement dans les mains des Anglais. Excepté les deux appareils dont nous avons fait mention, tous les établissemens de cette nature formés en France, tels que ceux de MM. Canson, Montgolfier, Thomas Varennes, Firmin-Didot, Delcambre, de Maupéon, etc., sont garnis de machines venant d'Angleterre.

C'est le dessin et le plan de deux de ces machines perfectionnées, dont l'une est employée à la papeterie de M. Elie Montgolfier, à Teilly, près du bourg d'Argental, département de la Loire, et l'autre à la belle papeterie que M. Montgolfier aîné a, depuis peu d'années, fait construire à Saint-Maur, pi de Paris, que nous allons donner avec la description nécessaire à son intelligence.

Les mécaniciens qui se sont attachés à perfectionner cette machine, au point où nous la présentons, y ont ajouté un appareil à sécher le papier au moyen de la vapeur, dont la description suivra celle de la machine à papier. L'appareil de M. Canson, propre à faire le vide sous la toile métallique sans fin, y est également indiqué, mais sans figures particulières qui le représentent et qui nous paraîtraient superflues. On s'en formera une idée suffisante d'après ce que nous en dirons.

Les mêmes lettres représentent les mêmes pièces dans les deux figures 9 et 10 de la Pl. 14, dont l'une, figure 9, montre l'élévation, et la figure 10 fait voir le plan de la machine à fabriquer le papier.

La caisse A, A, fournit l'ouvrage à la machine; la matière y est continuellement tenue en mouvement par un agitateur que fait marcher le moteur.

Un compartiment B, pratiqué dans toute la largeur de la caisse, ayant dans le fond six orifices à travers desquels arrive la matière contenue dans la caisse, reçoit la matière et la livre ensuite à la machine. L'ouverture de ces orifices se règle au moyen d'une coulisse à échancrures glissant sur ce fond. On peut, de cette manière, déterminer la quantité de matière à laquelle on livre passage, suivant l'espèce de papier qu'on fabrique.

Une bande de cuir *c, c,* est placée au-devant du compartiment B et reçoit la matière qui coule sur elle pour arriver dans le chéneau *d, d.* Il est bien entendu que la matière est constamment entretenue dans la caisse A, A, à un niveau tel, que l'écoulement dont nous venons de parler puisse avoir lieu.

Le chéneau en cuivre d, d, est fixé à la table, et reçoit la matière pour la livrer sur la toile à vélin.

Dix-huit petits rouleaux 1, en cuivre rouge et creux, soutiennent la toile métallique sur lesquels elle passe. Leur objet est non-seulement de maintenir cette toile dans un parfait niveau, mais encore de soutenir l'eau du papier par leur contact immédiat avec la toile. Ils sont munis, à leurs bouts, de petits tourillons supportés par les traverses a, a, fixées elles-mêmes au cadre de la table.

Quatre gros rouleaux, 2, aussi en cuivre, sont placés à l'extrémité de la table d'envergement.

Un autre gros rouleau 3, pareillement en cuivre, est placé à la tête de la même table; il reçoit la toile qui passe sur lui.

Un troisième gros rouleau, 4, placé sous le chéneau d, sert de renvoi à la toile métallique.

Un quatrième gros rouleau, 5, placé au bas de la table, sert à régler le parallélisme de la toile, au moyen de vis de rappel, et arrête son mouvement d'envergement qu'elle a sur la table.

Deux barres en fer forgé D, D, forment les deux côtés de la table. Elles sont fixées aux pièces f, f, et g, g.

Deux traverses en fer b, b, sont maintenues par deux boulons fixés sur les deux barres D, D. Les traverses b, b, supportent deux pièces E, E, servant à guider la courroie qui détermine le bord du papier. Les pièces E, E, étant maintenues sur les traverses b, b, au moyen de vis de pression, glissent dessus, et peuvent s'écarter à volonté, de manière à pouvoir faire du papier plus ou moins large.

Une caisse en bois *h*, *h*, reçoit l'eau et la matière qui s'échappent au travers de la toile métallique. Cette eau et cette matière se rendent, par un conduit, dans la caisse F, également en bois. C'est dans ces deux caisses qu'on fait le vide, au moyen de deux soufflets aspirateurs, placés sur le plan supérieur de la caisse F, mis en mouvement par le moteur de la machine. Cette disposition, adoptée par M. Canson, à sa machine, égoutte très-promptement le papier, et le fait adhérer fortement à la toile, en faisant presser sur lui tout le poids de l'atmosphère.

Une autre caisse en bois *i*, *i*, est pleine d'eau ; on y fait plonger les courroies *m*, *m*, afin de maintenir celles-ci toujours propres.

Première presse G, G, à cylindres de cuivre.

Les rouleaux en bois *n*, *n*, *n*, servent à soutenir et à tendre le feutre sans fin H, H, H.

Deuxième presse I, I, à cylindres en fonte de fer. La toile sans fin K, K, est en fils de cuivre, tissée à deux marches comme la toile de chanvre ; c'est sur elle que se fait le papier. Elle passe entre les deux cylindres de la presse G, G, dont elle embrasse le cylindre inférieur qui la fait circuler.

Le feutre en laine H, H, reçoit le papier à la sortie da la première presse, et le conduit dans la deuxième et jusqu'à l'extrémité de la machine, d'où il passe à la machine à sécher.

La courroie L reçoit le mouvement de la poulie M, et le communique à l'arbre du cylindre inférieur de la deuxième presse I. La poulie N, montée sur ce même arbre, fait tourner, à l'aide d'une courroie, la poulie O, fixée sur l'arbre du cylindre inférieur de la première presse G. Une poulie P, montée également sur ce même axe, communique le mouvement, toujours par courroie, à la poulie Q, que porte l'axe prolongé de l'agitateur dans la cuve à matière A, A.

La poulie R, montée sur l'axe du cylindre inférieur G de la première presse, fait marcher la poulie S, fixée sur l'axe qui fait cheminer les courroies *m*, *m*, dans la caisse *i*, *i*.

Une poulie V, montée sur l'axe de l'agitateur, à côté de la poulie Q, donne le mouvement à une poulie T, qui fait jouer une pompe placée de manière à pouvoir prendre la matière qui vient dans la caisse F, pour la remonter dans la caisse A, A. La poulie U, montée sur l'axe de l'agitateur, fait tourner la poulie X, qui est fixée sur l'arbre portant l'excentrique *o*, qui donne le mouvement de va-et-vient à la tête de la table où se forme la feuille de papier.

Machine à sécher le papier par le moyen de la vapeur.
(Voyez Pl. 15, fig. 1 et 2.)

Cet appareil est placé immédiatement au-dessus de la machine à papier, au premier étage, et se lie avec elle au moyen des crémaillères Z, dans les dents desquelles viennent se placer les tourillons d'un cylindre qui sert de renvoi à une pièce de drap sans fin, qui vient prendre le papier à la sortie de la machine, pour le monter à l'appareil à sécher.

Les rouleaux en bois *k* servent à soutenir le drap conducteur du papier.

Un gros rouleau a, également en bois, porté par la tête de l'appareil à sécher, sert de renvoi au drap conducteur H , H.

Le rouleau en bois b sert, par son propre puids, à tendre le drap H, H, et peut prendre la position ponctuée qu'on voit dans la figure.

Cinq cylindres en cuivre Q, sur lesquels vient passer la feuille continue de papier, qu'un drap sans fin K accompagne et tient appliquée contre, pendant tout le trajet.

Trois rouleaux en bois s, s, s, servent à conduire et à tendre le drap K en-dessous de l'appareil.

Deux petits cylindres en cuivre c, c, servent à diriger le papier sur les cylindres Q, et de renvoi au drap K.

Deux autres petits cylindres en cuivre d, d, qui ont pour objet de séparer le drap, ou du moins de l'empêcher de se froisser à cet endroit.

Rouleau en bois A, sur lequel le papier vient s'enrouler au fur et à mesure qu'il sort de l'appareil à sécher.

Autre rouleau semblable B, qui remplace le premier, quand il est chargé de papier au degré convenable.

Les deux leviers q tournent sur deux tourillons x, placés à leur centre, et supportent, par leurs extrémités, les rouleaux A et B.

Une détente f sert à retenir le levier q, dans une position horizontale, pendant que l'enveloppement du papier a lieu.

Les poulies $\imath$, $\imath$, reçoivent le mouvement du moteur; ce mouvement doit être calculé de manière que l'appareil à sécher débite juste le papier que fournit la machine qui le fabrique.

La poulie 2 est montée sur le même axe que la poulie 1, et donne le mouvement à la poulie 3, qui fait tourner le rouleau a, chargé de faire monter le drap H, qui conduit le papier.

La poulie 4 donne le mouvement à la poulie 5, qui fait tourner les rouleaux de décharge A et B, tour-à-tour. La poulie 5 porte à l'extrémité de son axe une boîte coulante qui prend le carré en saillie de l'axe du rouleau A, laquelle boîte est maintenue en place par un petit levier d'embriage qu'on fait agir au moment du changement du rouleau plein pour le rouleau vide. La superposition du papier continu grossissant sans cesse le diamètre du rouleau, et le mouvement qui lui est donné par les poulies 4 et 5 étant invariable, il est nécessaire, pour ne pas rompre le papier, que la corde qui transmet le mouvement ne soit que légèrement tendue, pour qu'elle puisse glisser dans les gorges des poulies, quand la tension du papier devient par trop excessive.

La poulie 6 donne le mouvement, par le moyen d'une chaîne croisée, aux poulies 7, 7, qui font mouvoir dans un sens différent les petits cylindres c, c.

Les roues d'engrenage m font tourner avec une vitesse égale les cinq cylindres chauffeurs dans le même sens de gauche à droite.

Le tuyau horizontal n sert pour la distribution de la vapeur dans les cinq cylindres chauffeurs. Des tuyaux verticaux sont ajustés sur le tuyau horizontal au moyen de brides, et vont porter la vapeur à chacun des cylindres à travers leurs axes percés, sur le bout desquels les tuyaux sont ajustés à genouillère. Le tuyau qui apporte la vapeur de la chaudière, est muni d'un robinet pour l'admission de la vapeur dans l'appareil.

Le tuyau *p* sert pour l'extraction de l'eau condensée dans l'intérieur des cylindres. Ceux-ci portent, dans le sens de leur, longueur un encloisonnement recourbé qui a une pente vers l'orifice par où l'eau condensée s'échappe, et où elle est amenée par des conduits correspondans.

Les brides *r* ferment le bout prolongé des axes percés des cylindres chauffeurs. Le centre de ces brides est garni d'une soupape, *reniflard*, qui s'ouvre en-dedans pour l'admission de l'air atmosphérique, dans le cas où le vide viendrait à se faire dans l'intérieur des cylindres. Ces soupapes, pour l'admission de l'air, peuvent se placer dans le fond même des cylindres.

Il faut remarquer que tous ces tuyaux, tant pour l'admission de la vapeur que pour l'évacuation de l'eau condensée, sont fixes, et qu'ils se raccordent avec les axes percés des cylindres au moyen de boites à étoupes en cuivre dont la forme est bien connue.

Travail de ces machines.

La caisse ou cuve A, A, étant pleine de matière propre à faire du papier, on met la machine en mouvement. On ouvre les orifices du compartiment B, B, au degré convenable pour que la matière coule sur la toile métallique K, qui a un double mouvement, celui de circulation que lui imprime la première presse G, et celui de va-et-vient horizontal que lui donne l'excentrique *o*. La matière coulant d'abord sur la bande de cuir *c*, tombe dans le chéneau *d*, d'où elle se déverse sur la toile, qui

l'entraîne tout en égalisant son épaisseur , et en laissant
passer, à travers ses mailles, l'eau dans laquelle la pâte
du papier n'est que suspendue. Lorsqu'elle arrive sur le
rouleau 3, elle commence à être soumise à l'action du
vide qui se fait dans la caisse *h* placée au-dessous, par deux
soufflets aspirateurs mus par le moteur de la machine.

La pression de l'air atmosphérique ayant lieu pendant
tout le trajet de la matière, dans l'étendue de la caisse *h*,
le papier, au sortir de là, est plus ferme, et arrive à la
première presse, ayant déjà une certaine consistance.
Au-delà de cette presse, le papier quitte la toile métallique K, pour être placé sur le drap sans fin H, qui
le conduit à la deuxième presse, et de là à l'extrémité
de la machine, qu'il quitte alors pour monter le long
de la pièce de drap J, qui le conduit à la machine à sécher.

Arrivé vis-à-vis le rouleau *a*, on lui fait prendre la
direction du drap circulant K, qui le met en contact
immédiat successivement avec les cinq cylindres à vapeur Q, et qui va ensuite s'enrouler comme sur un en-
souple autour du rouleau A. Ce rouleau étant chargé,
on amène à sa place le rouleau B, en faisant basculer
sur leurs tourillons les leviers *q*, pour continuer à le
charger de même.

Il serait superflu de dire qu'il est nécessaire d'avoir
plusieurs de ces rouleaux de rechange, pour remplacer
au fur et à mesure ceux qui se trouvent pleins.

*Observations sur la Machine à fabriquer, et sur celle à
sécher le papier, que nous venons de décrire.*

Il n'est pas nécessaire que la machine à sécher le
papier soit séparée de la machine à le fabriquer, comme

elles le sont dans l'exemple donné par M. Molard. Ce n'est que dans le cas où le local qui doit recevoir la machine à fabriquer le papier est trop petit pour contenir les deux machines, qu'on est obligé de les placer l'une au rez-de-chaussée, et l'autre au premier étage. Il n'est pas nécessaire non plus que les cinq cylindres chauffeurs et sécheurs soient placés sur les deux rangs comme les représente la figure. Ils sont sur une même ligne horizontale dans la belle papeterie que M. Montgolfier a fait construire depuis peu à Saint-Maur, près de Paris. La même disposition a lieu dans plusieurs autres papeteries que nous avons visitées, et surtout dans celle des Sauvages près de Castres, où la machine à sécher est placée dans la même salle à la suite de la machine à fabriquer le papier. On trouve quelques avantages dans ces dispositions.

La fabrication du papier, par ce nouveau procédé, éprouve une économie très-considérable dans la main-d'œuvre, depuis surtout qu'on est parvenu à coller à la cuve. Les fabricans se plaignent de ce que les feutres se chargeant à la longue de la colle dont la pâte est imprégnée, s'attachent au papier, et que celui-ci ne s'en détache que difficilement. Nous avons suivi pendant quelque temps cette fabrication avec beaucoup d'attention, et nous ne nous sommes pas aperçu que le papier éprouvât des difficultés pour se séparer du feutre; cependant il est certain que la colle s'y attache et qu'on est obligé de laver les feutres de temps en temps, ce qui est un léger inconvénient auprès du grand avantage que présente le collage à la cuve.

Dans la belle papeterie des Sauvages dont nous venons de parler, et que nous avons souvent visitée, nous avons remarqué quelques dispositions particulières dans les deux machines décrites par M. Molard, et que nous croyons devoir signaler.

1°. La matière n'est pas distribuée de la même manière : deux énormes cuves sont placées à côté de la machine à papier continu, elles communiquent entre elles par le bas : chacune de ces cuves est munie d'un agitateur que le moteur de l'établissement fait marcher. La matière se rend dans un réservoir, placé en tête de la machine ; là une roue à palettes et à cuillers puise la matière dans le réservoir qui est au-dessous, et la verse dans un canal, d'où elle coule continuellement par un gros tuyau dans l'auge qui la distribue sur la toile métallique.

2°. Dans la machine que nous avons décrite, on y remarque un feutre ou drap sans fin, qui reçoit le papier au moment où il sort de la machine à fabriquer, et qui l'accompagne jusqu'à ce qu'il sorte de la machine à sécher pour se placer sur le devidoir. Il n'en est pas de même dans la machine des Sauvages ; au moment où le papier se sépare du drap sans fin, il passe de suite à la machine à sécher, sans aucun soutien, et il arrive de même sur le cylindre devidoir. Ce n'est que dans l'hiver qu'on emploie la machine à sécher ; la température est assez élevée pendant six mois de l'année, dans ces climats, pour que le papier soit suffisamment séché avant qu'il n'arrive au cylindre devidoir. Il acquiert, dans ce trajet, une si grande consistance qu'on croit voir une pièce de percale qui se meut dans l'air.

3°. Le directeur de la manufacture des Sauvages nous fit remarquer une chose assez curieuse. Lorsque la pâte n'est pas collée, elle se précipite presque instantanément; et lorsque elle t 62 née elle se soutient assez long-temps sans se précipiter. Cela paraît d'abord devoir être ainsi, puisqu'ayant mêlé la colle dans l'eau, celle-ci acquiert une pesanteur spécifique plus grande, et qu'alors les brins de la pâte extrêmement divisée doivent être plus facilement et plus long-temps soutenus, et par conséquent se précipiter plus lentement. Ce n'est cependant pas ainsi; nous avons pesé à l'aréomètre l'eau de la cuve, séparée de la pâte; elle présente la même densité que l'eau pure de la rivière. Il paraît que la pâte, aussitôt qu'elle est bien divisée dans l'eau de la cuve où l'on a jeté la colle, s'empare avec avidité de la colle, pour laquelle elle a une grande affinité, qu'elle en est enveloppée comme d'une auréole, ce qui la rend plus légère. En effet, lorsqu'on prend quelques particules de cette pâte, qu'on la manie entre les doigts, on y distingue une substance sensiblement gluante.

4°. La vitesse la plus convenable à donner à la toile métallique doit être d'environ un mètre par seconde. On peut juger de la quantité de papier qu'une machine peut fabriquer par jour, surtout ayant égard à sa largeur. Le plus grand papier que l'on fabrique aujourd'hui pour les journaux, a dix-huit pouces sur vingt-cinq; il a deux pieds sur la largeur. L'étoffe que présente le papier continu qui dans ce cas a un mètre de large, peut même en avoir davantage. Elle s'enroule sur un cylindre dont la circonférence a une étendue du double et souvent du triple de la longueur de la feuille, afin qu'on puisse la diviser avec facilité de la longueur demandée, sans s'exposer à avoir trop de déchet. Pour se rendre maître de cette longueur, les rayons du dévidoir peuvent s'allonger ou se raccourcir par des vis de rappel qui déterminent une circonférence plus grande ou plus petite à volonté.

5°. Lorsque le cylindre dévidoir s'est couvert de soixante épaisseurs de papier environ, on coupe la feuille, on change aussitôt de dévidoir, l'on pose le bout coupé sur un des liteaux qui forment la circonférence du dévidoir, et on l'y accompagne jusqu'à ce qu'il ait fait environ un tour.

Alors avec un large et long couteau très-tranchant, on coupe d'un seul coup les soixante épaisseurs du papier, et on le jette en l'étendant sur une forte table, placée au-dessous du cylindre dévidoir et à la suite de la machine. Cette table exige une description particulière.

Cette table a environ sept pieds de long sur quatre pieds au moins de large. Les quatre côtés du dessus sont exactement à angles droits. A un des bouts de la table est fixé, à l'extrémité du dessus à gauche, un fort liteau de trois pouces de hauteur. La face intérieure de ce liteau est parfaitement perpendiculaire au bord de devant de la table, ou parallèle au bord contre lequel le liteau est fixé. A une distance d'environ trois pouces de ce liteau, on a pratiqué dans toute sa largeur, jusqu'à trois pouces de chaque bord, une entaille longitudinale, bien parallèle au liteau, et d'environ un pouce de large. Sur toute la longueur de cette ouverture longitudinale, et sur la surface supérieure de la table, on incruste de chaque côté une lame de fer de deux pouces de largeur, que l'on fixe avec soin par des vis à têtes noyées, qui laissent entre elles une distance parfaitement parallèle au liteau, qui a trois ou quatre lignes de vide, c'est-à-dire une distance suffisante pour laisser un libre passage au couteau dont nous avons parlé, et que nous décrirons dans un instant. A une distance de vingt-cinq pouces du liteau, on pratique une entaille semblable à celle que nous venons de décrire, recouverte comme elle et de la même manière, de deux lames de fer qui, comme les précédentes, ont deux lignes d'épaisseur. Il est important d'observer que les lames de fer et les vis ne doivent pas dépasser le plan de la surface de la table, au-dessus, afin que le papier que l'on fait glisser dessus, comme on le verra plus bas, ne rencontre aucun obstacle qui soit capable de le déchirer ou de lui imprimer de faux plis.

Les dimensions que nous venons de donner pour la distance des plaques de fer du liteau, et entre elles, sont calculées sur la longueur des feuilles dont nous avons parlé plus haut ; mais comme l'on peut faire des papiers plus grands ou plus petits, on fait vers l'autre bout de la table une construction analogue et relative à la longueur de la feuille que l'on veut avoir, en faisant sur cette table, que nous désignerons sous le nom de *première table*, la première entaille couverte de fer à trois pouces du liteau, ce qui se pratique dans tous les cas.

Le couteau, dont nous avons parlé, et qui sert à couper le papier de soixante feuilles et plus d'épaisseur, est formé d'une lame d'acier trempée et fort tranchante, montée par un de ses bouts dans une poignée de bois dur, de la même manière que les scies à main qu'on connaît sous la dénomination de *passe-par-tout*. Cette lame a de trois à quatre pouces de large. Voici comment on opère pour couper le papier.

Après avoir coupé transversalement sur le dévidoir,

comme nous l'avons dit, le cylindre de papier composé d'une épaisseur égale à celle de soixante feuilles de papier, et qu'on l'a jeté sur la table sans le déranger le moins qu'il a été possible, deux ouvriers placés en face l'un de l'autre prennent la masse de papier à deux mains et la poussent sans la déranger contre le liteau. Nous disons sans le déranger, parce qu'on doit concevoir que le dévidage du papier ayant été fait sur un cylindre, les feuilles extérieures sont nécessairement plus longues que les feuilles intérieures. Alors ces feuilles extérieures sont les seules qui touchent le liteau; les feuilles intérieures en sont éloignées. Afin de rendre ces feuilles d'une égale longueur, on en retranche, avec le large couteau qui marche verticalement, un peu plus que la quantité dont les feuilles intérieures dépassent les feuilles extérieures. On jette au rebut ces bandes excédentes pour les remettre dans la pile, afin d'en faire de nouveau papier, et les deux ouvriers avancent ensemble la masse du papier vers le liteau. Par un second coup de couteau on forme des feuilles qui ont vingt-cinq pouces de largeur. On continue de la même manière autant de coupures partielles que la pièce peut en fournir. Au fur et à mesure qu'une coupe est faite, les deux ouvriers la portent ensemble sur la seconde table pour les couper ensuite en travers, comme nous allons le dire. Les déchets que l'on trouve à la fin comme au commencement, sont jetés de la même manière dans la pile.

La deuxième table est exactement semblable à la première, avec la seule différence que la seconde entaille couverte de lames de fer pour recevoir le couteau, n'est qu'à quinze pouces de la première ou à dix-huit pouces du liteau; par ce moyen les feuilles auront dix-huit pouces de large, mesure que nous avons donnée pour exemple. Cette deuxième table est construite comme la première, c'est-à-dire qu'elle est faite de manière que chacun de ses bouts est disposé comme la première pour une dimension différente.

Ces masses de papier sont ensuite placées sous de fortes presses où on leur fait subir l'opération de l'*échange* dont nous avons longuement parlé dans notre *deuxième Partie*, Chap. IV, §. 1er; on les soumet ensuite à la pression énorme de la presse hydraulique, et on donne ainsi au papier ce mat velouté et uniforme qu'on recherche dans le beau papier. Pour parvenir à ce but, il faut, lorsqu'on emploie la machine à sécher, ménager beaucoup la vapeur, de manière à ce que les cylindres soient seulement tièdes; alors la dessiccation n'est pas absolue, le papier conserve encore la moiteur suffisante pour que, par l'opération de l'échange, on fasse disparaître avec facilité ces petites aspérités que présente la surface du papier sur la surface qui touche immédiatement la surface de la toile métallique sur laquelle se forme le papier.

On reproche à la machine à papier de ne pas présenter des feuilles qui portent chacune les marques et les enseignes qu'on voit sur les papiers faits à la main, et qui indiquent la manufacture d'où ils sortent. Lorsqu'on fabrique à la machine des papiers de la plus grande étendue, ces indices pourraient s'y trouver; mais pour les papiers d'une plus petite dimension, ces marques, il faut en convenir, ne concorderaient plus avec le milieu de la feuille. Cet inconvénient n'en est cependant pas un pour les personnes raisonnables; mais il en est un pour les personnes qui tiennent à cet ancien usage. Nous avons vu à Grosberty, chez M. Montgolfier, une machine d'origine anglaise qui fabrique très-bien le papier feuille à feuille, en imitant le mouvement de tremblottement de l'ouvreur; elle obvie à ce léger inconvénient. Cette machine, très-bien exécutée et d'une conception ingénieuse, nous a paru compliquée et exiger quelques perfectionnemens que le temps amènera sans doute bientôt. Nous en donnerons une idée suffisante dans le Chapitre XI, APPENDICE, § 9, qui contiendra la description de ce brevet.

Description de la Machine à fabriquer le papier continu, de l'invention de Samuel Dernison.

Nous ajoutons à la description que nous venons de donner de la machine à fabriquer le papier continu, qu'on vient de lire, la description de celle que construisit, en Angleterre, Samuel Dernison, mais cependant sur un principe différent. Elle est d'une simplicité admirable; plusieurs de nos fabricans l'ont adoptée, et paraissent en être satisfaits. Nous en allons donner la description avec figures, 1° parce qu'elle est beaucoup moins dispendieuse pour les premiers frais d'établissement, que sous ce rapport elle peut convenir aux petits fabricans; 2° afin de faire connaître et d'attirer sur elle l'attention de nos constructeurs, pour qu'ils puissent l'étudier et tâcher de la perfectionner dans le cas où ils y rencontreraient quelques défauts que leur génie les mettrait à même de corriger.

L'auteur a eu en vue de simplifier les machines à papier et de les renfermer dans un espace très-rétréci. L'objet de cette invention consiste à donner les moyens de fabriquer des feuilles de papier d'une longueur indéterminée, par l'emploi de ce qu'on peut appeler une *forme rotative*. Le principal mérite de cet appareil réside dans la disposition générale des parties dont il est composé, qui, malgré qu'aucune idée ne soit neuve par elle-même, de la manière dont elles sont réunies, constituent cependant, dans leur ensemble, une machine nouvelle pour la fabrication mécanique du papier. La construction particulière de la forme rotative sur laquelle le papier est fabriqué, présente l'idée d'une invention première.

La fig. 3 de la Pl. 15 présente la coupe de la machine. On en a supprimé les parties relatives au moteur, qui peut être un cours d'eau, une machine à vapeur, etc. Ces pièces sont généralement connues, et faciles à concevoir; il serait donc superflu de les décrire.

On voit en *a*, la cuve contenant la pâte mêlée à une quantité suffisante d'eau dont le niveau est maintenu par l'écoulement du trop plein d'une autre cuve contiguë. Cette pâte est continuellement tenue en mouvement par l'agitateur *b*, que le moteur entretient dans une rotation continuelle.

La grande roue *c*, *c*, porte, sur sa circonférence, la forme cylindrique ou rotative dont la périphérie reçoit la pâte et laisse écouler le liquide à travers le grillage sur lequel le papier se forme. On conçoit, sans qu'il soit nécessaire de le dire, que la circonférence convexe de cette roue, qui forme une sorte de cylindre, est assez large pour que la forme rotative de la dimension du plus grand papier puisse y être contenue. On la rétrécit facilement par des bandes de cuir qu'on ajuste de part et d'autre.

Les deux grands tambours *e*, et *f*, l'un qui touche le

grand cylindre *c*, et l'autre à droite, portent sur leur circonférence convexe une bande, sans fin, de feutre *g*, *g* : le premier étant en contact avec la forme, enlève la feuille de dessus celle-ci, et l'entraîne dans le sens de la flèche.

Le tambour *h*, et le rouleau *i*, portent une autre bande de feutre semblable à la première, pour guider la feuille et l'amener entre les rouleaux de compression *k*, *k*, et de là entre les deux tambours *f*, *h*, qui la délivrent au dévidoir ou volant *l*, sur lequel elle s'enroule. Quand celui-ci est suffisamment chargé, on l'enlève après avoir coupé la feuille, et on le remplace par un autre.

On voit qu'avec cet appareil on peut faire du papier d'une longueur quelconque, c'est-à-dire qu'aussi long-temps que la forme tourne, le papier continue de se fabriquer en une feuille sans fin.

La forme circulaire *c*, *c*, se meut dans un récipient au quart plein d'eau, afin qu'elle s'y nettoie des débris de pâte qui pourraient rester adhérens à sa surface. La grande roue doit avoir, outre son mouvement rotatif, un mouvement de trépignement ou une agitation latérale pour imiter le balancement de droite à gauche que l'ouvreur imprime à la forme lorsqu'il la charge de pâte dans la cuve, afin de feutrer la pâte sur la forme et d'en expulser l'eau.

Voici comment s'opère ce mouvement. Les deux tourillons de l'arbre de la grande roue sont suffisamment saillans hors de la caisse qui la renferme, et portent à carré une lame de fer de trente-trois centimètres (douze pouces) de long, emmanchée à carré par le milieu de leur longueur, ce qui leur donne, à chacune, des rayons de six pouces. A l'extrémité de chacun de ces rayons sont placés de petits galets qui vont rouler sur les éminences, et les creux d'une roue à couronne portée fixement sur la caisse et en dehors. Ces deux roues à couronnes placées l'une vers un tourillon, l'autre vers l'autre, sont tellement disposées, que lorsque les galets d'un des tourillons appuient sur les saillies de ce côté, les galets de l'autre tourillon se trouvent dans les creux de ce côté, de sorte qu'il y a continuellement balancement sans secousses.

On voit en m, m, m, m, des cylindres recouverts de poils de sanglier, formant brosses, qui agissent continuellement sur la surface des feutres, ainsi que sur celle de la forme, pour les débarrasser de la pâte qui pourrait y adhérer, et leur action est secondée par des jets d'eau dirigés sur les feutres, afin de les laver complètement. On n'a pas dessiné cette disposition dans la figure, elle est facile à concevoir; il suffit de l'avoir indiquée.

Il est presque inutile d'ajouter que le mouvement rotatif imprimé à la grande roue est communiqué aux tambours, aux brosses et aux rouleaux de compression, soit par des courroies, soit par des engrenages.

La forme à papier a une construction particulière: elle est placée sur un tambour, composé de plusieurs croisillons espacés sur le même axe, formant une espèce de cylindre à jour, dont les arêtes sont aussi longues, au moins, que la largeur de la plus grande feuille de papier. La surface convexe de ce cylindre est recouverte d'un grillage à jour formé par la réunion d'une série de tringles de cuivre. La fig. 4 montre la forme de ces tringles, sur un côté desquelles on a pratiqué de petites saillies, comme on le voit en *a*, ce qui est facile en les faisant passer entre les cylindres d'un laminoir qui portent des rainures dans le sens de l'axe; on réunit ensuite ces tringles par des soudures, comme le représente la figure en *b*. On les fixe ensuite sur la surface convexe du tambour, où elles constituent la forme rotative.

Il paraît que l'auteur a eu en vue d'imiter les formes en bambou, dont les Chinois se servent avec tant de facilité et d'avantages.

On peut ajouter aisément à cette machine l'invention que nous avons décrite plus haut pour le séchage du papier au fur et à mesure de sa fabrication, de même que les tables pour couper le papier selon les dimensions désirées.

CHAPITRE IV.

Des divers apprêts du papier jusqu'au collage.

Le lecteur se sera sans doute aperçu, par la marche que nous avons suivie dans nos descriptions, que nous donnons une préférence marquée aux nouveaux procédés. Nous lui ferons observer que nous ne nous laissons pas guider par un amour aveugle pour les inventions nouvelles, mais par le désir de marcher avec les progrès de la civilisation, qui amène tous les jours des perfectionnemens dans les arts industriels que l'homme, ami de son pays, doit se faire un devoir de proclamer et de conseiller, toutes les fois que l'expérience surtout est venue confirmer la supériorité des nouvelles pratiques sur les anciennes.

Nous n'ignorons pas que beaucoup de fabricans, soit par incurie, soit par entêtement à préférer les anciens procédés aux nouveaux, continueront peut-être encore long-temps à suivre l'ancien système. Remarquez bien que par les mots *ancien* et *nouveau système* nous n'avons jamais entendu les faire porter sur l'emploi des machines à faire le papier ; nous savons que ces machines sont très-coûteuses, et que la fortune d'un très-grand nombre de papetiers mettrait dans l'impossibilité de se les procurer, ou bien qu'ils ne sauraient dans quels lieux placer les immenses quantités de papier que ces machines leur feraient. C'est cette considération qui nous a fait décrire la nouvelle cuve du baron Canson, qui présente des avantages incontestables, tout en conservant le même nombre d'ouvriers, les presses qui accompagnent la cuve, et tous les outils accessoires dont se passent ceux qui emploient les machines.

Les nouveaux procédés consistent à ne pas faire pourrir le chiffon, à supprimer les maillets, à coller à la cuve, à employer l'échange dans les apprêts, etc., etc. Ces procédés ne sont pas nouveaux ; il y a long-temps que les Hollandais, nos maîtres, les emploient en fabricant le plus beau papier de l'univers.

Quant aux machines, la concurrence les fera bientôt adopter ; il en sera de celles-ci comme des machines à filer et à tisser ; on se rappelle toutes les difficultés qu'on a éprouvées en France pour les faire adopter, et cependant on ne file plus aujourd'hui à la main, et bientôt le tissage se fera généralement par mécanique. Il en sera de même pour le papier ordinaire et celui pour impression que les machines fabriquent avec une supériorité marquée. On conservera des cuves pour le papier de luxe jusqu'à ce que l'on soit parvenu à fabriquer des machines assez parfaites pour ne laisser rien à désirer sous ce dernier rapport. Qui peut assigner un terme à la perfectibilité humaine ?

Les Hollandais excellent dans le travail de la cuve, ils nous donnent depuis très-long-temps des leçons que nous nous obstinons à ne pas suivre. Résumons en quelques lignes ces opérations que nous avons peut-être trop longuement décrites dans notre seconde Partie. Ils placent la *selle* horizontalement, l'aide ou l'apprenti qu'on nomme *vireur* dans nos fabriques, est chargé d'enlever les feutres qu'on désigne sous le nom de *flôtres*; et il les entasse sur la *mule* de la presse pour servir à la fabrication qui doit suivre. Le leveur, au lieu de détacher la feuille en la pinçant avec le pouce et l'index par le coin qui est de son côté et qu'on nomme le *bon caron*, la soulève sur ses deux doigts index, et la jette sur un petit *plateau* de bois dont la coupe présente la forme d'un triangle équilatéral dont l'angle supérieur est fortement abattu et arrondi. Le vireur qui fait face au leveur, pose ce plateau vers l'extrémité de la longueur de la feuille. Pendant que le leveur ajuste bien le bord qui est de son côté et celui qui est à sa droite avec les bords des feuilles qui sont déjà placées, le vireur retire le *plateau*, ajuste exactement les deux bords de la feuille de son côté, et replace le même *plateau* par-dessus pour recevoir la feuille suivante. On désigne cette manière d'opérer sous le nom de *selle-plate*.

Cette manière d'opérer est plus expéditive, présente

plus de régularité, et offre des avantages : 1° on n'emploie pas un plus grand nombre d'ouvriers, on occupe seulement le *vireur* pendant que le *leveur* coucherait seul; 2° la régularité du travail est plus assurée que lorsque le *leveur* seul est chargé de toute l'opération, en maniant une feuille qui a aussi peu de consistance; 3° le *leveur* ne laisse pas sur l'extrémité de ses feuilles l'impression de ses pouces; 4° enfin, il ne donne pas à ses coins une extension forcée qui fait souvent goder la feuille et forme des plis.

A chaque demi-porse que le *leveur* a couchée, il pose ordinairement deux feutres et il appuie fortement ses deux mains dessus, afin de tasser la porse et de l'aplanir dans toute l'étendue des feuilles, ce qu'on appelle *écacher*. Les Hollandais écachent aussi, mais d'une manière différente et plus sûre : ils forment, comme nous l'avons dit, les porses blanches sur la *selle-plate*. Le *leveur* prend le plateau dont se sert le *vireur*, il l'appuie successivement sur toutes les parties du tas, au milieu de chaque porse, et aplanit avec ce corps dur, plus régulièrement qu'avec le secours de ses mains seules, dont il ne peut pas empêcher la flexibilité. On exécute ce même procédé en France, dans quelques fabriques, mais il n'est pas assez généralement suivi : nous ne l'avons pas vu pratiquer dans une de nos plus grandes manufactures, où nous avons séjourné pendant quelque temps.

§. Ier. *De l'Échange.*

Cette opération, qui nous a été enseignée par les Hollandais, est très-importante pour arriver à la perfection des papiers. Elle a pour but de faire disparaître le *grain du papier*, qui est si préjudiciable pour l'écriture, et surtout pour le dessin et pour le lavis. Les réflexions de Desmarest sur les causes du grain du papier qui nécessitent *l'échange*, et la description de cette opération importante, que nous avons donnée d'après notre auteur, au Chapitre IV, §. Ier de notre deuxième Partie, doit être lue avec attention. Il suffira de les rappeler ici sommairement.

Le grain du papier provient de la distance que présentent naturellement entre eux les fils de laiton qui servent aux *formes* ordinaires, et qui permettent à la pâte de prendre une plus grande épaisseur dans ces parties ; tandis que, de la plus grande élévation du *manicordion*, des *lettres* et des *enseignes* qui ne laissent pas accumuler dans les lieux où ils se trouvent, une aussi grande quantité de pâte que celle qui se fixe même au-dessus des fils de laiton, il résulte une étoffe cannelée et raboteuse.

Cet inconvénient n'est pas aussi fortement prononcé dans le papier vélin, mais il n'en existe pas moins une surface régulièrement raboteuse par la contexture même de la toile métallique qui sert à monter les formes. Il n'y a, pour s'en convaincre, qu'à examiner avec attention, à travers le jour, une feuille de papier vélin ; on y remarque une multitude innombrable des petits carrés, formés par la rencontre de lignes parallèles perpendiculaires les unes aux autres. Ces lignes sont plus claires que les carrés qu'elles forment, et prouvent incontestablement que dans chaque petit carré il existe plus de pâte que sur les lignes qui les entourent, qui sont causées par le fil de laiton dont la toile métallique est fabriquée.

L'action de la première pressée, sur les *porses-feutres*, tend à comprimer les élévations, mais ne les fait pas disparaître. La seconde pressée, sur les *porses-blanches*, a pour but, comme la première, d'obtenir une surface parfaitement plane ; mais ce moyen n'est pas suffisant pour arriver au point désirable; la matière est encore trop molle pour se prêter efficacement à l'action de la presse, parce que les surfaces qui se touchent sont continuellement dans la même position, et l'effort, quelque grand qu'il soit, ne produit aucun effet utile.

Les Hollandais ont senti toute la difficulté; ils l'ont ingénieusement vaincue en imaginant l'opération qu'ils ont nommée *échange*, qui renferme deux opérations successives, le *pressage* et le *relevage*. Voici comment ils opèrent : Au sortir de la seconde pressée, on apporte les *porses-blanches* dans l'atelier de *l'échangeage*, où se trouvent une longue table et de fortes presses.

L'ouvrier chargé de cette partie importante, et qui doit en connaître tous les avantages , reçoit sur la table les piles nouvellement fabriquées, et qui contiennent chacunes huit à dix porses, séparées entre elles par un feutre. Il place le tas devant lui , et en fait deux pressées, l'une à droite et l'autre à gauche; il tire du tas les feuilles une à une et les place alternativement sur sa droite et sur sa gauche, de manière qu'on pourrait dire que le tas sur la droite contient seulement les feuilles impaires, et que le tas qu'il forme sur sa gauche ne contient que les feuilles paires selon l'ordre numérique qu'il les a enlevées du premier tas. On voit que par cette disposition, les feuilles sont empilées, dans les deux nouveaux tas, dans un ordre tout-à-fait différent

de celui sous lequel il les avait reçues. Il fait agir la
presse sur chacun des nouveaux tas, afin d'en exprimer
une plus grande quantité d'eau. Lorsque le papier, sans
être totalement sec, a acquis le degré de dessiccation
jugé convenable, l'ouvrier desserre la presse, il rapporte
porse à porse ce papier sur la table ; là, en commençant
par la porse dont la dessiccation est le plus avancée, il
sépare les feuilles une à une, et les entasse de nouveau
selon un ordre différent de celui où elles étaient avant.
Alors il les remet à la presse, et les comprime par un
effort plus grand que d'abord.

Il est facile de concevoir que dans ce nouvel arrangement des feuilles, les surfaces ne se trouvant pas en
contact avec les mêmes parties des autres surfaces sur
lesquelles elles adhèrent, la compression qui suit est plus
efficace et doit nécessairement tendre à abattre et faire
disparaître le grain.

La pression ne saurait être trop forte : elle a pour but
de faire sortir la plus grande quantité d'eau possible ,
afin que le papier ne se grippe pas en séchant. La pâte
verte oblige de pratiquer l'échange avec soin ; car sans
cela le papier se crisperait comme un crêpe en séchant.

Dans nos manufactures où l'échange a été adopté, il
ne se fait pas en général, avec assez de régularité, et
avec cette scrupuleuse attention qu'y apportent les Hollandais. Nos ouvriers, accoutumés à séparer les porses
en *pages* composées de la réunion de quatre à cinq et
jusqu'à douze et quinze feuilles, peu pénétrés de la
théorie de cette opération, négligent de séparer les
feuilles une à une ; et de là résulte une foule de défauts
dans la qualité du papier, qu'il serait très-important
pour nos fabriques, de porter au degré de perfection.

que les Hollandais ont acquise, en renouvelant avec un
soin extrême les deux opérations *pressage* et *relevage*,
trois ou quatre fois, suivant la sorte du papier, son
épaisseur, son usage et la qualité de la pâte. Plus la
pâte est fine, plus le papier est mince, moins il a
besoin d'être pressé et relevé, *et vice versà*. Du reste,
il faut, pour les détails, consulter notre deuxième
Partie, dans laquelle nous avons rapporté les observations de Desmarest, qui a prévu toutes les difficultés et
les a résolues.

C'est pendant l'échange que l'on appelle en France
relevage, que les fabricans, qui ne collent pas à la
cuve, font éplucher et nétoyer le papier avec des brucelles très-fines et un grattoir, pour enlever les nœuds,
les bosses, les fils et les matières hétérogènes qui peuvent gâter les feuilles. Ils se gardent bien de faire faire
cette opération après le collage, car ils n'ignorent pas
que le papier boit dans toutes les places où le grattoir et
les brucelles ont touché.

Par l'échange, on fait disparaître les faux plis, les
fronces, etc.

§. II. *De l'Étendoir.*

Lorsqu'on réfléchit sur la manière dont on opère
pour obtenir la dessiccation des feuilles de papier dans
nos manufactures en France, et qu'on a lu avec attention les observations de Desmarest sur cette partie importante de la fabrication, que nous avons consignées
dans notre deuxième Partie, Chapitre IV, paragraphe 3,
on est étonné de ne trouver dans aucune de nos manufactures, des étendoirs construits d'après ses conseils,

qu'il a basés sur l'exemple des Hollandais. Il est donc essentiel de revenir sur cet effet, afin de leur faire sentir les avantages immenses que leur procurerait l'adoption des sages avis d'un homme aussi versé dans la théorie et dans la pratique de cet art.

L'expérience a prouvé qu'une feuille de papier imprégnée d'eau et livrée à elle-même, se retire d'un trente-deuxième de son étendue dans les deux sens en se desséchant : ce retrait est très-considérable et doit se faire le plus insensiblement qu'il est possible, afin d'éviter tous les inconvéniens qui résultent d'une dessiccation trop prompte. Nos fabricans augmentent la difficulté, 1° par l'établissement de leur étendoir, qu'ils placent au plus haut de leurs maisons, c'est-à-dire, dans la position la plus sèche ; 2° par les courans d'air multipliés qui établissent une circulation trop prompte ; 3° par l'épaisseur des pages, qui sont formées de beaucoup de feuilles ; 4° en plaçant ces pages sur des cordes de bourre, de tilleul, et souvent de chanvre, toujours d'un diamètre beaucoup trop petit. Il résulte de ces dispositions que les pages formées d'un trop grand nombre de feuilles, exposées à un courant d'air trop sec et trop rapide, se sèchent d'abord promptement dans les surfaces extérieures, et surtout dans la surface supérieure qui se retire d'un trente-deuxième, tandis que les feuilles intérieures qui ne sont pas frappées par l'air, ne reçoivent aucun degré de dessiccation et conservent toute leur extension, ce qui produit des plis qu'il est ensuite impossible d'enlever. La surface qui repose immédiatement sur la corde ne se dessèche qu'à la longue ; elle transmet d'abord son humidité à la corde qui, étant plus ou moins hygrométrique, la conserve et la lui restitue au fur et à mesure que la feuille se dessèche; de là des défectuosités sans nombre.

Les rives se desséchant plus promptement que le milieu, se retirent moins, parce qu'elles sont retenues par la partie humide, et conservent une surface plus grande que le centre; elles godent. Le papier pour le dessin, qui ne doit pas être plié, doit être séché à plat.

Les moyens de remédier à tous ces inconvéniens, et que Desmarest a proposés depuis quarante ans, d'après les expériences des Hollandais, sont infaillibles : placer les étendoirs au rez-de chaussée, fermer les ouvertures de manière à pouvoir favoriser une dessiccation plus ou moins lente à volonté; former les pages de deux feuilles au plus, ce qui est extrêmement facile lorsqu'on pratique l'échange ou relevage; enfin, employer des substances non hygrométriques pour la fabrication des cordes, en rotin, leur donner au moins six lignes de diamètre et les cirer, comme font les Hollandais. Les fabricans jaloux de parvenir à la perfection de leur art, ne résisteront pas à adopter les moyens que nous leur présentons, et dont l'expérience a prouvé l'efficacité.

Que d'anciennes manufactures, construites d'après un système vicieux, l'aient conservé par la crainte de se constituer en de nouvelles dépenses que la prévention a pu leur faire regarder comme inutiles, nous pouvons le concevoir, quoiqu'il soit difficile de penser que leurs chefs n'aient pas calculé le bénéfice immense que leur aurait procuré et leur procurerait encore l'adoption d'un système éprouvé, et qui leur a été indiqué depuis environ quarante ans; mais que des papeteries construites à neuf depuis cinq à six ans, par des manufacturiers éclairés et dont les produits ont de la réputation, soient

entachés des mêmes vices, c'est ce qui est inconcevable.
Nous les avons visitées, ces manufactures; nous avons
fait des observations à leurs chefs, et leurs réponses
sont trop pitoyables pour que nous puissions nous ré-
soudre à sacrifier quelques lignes pour les combattre.

Il en est des améliorations, dans les arts industriels,
comme dans l'état social; en France, la routine, fondée
sur les anciens usages, ne cède au temps que lorsque
la concurrence force les manufacturiers à imiter leurs
voisins, assez sages pour adopter des moyens plus par-
faits que les étrangers viennent leur indiquer, moyen-
nant rétribution, en rapportant dans notre patrie des
procédés inventés ou recommandés chez nous, et que
nous avons d'abord repoussés avec une sorte de mépris.

*Description d'un nouvel Etendoir à l'usage des papete-
ries, inventé par* M. FALGUEROLLE. (*Planche 15,
fig. 5, 6, 7 et 8.*)

Les sécheries, pour la fabrication du papier, nécessitent de vastes ateliers; elles sont ordinairement garnies,
de distance en distance, de piliers de bois, sur lesquels
reposent les perches où sont attachées les cordes destinées à recevoir le papier. Les points d'appui de ces
perches sont invariables, et lorsqu'on les a placées, on
couvre les cordes de papier, au moyen de bancs porta-
tifs plus ou moins élevés, qui servent d'échafaudage pour
l'exécution de ce travail. D'après ce système, il est facile de concevoir que les perches auxquelles sont attachées les cordes doivent être distantes les unes des autres de deux fois la demi-hauteur des plus grandes sortes
de papier qu'on fabrique dans l'usine; autrement, dans

l'opération de l'étendage, les pages froissées les unes contre les autres éprouveraient un grand dommage. Cette manière d'exécuter les travaux présente encore un autre grave inconvénient, résultant de ce que les ouvriers ne pouvant pas travailler en terre-plein, fatiguent beaucoup les poises-blanches pour les élever sur les échafaudages dont ils se servent, et sur lesquels souvent ils leur font éprouver des avaries tellement considérables, qu'elles nuisent beaucoup aux bénéfices des fabricans.

Afin de faire disparaître de pareils vices de construction, M. Falguérolle, dans sa manufacture de papier à Burlats (Tarn), a fait un essai dans la vue de les corriger. Cet essai ayant complétement réussi pendant plus d'une année, durant laquelle ce nouvel étendoir a été livré au service de la manufacture, et a présenté de plus grands avantages, sous tous les rapports, que les anciennes sécheries, l'inventeur l'a communiqué à la Société d'Encouragement, qui l'a approuvé et l'a inséré dans son Bulletin, avec figures.

La construction des bâtimens doit toujours être la même, et leur organisation intérieure ne doit guère différer de ce qu'elle était primitivement : il est nécessaire seulement que les piliers, au lieu d'avoir des mortaises indépendantes les unes des autres, portent une coulisse longitudinale pour donner la facilité d'élever ou d'abaisser les perches à telle hauteur qu'on le désire.

Les quatre figures représentent la coupe transversale d'un étendoir double, dans lequel est établi le nouveau mécanisme de l'étendage du papier. Les mêmes lettres indiquent les mêmes objets dans toutes les figures,

Un pilier A porte quatre coulisses destinées à retenir les perches *d*, vues de face, et qu'on peut faire reposer à volonté sur les chevilles *g*; on pratique, dans les piliers, un certain nombre de trous capables de recevoir les chevilles de fer *g*, destinées à supporter le poids des perches à volonté, et à la hauteur convenable, suivant la grandeur des feuilles de papier, en observant toutefois qu'après l'étendage il reste, pour l'introduction de l'air, six à sept centimètres entre les divers rangs de papier. Le pilier B ne diffère du pilier A qu'en ce que le premier, se trouvant contre le mur, ne porte qu'une coulisse, tandis que le pilier A, se trouvant au milieu de la longueur de l'étendoir, en a deux, une pour correspondre à celle du pilier B, et l'autre pour correspondre à un autre pilier semblable au pilier B, placé contre l'autre mur à droite qu'on n'a pas dessiné dans cette figure, dont on n'a tracé que la moitié, et qu'on a prise par arrachement.

Au-dessus de chaque perche *d*, on fixe solidement un double piton *e*, *r*, dont le premier répond au milieu de la perche, et le second *r* est sur le côté en dehors. Le piton *e* est destiné à recevoir les crochets de la poulie inférieure des moufles *a*, servant à élever les perches lorsqu'elles sont chargées de papier. Les poulies *b*, semblables aux poulies *a*, portent une double gorge, et à un des bouts de chacune des cordes *f*, on fixe un crochet de fer qui s'accroche dans le piton *r*, afin de pouvoir donner au mécanisme un point d'appui, d'abord aux planchers supérieurs de l'étendoir, en accrochant le bout de cette corde au piton *r*, qui y est fixé, afin d'élever les premières perches au plus haut de l'étendoir, et ensuite en accrochant le même bout de cette corde au piton *r*, fixé sur cette perche que l'on vient d'élever avec sa charge.

Les figures 6, 7 et 8 présentent le plan, l'élévation et la coupe du treuil et du cric, avec lequel on élève les perches après l'opération de l'étendage. Ce mécanisme est composé d'un treuil D, en bois de frêne, portant, dans le milieu, une roue dentée E, et retenu, dans le bâti M, au moyen de deux tourillons. Ce bâti doit être construit en bois blanc, et aussi léger qu'il sera possible, sans cependant nuire à sa solidité, et dans la seule vue de le rendre plus facile à transporter. L'action que l'ouvrier imprime à la double manivelle C, se transmet, en s'exerçant d'abord sur le pignon H, à la roue E, qui est fixée au treuil D, par l'entremise de la roue G et du pignon F. La cheville de fer O, que l'on enfonce dans un des trous pratiqués dans le bâti M, sert à arrêter au point convenable la réaction du treuil lorsqu'il supporte la charge. Les traverses I, sur lesquelles reposent les tourillons L, des roues d'engrenage, servent à consolider le bâti, qu'il faut avoir soin d'assembler avec de petits boulons en fer. Enfin, les chevilles N empêchent le cric de s'enlever lorsqu'on lui fait faire effort contre le poids P (fig. 6 et 7).

Cette description pouvant suffire aux manufacturiers qui voudraient faire construire de pareils étendoirs, il reste maintenant à indiquer la manière de se servir d'un mécanisme qui donne la facilité de placer, dans des espaces égaux, deux cinquièmes de plus des mêmes sortes de papier, qu'on n'en peut étendre dans les anciennes sécheries, et cela sans courir le moindre risque d'avarier les porses-blanches en les portant sur les échafaüdages, l'ouvrier travaillant toujours en terre-plein.

Les perches étant roulées avec leurs cordes sur les chevilles q, l'ouvrier en étend une et la place à sa portée, sur quatre des chevilles g; ensuite, à l'aide d'une petite échelle, il fait descendre quatre des poulies a, qu'il assujettit aux pitons des perches, et au moyen du crochet r, il donne à la corde f un point d'appui supérieur à la hauteur où il faut faire monter la perche lorsque le papier a été étendu; puis, portant le cric entre deux piliers A, il le fixe solidement avec les deux chevilles N; et aussitôt, tendant très-également les cordes f sur le treuil D, il imprime le mouvement à la double manivelle C, pour élever la perche qu'il vient de charger de papier; après quoi, il arrête le cric avec la cheville O, afin de pouvoir aller fixer les perches d, avec les chevilles g.

Cette première opération terminée, l'ouvrier déroule les cordes f, enveloppées sur le treuil D, et faisant redescendre les poulies a, il les attache à la nouvelle perche dont il veut se servir. Dans cette opération, il faut avoir soin de faire passer les poulies entre les pages avec beaucoup de ménagement, pour ne pas les gâter. A cet effet, on peut laisser quelques cordes sans papier vis-à-vis des poulies.

La cueillette du papier ne s'exécute pas avec moins de facilité que l'étendage. Pour la faire, l'ouvrier arrête les cordes f aux chevilles g, immédiatement supérieures aux perches qu'il veut faire descendre, et après avoir enlevé les quatre chevilles qui supportent la perche, il n'a plus qu'à reprendre les cordes f, qu'il laisse doucement glisser dans ses mains afin que, par son propre poids, la perche soit ramenée naturéllement à la hauteur qui lui convient pour exécuter cette cueillette.

CHAPITRE V.

DU COLLAGE DE PAPIER.

Nous nous sommes assez longuement étendu dans le Chapitre V de cette deuxième Partie, correspondant à celui-ci, 1° §. 1er, sur la description de l'atelier du collage; 2° §. 2, sur l'extraction de la gélatine pour être dispensé de rien ajouter ici.

Dans le tome 15 du Dictionnaire technologique, à l'article *papeterie* que nous avons rédigé, en parlant du collage de papier, en 1829, époque à laquelle ce volume fut livré au public, nous nous étions exprimé en ces termes : « Cet atelier, et l'opération du collage qui s'y pratique après l'étendage, sera encore nécessaire jusqu'au moment, qui certainement n'est pas éloigné, où l'on sera parvenu à découvrir des moyens infaillibles et d'une exécution facile pour coller le papier à la cuve, c'est-à-dire au moment où l'on forme les feuilles, soit qu'on fabrique à la main, d'après l'ancienne manipulation, soit qu'on fabrique à l'aide des machines, procédé que nos manufacturiers seront vraisemblablement tous forcés d'adopter un jour, par l'effet irrésistible de la concurrence.

Nous résumerons en peu de lignes ce que nous avons suffisamment développé dans notre deuxième Partie.

1°. On ne doit pas attendre que la dessiccation du

papier soit parfaite pour le tremper dans le *mouilloir*,
c'est-à-dire pour procéder au collage. Il faut qu'il lui
reste un peu d'humidité, sans cela, la colle a de la peine
à pénétrer, et surtout à s'étendre uniformément.

2°. Le collage se fera d'autant mieux que l'on aura
pratiqué avec plus de soin et plus d'exactitude l'*échange*
avant le séchage, ainsi que nous l'avons prescrit.

3°. On ne doit tremper, dans le mouilloir, que par
poignées dont les pages sont formées de deux feuilles au
plus. L'*échange* avant le séchage procure cette facilité.
L'expérience nous a convaincus que lorsque les pages
sont composées de plus de deux feuilles, quoiqu'on
cherche à les assouplir avec le plus grand soin, leur
adhérence est si forte, qu'on ne parvient pas à la détruire assez pour donner à la colle la facilité de pénétrer également partout, et qu'il en résulte beaucoup de
déchet.

4°. Nous avons assez fait pressentir jusqu'ici aux fabricans que le *collage à la cuve*, est préférable, sous
tous les rapports, à l'ancien procédé par lequel on colle
après que le papier est confectionné. Nous avons vu
plusieurs fabricans entichés de leur ancienne méthode,
se rendre à nos pressantes invitations, ils ont consenti
à faire un essai qui leur a réussi parfaitement. Il nous
ont avoué que ce procédé, plus facile que l'ancien, est
beaucoup plus sûr. Ils ne colleront plus desormais qu'à
la cuve.

Avant de passer à la description du collage du papier
à la cuve, nous devons exposer les opinions de plusieurs
chimistes distingués qui se sont occupés avec succès de
l'application de la chimie à cette industrie, et faire con-

naître ce qu'ils ont dit sur la théorie du collage du papier.

§. I. *Théorie du Collage du papier.*

Deux opinions différentes ayant été émises sur la théorie du collage de papier, et cet objet qui nous occupe étant de la plus haute importance, nous croyons devoir faire connaître séparément les opinions de ces savans. Nous pensons que de ce rapprochement, il pourra en résulter des moyens d'arriver au perfectionnement d'une des branches les plus étendues de notre industrie.

MM. D'Arcet et Mérimée, commissaires nommés par la Société d'Encouragement pour s'occuper du collage du papier, firent un rapport très-lumineux sur cette matière importante que nous avons fait connaître dans notre deuxième Partie, Chapitre V, §. 6; nous y renvoyons le lecteur. Voici celle de M. Payen.

§. II. *Opinion de M. Payen sur le collage du papier.*

« Le procédé du collage encore le plus généralement usité dans nos papeteries, consiste, comme on le sait, à plonger les feuilles de papier dans une solution de gélatine alunée.

« Depuis qu'on est parvenu à feutrer et à sécher le papier directement, on s'est livré à des recherches multipliées pour porter la même économie de main-d'œuvre dans le collage. Mais on a observé que le papier imbibé d'une égale quantité de la même solution gélatineuse, puis desséché sur un cylindre chauffé intérieurement par la vapeur, n'était pas *collé*, c'est-à-dire qu'en formant à sa superficie des traits à l'encre, celle-ci pénétrait promptement à l'intérieur, et s'étendant en tous sens, formait des caractères irrégulièrement élargis et illisibles. On supposa généralement que la *colle* était altérée par la chaleur, et les vues se dirigèrent particulièrement vers les moyens de dessécher les feuilles collées à une température moins élevée. Les tentatives ne furent pas plus heureuses, et comme on en fait encore dans la même direction, qui seront tout-à-fait inutiles, nous croyons devoir publier nos observations sur ce qui produit le collage du papier dans l'ancien procédé.

« Lorsque les feuilles de papier collées sont portées tout humides à l'étendoir, leur dessiccation s'opère plus ou moins *lentement*, suivant que l'air est plus ou moins humide, et la température plus ou moins élevée. La superficie éprouve, la première, l'action desséchante de l'air, puis elle reprend, par les conduits capillaires du papier, l'humidité, c'est-à-dire la solution gélatineuse; celle-ci, amenée à la superficie, puis évaporée, y dépose la gélatine; une nouvelle quantité de solution est attirée de l'intérieur, et porte encore à la surface la gélatine qu'elle contient. Le même effet a lieu jusqu'à l'entière dessiccation du papier. On conçoit que la plus grande partie de la gélatine se trouve ainsi à la surface du papier, et que, rendue moins soluble par la réaction de l'alun, elle s'oppose à ce que l'encre s'infiltre dans l'intérieur, ou, selon la locution usitée, à ce que le papier *boive*; et en effet, dès que l'on enlève cette couche superficielle, on ne peut plus écrire sans l'addition d'un corps étranger. On emploie ordinairement de la sandaraque, comme chacun le sait, pour prévenir l'imbibition de l'encre.

« On voit que les mêmes phénomènes ne peuvent pas avoir lieu lorsqu'on veut appliquer ce procédé au papier fait à la machine. En effet, dans ce cas, la feuille imbibée de *colle*, portée sur un cylindre chauffé à 60 ou 70 degrés, est desséchée presque instantanément. Cette température ne peut décomposer la gélatine ; mais celle-ci, par la rapidité de la dessiccation, se trouve fixée dans toute l'épaisseur du papier ; elle se trouve donc dans chaque point en proportion beaucoup trop faible pour s'opposer à l'infiltration de l'encre ; et si l'on mettait une assez grande quantité de gélatine pour parvenir à ce résultat, le papier serait extrêmement raide et son collage serait coûteux. Tout essai de *collage à la cuve* ou dans les machines continues, fait dans ce sens, serait donc infructueux.

« Il est probable qu'on réussira des deux manières, en suivant un procédé analogue à celui qui a si bien réussi à M. Canson, et qui paraît consister à interposer, dans toute l'épaisseur du papier, les corps qui résultent de la décomposition d'un savon de cire résineux par l'alun, plus de l'amidon. »

§. III. *Du Collage à la cuve.*

Les perfectionnemens à introduire dans les procédés employés en France pour le collage du papier, afin d'égaler au moins celui qu'on pratique en Hollande, avaient excité, depuis 1806, la sollicitude de la Société d'Encouragement, qui proposa dès cette année un prix de trois mille francs. Les mémoires envoyés au concours, pendant quatre ans, n'ayant pas satisfait aux conditions exigées, malgré que le gouvernement eût doublé ce prix, et la réunion de la Hollande à la France ayant fait espérer d'obtenir facilement la connaissance des procédés de nos voisins, engagea la Société à retirer ce prix sur la proposition de son comité des arts chimiques, et elle chargea une commission spéciale de faire les recherches nécessaires pour atteindre le but.

MM. D'Arcet et Mérimée, commissaires nommés, s'occupèrent pendant cinq ans fructueusement de ce travail important, et obtinrent des résultats précieux, nonseulement sur le collage après la fabrication du papier, mais sur le collage à la cuve, c'est-à-dire au moment de sa fabrication. Ce fut en 1815 que M. Mérimée fit un rapport au nom de cette commission, dans lequel, après avoir exposé les avantages qu'elle avait obtenus, elle proposa de garder le secret sur les procédés qu'elle consignerait dans une instruction claire et précise, qui ne serait communiquée qu'aux fabricans qui désireraient en faire les essais, dont ils s'engageraient à communiquer les résultats à la Société. Cette proposition fut acceptée, et il fut décidé que l'instruction ne serait publiée, dans le Bulletin, qu'après que nos fabricans auraient pu, les premiers, en tirer avantage, et que les inventeurs jugeraient que ce nouveau procédé serait porté, par la pratique, à sa perfection.

L'espoir de la Société fut déçu; sa sollicitude pour l'intérêt de nos fabricans ne fut pas appréciée. Malgré l'engagement que chacun avait pris de lui communiquer les essais qu'il devait faire, trois seulement remplirent leur promesse. M. Elie Montgolfier accusa réception de l'envoi, il annonça qu'il en avait fait l'essai, que les résultats en étaient satisfaisans, mais qu'il croyait ce procédé plus dispendieux que celui qu'il employait, ce qui paraît difficile à adopter.

On vit à l'exposition de 1819 des papiers de la fabrique de MM. Odent et Grevenich, qui avaient pris séparément le même engagement que M. Elie Montgolfier, en leur communiquant le mémoire. Le premier fut le seul qui en accusa la réception, et qui rendit compte de ses essais. Pendant quelque temps le papier qu'il fournit à l'administration de la loterie fut collé de cette manière ; mais comme il ne travaillait que des pâtes pourries, son papier était trop mou, et l'administration l'obligea de le coller à la gélatine.

M. Canson, à qui la même communication fut faite, chercha à modifier le procédé de la commission, et prit un brevet pour s'assurer la propriété des moyens qu'il emploie dans sa belle fabrique de Vidalon-les-Annonay. Ce procédé est aujourd'hui connu de tout le monde, nous en parlerons plus bas.

On aurait peut-être été plus long-temps à pouvoir se fixer sur les substances propres à opérer le collage de la cuve, si dans le mois de septembre 1826, le hasard n'avait fait tomber entre les mains de M. Braconnot une feuille de papier fabriquée dans le département des Vosges, et collée dans la cuve de fabrication. Ce savant chimiste analysa cette feuille de papier, et de cette analyse il a conclu le procédé suivant, pour former la colle qu'on doit mélanger dans la cuve, afin de coller la pâte dès l'instant de sa fabrication. Nous donnerons à la fin de ce traité le mémoire en entier de M. Braconnot, qui est inséré dans le tome 33 des Annales de chimie et de physique, page 93.

« Sur cent parties de pâte sèche, convenablement dé-

« layée dans l'eau, on ajoute une dissolution bouillante
« et bien homogène de huit parties de farine avec une
« certaine quantité de potasse caustique pour obtenir
« une dissolution plus parfaite. On y joint aussi une
« partie de savon blanc préalablement dissous dans l'eau
« chaude. On fait chauffer, d'autre part, une demi-
« partie de galipot avec la quantité suffisante de disso-
« lution de potasse rendue caustique par la chaux, pour
« dissoudre entièrement cette résine, et, après avoir
« mélangé le tout, il ne s'agit plus que d'y verser une
« dissolution d'une partie d'alun. »

M. Braconnot appliqua, en couches minces, sur du
papier gris, l'empois résultant de l'union intime des
matières désignées plus haut, et le papier fut parfaitement collé. « Il paraît, ajoute ce savant, qu'en intro-
« duisant des matières grasses et résineuses dans la pâte
« du papier, on a principalement pour objet d'y fixer
« et d'y agglutiner en quelque sorte de la colle, afin de
« l'empêcher de sortir par la pression. »

Voilà donc la découverte des matières employées au
collage du papier à la cuve, due au pouvoir de la science,
mise en pratique par un homme aussi savant que M. Braconnot, à qui elle assure l'immortalité.

Plusieurs fabricans répétèrent, sans succès, ce procédé; mais sans doute qu'ils opéraient sur des pâtes
pourries, et le défaut de succès ne doit être attribué
qu'à ceux qui tentèrent de l'employer.

Il en est de même de la recette de M. Canson; elle
réussit très-bien dans ses ateliers, et a été sans succès
chez un fabricant que je visitai dans le mois de septembre 1828, et que j'aurais fait réussir si j'eusse pu rester

plus long-temps chez lui, ou si le travail de la cuve eût été en activité pendant mon séjour dans cette ville.

Il importe actuellement de faire connaître, en résumé, le travail de la commission de la Société d'Encouragement, dont l'instruction est consignée dans son Bulletin. La plupart des fabricans n'ont pas connaissance de cet ouvrage précieux, et nous allons placer, sous un même cadre, l'analyse de tous ses travaux, répandue dans plusieurs mémoires séparés, que nous transcrirons en entier et que nous réunirons dans un Chapitre particulier, afin qu'on puisse en étudier toutes les parties avec soin. La matière est trop importante pour négliger des détails qui conduiront, sans aucun doute, à la solution complète du problème. (Voy. Ch. IX, Appendice, § 8).

La Société d'Encouragement avait reçu, il y a environ 24 ans, des échantillons de papiers fabriqués en Allemagne, et collés, les uns avec du savon de résine, les autres avec de l'empois. Ils étaient faiblement collés, ce qui provenait de ce que, dans les papeteries allemandes, comme dans les nôtres, on fait pourrir le chiffon. Cette longue macération, poussée jusqu'à la fermentation putride, prive le chiffon de son *gluten;* la pâte a alors besoin d'une grande proportion d'empois; mais, dans ce cas, les feuilles, au sortir de la presse, ne peuvent se *désœuvrer* sans *peler.*

Les commissaires connaissaient ces deux procédés, ils eurent l'idée de les réunir. Ils pensèrent que l'addition du savon résineux leur permettrait d'employer une plus grande proportion d'empois sans augmenter l'adhérence des feuilles. Fondés sur la pratique des Chinois, (Voy. tome 1er, page 60). Ils espérèrent du succès. L'expérience confirma leurs conjectures; mais comme ils opéraient sur du chiffon pourri, le papier, quoique imperméable à l'œuvre, n'eut pas la raideur convenable pour annoncer un collage parfait. Les commissaires en conclurent que le procédé ne réussirait complétement que sur du chiffon non pourri, que les fabricans appellent *pâtes en vert*. Voici leur manière d'opérer.

Lorsque la trituration était achevée et que la pâte était au point où il ne restait plus qu'à y mêler le bleu pour l'azurer, ils versèrent dans la pile deux seaux d'empois fait avec de l'amidon et de l'alun. Lorsque le mélange fut intime, ils y ajoutèrent peu à peu une dissolution de savon résineux, fait avec du sous-carbonate de soude, au lieu de la potasse caustique employée par M. Braconnot. Ce savon fut mis en proportion suffisante pour décomposer l'alun. L'action du cylindre développait alors beaucoup d'écume, qu'on fit disparaître par l'addition d'un verre d'huile.

Dans la vue de donner plus de raideur au papier, ils ajoutèrent de la colle animale clarifiée. Le papier *pela* un peu après avoir été pressé en porse blanche; l'addition d'une petite quantité de dissolution de savon blanc dans la cuve, remédia à cet inconvénient, les feuilles se désœuvrèrent sans jamais *peler*. La colle animale ne leur parut pas nécessaire; M. Canson n'en emploie pas, comme on le verra dans la suite.

La manière dont les commissaires fabriquèrent leur savon résineux, nous paraît importante à consigner ici. Dans une dissolution de sous-carbonate de soude, ils ajoutèrent de la résine jusqu'à ce qu'elle refusât d'entrer en combinaison. Ils délayèrent de suite ce sous-savon dans de l'eau chaude, et le versèrent dans un tonneau. La résine non combinée se précipita, et la disso-

lution, en refroidissant, se mit en gelée. Par cette précaution, ils furent certains de n'employer qu'un mélange
exact d'alumine, de résine et d'empois qu'ils précipi-
tèrent le plus également possible autour des molécules
de la pâte.

Les commissaires pensent qu'il serait mieux d'aluner
d'abord le chiffon, de mêler un peu de soude caustique
à l'eau dans laquelle on délaie l'amidon, d'après la propriété reconnue aux alcalis caustiques, de convertir instantanément en colle les fécules amilacées; l'ébullition,
venant ensuite, rend la colle encore plus fluide. On
ajoute alors le savon, et lorsque le mélange est bien
intime, on le verse peu à peu sur la pâte préalablement alunée jusqu'à parfaite saturation, ce dont un
papier réactif donne la certitude. Enfin, on ajouté un
peu de dissolution de savon blanc dans la cuve, et si, en
formant les feuilles, le mouvement de l'ouvrier donnait
naissance à des bulles, on les ferait disparaître avec un
peu d'huile, et mieux d'émulsion huileuse. L'huile de
noix et de pavot doivent être préférées à cause de leurs
qualités siccatives.

Quoiqu'ils aient réussi avec de la farine de froment
pour former la colle, les commissaires conseillent, à
l'imitation des Chinois, l'emploi de la farine de riz. Les
proportions, ajoutent-ils, doivent varier et être réglées
d'après la qualité de la pâte, qui peut contenir plus ou
moins de *gluten*. Des essais en petit, que tout papetier
intelligent fera sans difficulté, fixeront cette proportion.

D'après ce nouveau procédé, on ne doit pas azurer
le papier avec le bleu de Prusse, parce qu'il est décomposé par l'alcali du savon. On doit se servir du bleu de

cobalt; on le délaie avec l'amidon lorsqu'on prépare la colle : alors mêlé intimement avec l'empois, il devient plus léger, et ne se précipite plus au *verso* de la feuille, comme cela a lieu dans les papiers anglais. Le bleu de cobalt, dont se servent les Hollandais et les Anglais, produit une teinte beaucoup plus brillante et plus durable que le bleu de Prusse.

M. D'Arcet, se trouvant à Cusset, dans la papeterie de M. Bujon, au moment où la découverte de M. Braconnot fut publiée, y répéta le procédé avec succès; mais ne trouvant pas le papier assez collé, il jugea, en examinant comparativement la teinte qu'il prenait avec l'iode, qu'il fallait augmenter la proportion de l'amidon, et adopter les proportions suivantes :

100 kilogrammes de pâte sèche;

12 kilogrammes d'amidon;

1 kilogramme de résine dissous dans 500 grammes de carbonate de soude;

18 seaux d'eau, ou 315 kilogrammes, en évaluant les deux seaux à 35 kilogrammes.

On a fait bouillir l'eau; on y a mis le savon, la résine et la soude, et l'on a continué l'ébullition jusqu'à parfaite combinaison. Alors on a ajouté l'amidon bien délayé dans de l'eau froide, et l'on a fait bouillir jusqu'à ce que le tout soit devenu transparent comme du savon vert très-liquide.

Cette composition a été versée chaude dans la pile, et l'action du cylindre a opéré en peu de temps un mélange intime.

La pâte qui provenait du chiffon pourri, était déjà alcaline avant cette addition; après le mélange, elle l'était bien davantage : on a ajouté peu à peu de la dissolution d'alun, jusqu'à ce que le papier réactif n'indiquât plus la présence de l'alcali. Cependant, transportée dans la cuve, la pâte indiquait encore quelques traces d'alcali ; on l'a saturée en ajoutant un peu d'alun, et à chaque nouvelle porse, on en a remis, de manière à rendre l'ouvrage légèrement acide.

Avec les cent kilogrammes de pâte ainsi préparés, on a fait cinq porses dont le degré de colle, faible dans la première, est devenu successivement plus fort ; de sorte que la dernière porse a été trouvée très-bien collée. L'examen de l'eau de la cuve a expliqué cette progression ; car tandis que l'eau qui s'écoulait des porses était claire, celle de la cuve était laiteuse et l'iode la colorait en beau bleu ; elle contenait donc de l'amidon. Ainsi, chaque fois qu'on remettait dans la cuve une nouvelle quantité de pâte, la proportion d'empois se trouvait augmentée de celle restée dans l'eau de la cuve. On a filtré cette eau laiteuse ; elle a bientôt engorgé les filtres, et le papier de ces filtres s'est trouvé collé.

Les enlumineurs sont obligés d'encoller les estampes avant d'y appliquer les couleurs. Nous avons donné, dans notre deuxième Partie, Chap. V, §. 6, page 303, ce procédé, et la composition de la liqueur d'Ackerman dont M. Vauquelin fit l'analyse.

M. D'Arcet modifia cette dernière recette dans les proportions suivantes :

    100 kilogrammes de pâte sèche ;

    4 kilogrammes de colle de Flandre ;

    8 kilogrammes de savon résineux ;

    8 kilogrammes d'alun. Pour doser juste, il ne faudrait en employer que 2 kil. 424.

On a fait gonfler la colle dans l'eau douze heures avant la préparation de l'encollage.

Le savon résineux a été fait avec

    4 kilogrammes 800 gr. résine en poudre ;

    2 kilogrammes 222 gr. de cristaux de soude, équivalent à 800 degrés alcalimétriques et 100 litres d'eau.

On a fait bouillir jusqu'à parfaite combinaison, puis on y a mis la colle, et, lorsqu'elle a été entièrement dissoute, on a ajouté une dissolution chaude d'alun contenant les 8 kilogrammes de ce sel. On a versé trois quarts de cette colle dans la cuve, sur la pâte bien délayée ; on a bien brassé, et l'on a fabriqué une porse qui, séchée rapidement, a été estimée collée aux sept huitièmes. On a versé ensuite le restant de la colle dans la cuve, et l'on a fabriqué une autre porse, qui a été jugée parfaitement collée.

La note de M. Bujon, transmise à M. D'Arcet sur cette expérience, est ainsi conçue :

« Il est hors de doute que ce moyen présente sur les « autres un avantage incontestable. La fabrication est « peut-être même plus facile que lorsque la pâte n'a reçu « aucun mélange.

« Le papier se couche très-bien sur les feutres, la « cuve demande seulement à être tenue un peu chaude, « et à l'instant où on le lève, il n'a pas encore perdu son « calorique. Il se détache aisément des étoffes, et donne « lieu à peu de cassés ; il sèche un peu moins rapidement « dans les étendoirs. Il a peut-être aussi un peu moins « de sonnant que celui collé à l'amidon ; mais, en géné- « ral, il est mieux collé, et il prend bien mieux l'apprêt ;

« il ressemble, enfin, davantage à tout ce qu'on fait de
« mieux en papeterie. »

Un des motifs qui ont dû déterminer la préférence
donnée par M. Bujon à cette composition, c'est qu'elle
se met dans la cuve au moment de la fabrication, sans
qu'il soit nécessaire d'opérer le mélange avec le cylindre,
et qu'elle se conserve assez long-temps sans s'altérer.

Il est à remarquer que l'on a opéré sur des pâtes de
chiffons pourris : avec des pâtes vertes, il eût fallu
moins de matière collante, et le papier aurait été plus
fortement collé.

Toutefois, bien que les résultats aient paru très-satisfai-
sans à un fabricant expérimenté, nous ne les présentons,
ajoute M. Mérimée, rapporteur, que comme un point
de départ pour diriger dans les essais, qu'on ne saurait
trop multiplier si l'on veut arriver à la perfection.

Les fabricans pourront choisir entre ce dernier procédé
et le procédé à la gélatine qui pourrait être préférable
dans certains cas, surtout au degré de perfection où est
arrivée la fabrication de la gélatine. C'est au temps, pour
me servir des mêmes expressions du savant rapporteur,
à décider si les avantages de ce mode de collage à la
cuve, sont tels qu'ils paraissent être, et s'ils doivent
avoir lieu dans tous les cas.

§. IV. *Procédé de* M. CANSON, *pour le Collage à la
Cuve.*

Nous avons promis de donner le procédé de M. Canson pour le collage à la cuve. Ce procédé n'est plus
secret aujourd'hui, il est entre les mains d'une infinité

de personnes; cependant, comme l'auteur a pris un brevet qui lui en assure la propriété, nous croyons devoir
prévenir le lecteur que la note que l'on va lire, ne lui
donne aucun droit de l'exécuter sans le consentement
formel et par écrit de M. Canson, tant que la durée de
son brevet existera.

L'auteur fait un savon de cire, dont les proportions
des matières sont les suivantes : sur un litre de dissolution de soude caustique marquant 5 degrés à l'aréomètre
de Baumé, il ajoute un demi-kilogramme de cire blanche, et tient en ébullition jusqu'à une dissolution complète de la cire. Il verse ensuite ce savon liquide dans
trente à quarante litres d'eau bouillante, et y ajoute
de suite trois kilogrammes de fécule de pommes de terre
ou d'amidon préalablement bien délayé. Il agite vive-
ment le mélange avec une spatule : la liqueur s'épaissit
et forme une pâte qui peut se conserver sans altération
pendant une quinzaine de jours, même en été, pourvu
qu'on la tienne dans un lieu frais.

Pour l'employer, on la verse dans la pile du moulin à
cylindre contenant trente kilogrammes de pâte de chiffons sèche, délayée dans suffisante quantité d'eau pour
la qualité du papier qu'on se propose de faire, et on
laisse bien mélanger la composition avec la pâte à
papier. On ajoute alors trois, quatre ou cinq cents
grammes d'alun en poudre dissous dans l'eau bouillante. Après avoir laissé agir le cylindre un temps suffisant pour bien imprégner la pâte de papier, on procède à la fabrication à l'ordinaire.

Le même auteur n'emploie ce procédé que pour les
papiers fins, et surtout pour les papiers destinés à
l'écriture. Pour les papiers communs, il supprime le

savon de cire, et ne fait entrer dans sa recette que le savon blanc, la fécule ou l'amidon, en imprégnant toujours la pâte à papier dans la pile du moulin à cylindre.

M. Canson, soumit au commencement de 1827, des papiers de sa manufacture au jugement de la Société d'Encouragement, qui en renvoya l'examen à sa commission. M. Mérimée fit son rapport dans la séance du 11 avril, duquel il résulte que le collage à la cuve a très-bien réussi pour les papiers destinés à l'écriture; que l'azurage par le cobalt est très-beau, la nuance égale sur les deux surfaces de la feuille, et qu'en cela il a surpassé les Anglais. Mais le papier pour lavis présente des irrégularités dans le collage, au point que plusieurs feuilles sur lesquelles le rapporteur avait étendu de larges teintes, ont présenté beaucoup de taches. Sur cette seule espèce de papier, MM. Canson sont inférieurs aux Anglais et aux Hollandais.

§. V. *Comparaison de ces deux procédés.*

Nous avons fait connaître, avec tous les détails nécessaires pour les bien apprécier, les deux procédés, qui sont aujourd'hui en concurrence pour le collage du papier à la cuve. Nous avons textuellement rapporté le jugement d'un fabricant distingué sur le procédé de la commission de la Société d'Encouragement, et le jugement de cette commission sur les échantillons envoyés par MM. Canson. Il résulte de la comparaison de ces deux rapports, que les deux procédés ont également bien réussi, sauf à quelques défauts près dans celui de M. Canson, qui disparaîtront vraisemblablement par de plus grands soins apportés dans les manipulations. Il restera, au fabricant intelligent, en supposant le même mérite dans l'un et dans l'autre, ce que la pratique seule pourra décider à choisir entre les deux procédés celui qui lui présentera le plus d'avantages, sous le double rapport de la dépense et de la facilité dans les manipulations où il nous paraît que le choix n'est pas difficile à faire, et qu'il n'est pas douteux.

1°. Sous le rapport de la dépense, et nous entendons ici l'achat des matières, il est incontestable que la cire qu'emploie M. Canson, est d'un prix beaucoup plus élevé que celui de la résine. Il en est de même de la fécule de pommes de terre ou de l'amidon, comparé à la colle de *mégissier*, de *bourrelier*, de *tanneur*, etc. Il est incontestable que la fécule de pommes de terre est d'un prix beaucoup moins élevé que la colle de gélatine. Le collage à la cire coûte le double de celui à la gélatine.

2°. Sous le rapport des manipulations, celle que nécessite le procédé de la commission se borne à faire immédiatement le mélange dans la cuve à ouvrer, et à travailler aussitôt, tandis que pour exécuter le procédé de M. Canson, il faut faire le mélange dans la pile du moulin à cylindre, et ensuite transporter cette composition dans la cuve à ouvrer pour opérer la fabrication du papier.

3°. Enfin, quant au droit de pouvoir mettre en pratique l'un ou l'autre des deux procédés, le choix ne peut pas être douteux. M. Canson exigea mille francs pour le droit qu'il accorde de participer au droit d'inventeur que lui donne le brevet, tandis que la Société d'Encouragement a mis dans le domaine public la découverte importante de sa commission, et qu'il est libre à

chaque fabricant de l'exécuter sans aucune rétribution.

Nous devons ici voter des remercimens à la Société
d'Encouragement, et surtout à ses deux commissaires,
MM. D'Arcet et Mérimée, qui n'ont pas cessé depuis
1806, de s'occuper de la recherche des procédés propres
à opérer le collage du papier à la cuve, et de perfectionner ainsi l'une des branches les plus importantes de
notre industrie.

Nous devons consigner ici une remarque importante
qu'ont faite tous les fabricans qui collent à la cuve. C'est
que les feutres ont besoin d'être souvent lavés, et même
tous les jours, lorsqu'ils fabriquent des papiers fins.
Les diverses parties qui forment la colle se déposent sur
le tissu des feutres, en obstruent les pores et empêchent
l'eau de s'y introduire. L'avantage que procure le collage à la cuve est trop grand, pour que le léger inconvénient de laver les feutres tous les jours puisse mettre
obstacle à ce nouveau procédé.

§. VI. *De l'Etendage et du Séchage après la Colle.*

Si le collage du papier se faisait généralement à la
cuve, notre tâche serait à-peu-près terminée; il ne
nous resterait qu'à parler des apprêts et de la fabrication de quelques sortes de papiers particuliers; mais nous
ne devons pas perdre de vue que beaucoup de fabricans
seront encore long-temps à adopter les nouveaux procédés. Nous nous sommes assez étendu sur cet objet
important; nous les engageons à relire avec le plus grand
soin et la plus scrupuleuse attention, tout ce qui précède.
Ils seront convaincus de tous les désavantages que pré-

šente leur mauvaise manière de procéder, et, dans leur propre intérêt, ils n'hésiteront pas à abandonner des manipulations défectueuses pour adopter et suivre les sages conseils que nous leur avons donnés, d'après l'infatigable Desmarest, et le travail des savans MM. D'Arcet et Mérimée qui ont applani de très-grandes difficultés, et leur ont tracé la marche sûre qui les amènera après quelques légers essais, à la solution complète du problème.

CHAPITRE VI.

DES APPRÊTS OU DES TRAVAUX DE LA SALLE.

Lorsque le papier est bien séché par tous les moyens que nous avons indiqués, et par des *échanges* multipliés autant que les divers cas l'exigent, on le porte en paquets dans la salle où il reçoit tous les apprêts, qui consistent : 1° à les mettre sous la presse bien arrangés de la même manière que nous l'avons indiqué pour les *porses-blanches*, après qu'ils ont passé par les mains des ouvrières qu'on nomme *sallerantes*, et qui ont soin de le trier, de séparer les *cassés* et les défectueux, et d'enlever les boutons, les nœuds, les fils, etc., opération qui, comme nous l'avons fait souvent remarquer, serait infiniment mieux exécutée lors de l'échange, puisque le papier collé après sa fabrication boit toujours à l'endroit où l'on a donné le coup de grattoir. Si cette opération est faite avant le collage au *mouilloir*, en même temps qu'on fait l'échange, qui doit précéder, on n'a plus besoin d'y toucher après le collage.

Il est important de faire observer que, quoique le papier collé à la cuve ne boive pas après qu'on a gratté dessus, on ne pourrait cependant pas laver sur ce papier, sans apercevoir une tache à la place grattée. Les architectes et les autres dessinateurs agissent donc prudemment, d'imprégner leurs feuilles, après qu'ils les ont collées, par leurs bords, sur la planche qui leur sert à dessiner, de l'imprégner, dis-je, sur cette surface, de la liqueur des enlumineurs, dont nous avons donné la recette, de quelque fabrique que viennent ces feuilles.

Nous ne décrirons pas ici les presses jumelles que renferme la salle aux apprêts : nous en avons parlé assez au long dans notre seconde Partie à laquelle nous renvoyons le lecteur, tant pour ces instrumens que pour les opérations désignées sous le nom d'*apprêts*, telles que le *triage*, le *délissage*, le comptage et la formation des rames, dont nous avons suffisamment parlé d'après Desmarest, et ce que nous avons remarqué dans les nombreuses manufactures que nous avons explorées. Nous ne pourrions que nous répéter ici sans aucune nécessité.

Nous ajouterons seulement que, dans les bonnes papeteries, on a adopté les presses en fer, et surtout les presses hydrauliques qui offrent une très-grande force, indispensable pour les *apprêts* surtout, et qui, lorsqu'on a pratiqué l'*échange* ou *relevage*, avec les soins que nous avons indiqués, dispensent de la machine à battre le papier, et de la lisse qu'on n'emploie plus, parce qu'elle donnait un ton de vernis nuisible au papier destiné à l'écriture et encore plus à celui propre au dessin et au lavis.

Il y a certaines sortes de papiers que l'on ne livre au commerce qu'après qu'il a été rogné. Les fabricans se sont servis pendant long-temps de l'outil du *relieur*, que l'on nomme *rognoir*. Depuis quelques années, ils ont adopté un rognoir vertical, beaucoup plus commode et plus expéditif. Ce rognoir diffère de celui du relieur, en ce que celui-ci nécessite l'emploi d'une presse à deux vis, et d'un instrument nommé *fût*, qui ressemble à une autre petite presse à une vis, qui travaille horizontalement. Le nouveau rognoir comprime avec beaucoup de facilité et de promptitude, sans le secours d'aucune vis, le papier en telle épaisseur qu'il soit posé à plat sur un fort établi; le couteau descend verticalement, par un mouvement continu, d'une quantité suffisante pour couper, et jamais assez grande pour écorcher les feuilles. Nous allons décrire cet instrument ingénieux.

Description du nouveau Rognoir.

La figure 11, représente le rognoir qui a d'abord succédé au rognoir du *relieur;* mais cet instrument a été beaucoup perfectionné depuis peu. Nous allons d'abord faire connaître celui-ci que nous appellerons l'ancien, pour décrire ensuite le nouveau qui est construit à-peu-près sur le même principe mais qui est beaucoup plus parfait. Les manufacturiers qui avaient adopté l'ancien, s'en servent encore pour la plupart; c'est la raison pour laquelle nous le décrivons.

Sur un fort bâti *n*, *n*, qui forme une table dont le

dessus est *m*, *m*, est fixée solidement la machine dont le bâti en bois est représenté par le cadre *c*, *c*, *c*; dans chacun des deux montans verticaux est pratiquée une rainure longitudinale, le long du cadre dans lequel le châssis *d*, *d*, est ajusté à coulisse, libre et presque sans jeu. Ce châssis est soutenu par l'extrémité inférieure de deux vis *f*, *f*, ayant au-dessus de la traverse supérieure *c*, chacune une manivelle *f*. Ces vis sont taraudées dans l'épaisseur de la traverse *c*, de sorte que lorsqu'on fait tourner les manivelles *f*, *f*, à droite ou à gauche d'un mouvement égal, le châssis *d*, *d*, descend ou monte parallèlement au-dessus de la table *m*, *m*. La surface antérieure du châssis *d*, *d*, vient à fleur des deux montans *c*, *c*.

Au-devant du châssis *d*, *d*, sont placés horizontalement deux liteaux, formant, entre eux, coulisse dans laquelle se meut le fût qui porte intérieurement le couteau *h*. Ce fût s'étend depuis la lettre *i*, à gauche, jusqu'à la lettre *i*, à droite. Nous sommes obligés d'entrer ici dans ce détail, parce que le graveur a trop poussé le fût sur la gauche, de manière que le lecteur pourrait se méprendre en croyant que la vis *g*, est un prolongement de la vis *f*, à gauche. La vis *g*, est en avant à plus d'un pouce de la vis *f*, qui ne descend pas plus bas que l'autre qui est sur la droite.

La vis *g*, est uniquement destinée à faire monter ou descendre le couteau *h*, en faisant tourner sa tête à gauche ou à droite selon le besoin. Le petit cercle qu'on voit au-dessus d'elle, à côté de *g*, indique cette tête qui est percée dans deux diamètres qui se croisent à angles droits; la petitesse de la figure n'a pas permis de bien indiquer sur la planche cette disposition. On fait tourner cette vis d'un quart de tour, à chaque allée ou venue, à l'aide d'un petit boulon en fer qu'on introduit dans ces trous, ou d'une petite manivelle qu'on place au-dessus.

Cela bien entendu, voici comment l'on opère. On a une planche mince et de bois dur, qui présente un carré parfait et qui entre juste entre les deux montans *c, c;* on place ensuite le papier bien disposé sur cette planche qui repose sur la table, *m, m :* par-dessus le papier une autre planche semblable à la première, qui arrive jusque sur le bord de la rame, à-peu-près à l'endroit où l'on veut rogner, comme dans la presse du relieur, on fait descendre le châssis *d, d,* sur la planche, on serre fortement avec les deux vis *f, f.*

Alors, à l'aide de la vis *g,* on fait descendre le couteau sur le bord du papier, et deux ouvriers, placés aux deux côtés de la machine, saisissant chacun une des deux anses *i, i,* font mouvoir horizontalement le *fût* qui porte le couteau, et qui s'enfonce légèrement dans le papier en le coupant. A chaque allée et venue, les ouvriers font tourner la vis *g,* d'un quart de tour, jusqu'à ce qu'ils aient entièrement rogné toute l'épaisseur du papier.

On conçoit que pour rogner les trois autres faces à angle droit, il suffit, après avoir relevé le couteau, de faire remonter le châssis *d, d,* et sans déranger le papier, de sortir la planche inférieure et de la placer, ainsi chargée du papier, sur un autre côté de la planche, qui s'enfonce comme dans une coulisse, entre les deux montans *c, c,* de la machine. Alors on rogne sur cette face et sur les deux autres, comme on a rogné sur la première. Pour le papier à lettres qui est plié, on ne rogne que sur trois faces.

Aujourd'hui cet instrument est beaucoup plus commode, il n'exige qu'un ouvrier, dispense des deux vis pour presser le papier, et le couteau descend de lui-même sans qu'on soit obligé d'y porter la main. Les figures 12, 13, 14, 15 et 16, de la même Planche 13, en feront concevoir facilement la construction et le travail.

Nous empruntons la description du nouvel instrument que nous allons décrire au *Dictionnaire technologique*, ainsi que les figures qui nous serviront à l'expliquer. Cet article, qui fait partie de l'ouvrage que nous venons de citer, fut rédigé par nous, et porte notre signature L.

« Dans toutes les figures, les mêmes lettres indiquent les mêmes objets.

« Sur une table très-épaisse A, A, montée sur quatre forts pieds B, B, assemblés à tenons et mortaises, sont fixés à pattes, par-derrière, deux montans G, I, D, D, en fer forgé, épais de la moitié de leur largeur. Ces deux montans servent de support à la machine. Sur le devant de ces deux montans est solidement fixée une plaque de fonte E, E, ouverte de deux grands trous F, F, dans la vue de la rendre plus légère. En G, G, et en H, H, sont rivées deux bandes de fer, forgé, parallèlement entre elles, présentant sur la plaque E, E, une coulisse pour y recevoir le fût (fig. 13), dont nous allons parler dans un instant.

« Au-dessus de cet appareil est une forte pièce de bois J, J, dont on voit l'épaisseur (fig. 14) mêmes lettres J, J. Cette pièce de bois est traversée, à droite, par le montant D, D, boulonné de ce côté ; elle est traversée sur la gauche par un autre montant en fer K, L, avec lequel elle est boulonnée.

« Il faut faire attention à la description des pièces qui vont suivre et qui servent à fixer le papier ou les volumes à rogner. On voit que le montant K, L, est boulonné d'abord avec la pièce de bois J, J, ensuite avec la pièce de fer forgée M, N, et enfin avec le levier en fer R, S, I. Ces trois boulons permettent aux trois pièces un petit mouvement de rotation, comme une charnière.

« Le levier R, S, I, a son point d'appui sur le boulon I. Il est formé, en fourche, au point I et dans l'intérieur de cette fourche, et sur le même boulon, se meut la pièce T, I, qui n'est autre chose qu'un cliquet, comme on va le voir. Avant de passer à la description d'autres pièces, voyons comment on parvient à fixer le papier ou les livres.

« La barre de fer M, N, que la figure 15 représente à part, est formée en fourche au point M, et embrasse la pièce K, L, de même que la pièce K, L, embrasse en L, le levier R, S, I. On aperçoit que cette barre de fer M, N, a en O (fig. 12 et 15), une saillie intérieurement : cette saillie est destinée à appuyer fortement, par le milieu de l'appareil, sur une plaque de bois dur P, P, (fig. 16), précisément au point Q, qui est plus épais, et dont les extrémités Q, P, sont en plan incliné, afin que l'effort se distribue sur toute l'étendue de l'objet pressé.

« Lorsqu'on a placé le papier sur la table A, A, au-dessous du point O, et sur une feuille de carton épais, on met dessus la pièce de bois P, Q, P; on appuie fortement sur l'extrémité R, du levier R, S; il fait descendre tout à la fois la barre J, J, et la barre de fer M, dont

l'autre extrémité N, appuie contre le dessous du boulon V. On fait descendre le point M, jusqu'à ce que la
barre M, N, soit parfaitement horizontale, et que par le
point O, elle appuie fortement sur le point Q de la pièce
de bois P, Q, P, (fig. 16). Alors en appuyant toujours
sur le bras du levier R, sans lui permettre un retour
en arrière, on pousse, avec l'autre main, le cliquet T, I,
et on l'engage dans une des dents de la crémaillère
S, I, qui le retient parfaitement, de manière que rien
de peut bouger.

« Dans le cas où l'on n'aurait pas assez de papier
pour remplir l'intervalle entre le point O et la table
A, A, on y suppléerait par des plateaux de bois plus ou
moins épais, de la largeur et de la longueur de la planche P, Q, P, afin d'obtenir une pression suffisante, comme
nous l'avons expliqué. Voyons actuellement l'action du
Rognoir.

Au-devant de la plaque E, E, est placé le *rognoir*
(fig. 13), dans les coulisses G, G, H, H. Nous l'avons dessiné à part (fig. 13), afin de rendre la figure 12 moins
confuse. Les lettres a, a, indiquent deux anses cylindriques en bois, portées par des armatures en fer m, m,
dont un seul ouvrier se sert pour faire marcher la machine, en prenant d'une main celle qui lui est la plus
commode. L'effort à faire est si faible, qu'il ne faut jamais qu'un ouvrier. Au milieu de cette pièce est fixée
une boîte b, qui contient le couteau f, semblable à
celui du relieur, et qui reçoit un mouvement vertical
par la vis d, qui est à sa partie supérieure. Le *rognoir*
est retenu dans les coulisses G, G, H, H (fig. 12), par les
parties g, g, h, h, (fig. 13).

« La vis d du rognoir est surmontée d'un chapeau c,

u'on le voit en *c*, figure 14. Au-dessous
fig. 12), sont fixés deux petits liteaux
s long l'un que l'autre, portant chacun
en fer *t*, *u*, qui engrènent avec les trois
ués u chapeau alternativement aux deux extrémités
opposées du même diamètre, de sorte qu'elles font tourner ce triangle dans le même sens, afin de faire avancer le couteau, d'un tiers de pas de la vis, à chaque
mouvement de va-et-vient.

« On conçoit actuellement avec quelle régularité s'o-
père cet enfoncement progressif du couteau, et combien
de précision et de célérité doit présenter cet instrument, dont le relieur intelligent peut tirer un grand
avantage.

« M. Cotte, rogneur de papiers, à Paris, rue Ho-
noré-Chevalier, n° 8, qui a bien voulu nous permettre
de dessiner cet instrument ingénieux auquel nous avons
fait une petite addition, *a perfectionné* cette machine
qui travaille actuellement avec une célérité étonnante,
et fait marcher le fût du couteau à l'aide d'un engrenage. Une roue, placée verticalement à côté de la machine, engrène dans un pignon qui porte un exeentri-
que, et imprime au fût du couteau un mouvement de
va-et-vient. La première roue porte un volant, et est
mue par une manivelle; le pignon porte aussi un volant. Cette machine n'exige qu'une très-faible force.
M. Cotte a pris un brevet pour cette invention, ce qui
nous empêche de nous étendre plus longuement sur
cette construction. »

CHAPITRE VII.

DES PAPIERS COLORÉS.

La pâte à papier a beau être blanchie au plus haut point que le chlore puisse la porter, le chiffon qui l'a fournie a beau être de la plus belle qualité, malgré les soins les plus minutieux qu'on a pu apporter à sa fabrication, le papier qui en provient, présente une légère nuance jaunâtre qui n'échappe pas aux regards les moins exercés; le blanc mat qu'il offre à la vue ne plaît pas comparé à celui qui est empreint d'une faible teinte de bleu qui en relève l'éclat. C'est ainsi qu'après le blanchissage du linge fin, quoique très-blanc, on lui donne un reflet plus éclatant et qui flatte plus la vue, par un très-léger *azurage*. Ces deux opérations qui sont analogues, ont fait donner au beau papier très-légèrement bleu le nom de *papier azuré*, et l'on désigne sous le nom d'*azurage* l'opération par laquelle on azure le papier.

On fabrique aussi, dans les papeteries, des papiers colorés de différentes couleurs, non point à la manière des enlumineurs qui se contentent de colorer les deux surfaces de papiers avec la même nuance à l'aide d'une éponge ou d'une large brosse; ce qui étant étranger à la papeterie ne nous occupera pas; mais en employant des pâtes teintes dans la cuve ou dans le cylindre, qui fournissent du papier teint de la même couleur, tant à l'intérieur qu'à l'extérieur.

Ce sont par conséquent deux manières distinctes et séparées par lesquelles on obtient ces deux résultats que nous allons décrire l'un après l'autre dans deux paragraphes distincts et séparés.

§. Ier. De l'Azurage du Papier.

Autrefois on ne connaissait d'autre procédé pour azurer le papier, qu'en employant le bleu de Prusse ou de l'indigo précipité, par la chaux, de son sulfate : mais le bleu de Prusse était trop difficile à manier pour obtenir une nuance uniforme, et d'ailleurs cette couleur était fugace ; une feuille exposée pendant quelque temps à la lumière perdait bientôt sa nuance et la feuille paraissait toute *bringée*, pour me servir d'une expression usitée en teinture.

L'indigo extrait de son sulfate donnait un azur plus solide, moins difficile à employer, et plus durable ; il a été long-temps employé ; mais il a cédé la place à l'oxide de cobalt, aussitôt qu'on a vu de beaux papiers anglais azurés avec cette substance. Cet oxide donne un bleu plus brillant et surtout plus durable que toutes les autres substances dont on s'était servi jusqu'alors. Les papiers anglais présentaient un grand défaut, le *recto* de la feuille avait une très-belle nuance, tandis que le *verso* en était privé. Ce défaut provenait de ce que les Anglais ne savaient pas encore le moyen de l'employer. Ils le répandaient dans la cuve qu'on tenait toujours agitée ; ce bleu est très-lourd, sa pesanteur spécifique est beaucoup plus grande que celle de la pâte à papier, de sorte que lorsque l'*ouvreur* avait rempli la forme pendant le mouvement de trépignement qu'il lui imprimait, le bleu se précipitait sur la surface inférieure, et la surface supérieure en était privée.

M. Mérimée, dans son mémoire sur le *collage à la cuve*, que nous avons rapporté dans le Chapitre V, qui précède, a indiqué le moyen de l'employer en évitant l'inconvénient qu'avaient éprouvé les Anglais.

« On délaie, dit-il, le *bleu de cobalt* avec l'amidon lorsqu'on prépare la colle; alors mêlé intimement avec l'empois, il devient plus léger, et ne se précipite plus au verso de la feuille. »

C'est le procédé que suivit M. Canson pour fabriquer le papier ainsi azuré, qu'il présenta à l'examen de la Société d'Encouragement. M. Canson avait reçu communication de l'instruction des commissaires en 1815, et ce ne fut que plusieurs années après qu'il montra ses papiers azurés sur ses deux faces par le bleu de cobalt.

Nous donnerions ici les procédés de fabrication de ce bleu, qui n'est point un secret, si elle pouvait être de quelque utilité pour les manufactures de papier; mais cette manipulation ne peut se faire avec avantage que dans les établissemens uniquement destinés à ce travail. Le bleu de cobalt se trouve abondamment dans le commerce tout préparé; il y en a de plusieurs qualités et le papetier doit choisir le plus beau qui est aussi le plus fin. On le désigne sous le nom d'*azur des quatre feux*. Ceux qui désireront en connaître la fabrication, peuvent consulter le *Traité de Chimie de* Thénard, tom. 2, page 494, édition de 1824.

On envoie de Paris, aux fabricans de papier, depuis environ deux ans, de petits échantillons d'une poudre qu'on désigne aussi sous le nom d'azur d'une très-belle

nuance tirant sur le lilas, qui nous a paru être de l'ou-
tremer factice affaibli par de l'amidon. Il s'emploie de
la même manière que le bleu de cobalt.

§. II. *Des Papiers colorés en pâte.*

Il y a deux manières de fabriquer des papiers colorés
en pâte, nous allons les indiquer séparément.

1°. *Pour le bleu.* Dans le triage des chiffons, on fait
mettre à part, comme nous l'avons déjà dit, tous les
chiffons bleus, de quelque nature qu'ils soient, c'est-à-
dire les fins et les grossiers, qu'on trie ensuite et qu'on
sépare en cinq lots comme nous l'avons indiqué pour les
blancs. On conserve les plus fins pour les beaux papiers, et les autres pour les papiers communs.

On fait subir à ces chiffons les mêmes opérations que
pour le papier blanc, on conçoit qu'en formant le
papier avec cette pâte on obtient un papier blanc plus
ou moins foncé, selon la couleur plus ou moins intense
du chiffon. S'il donnait une nuance trop foncée, on la
rendrait plus claire en y mêlant dans la pile à cylindre
plus ou moins de pâte blanche, et laissant agir le cylindre jusqu'à ce que le mélange soit parfait et la nuance
uniforme.

2°. *Pour le rouge* qu'on nomme *papier rose.* On fait
mettre à part tous les chiffons rouges soit en fil, soit en
coton, teints par le rouge d'Andrinople; on les traite
comme les bleus et l'on obtient une pâte rouge qui
donne un papier rose d'une jolie nuance.

On fait aussi des papiers en pâte de toutes sortes de
couleurs, en teignant les pâtes dans la pile à cylindre,

On les teint soit avec des couleurs végétales, soit avec des couleurs minérales. Comme ces dernières sont les plus brillantes et les plus solides, nous nous bornerons à donner les recettes pour les obtenir : nous indiquerons seulement les substances végétales qui sont propres à les fournir.

Il suffit de connaître les procédés pour obtenir les trois couleurs primitives, le *bleu*, le *jaune* et le *rouge*, pour avoir, par le mélange de ces couleurs, toutes les autres, auxquelles on ajoute le *noir* pour se procurer toutes les nuances.

Le *bleu*. Nous avons indiqué l'oxide de cobalt, il suffit d'en choisir une qualité très-foncée, et l'on obtiendra facilement la nuance voulue.

Le *jaune*. On obtient cette couleur par la combinaison de l'acétate de plomb (*sucre* ou *sel de saturne*) avec le chromate de potasse. Pour y parvenir, on fait dissoudre d'une part une once d'acétate de plomb dans quarante litres d'eau; d'autre part on fait dissoudre du chromate de potasse neutre dans une petite quantité d'eau. On verse petit à petit cette dernière dissolution dans la première, afin d'obtenir le degré de nuance que l'on désire. On obtient par là le chromate de plomb *neutre* qui est d'un jaune très-riche et très-brillant.

Si l'on veut obtenir un jaune orangé, il faut verser sur la dissolution de chromate de plomb *neutre*, une dissolution d'acétate de plomb plus chargée de ce dernier sel.

Si l'on verse une plus grande quantité de dissolution de potasse dans celle de chromate de plomb neutre, on obtient une jolie couleur *rouge*, d'après les expériences de M. Pache.

Le rouge. Le *tritoxide de fer* dont on fabrique le *rouge de Prusse,* donne des rouges solides, mais tirant sur le brun; cependant, lorsqu'il est fabriqué avec soin et bien lavé, la nuance n'en est pas désagréable, et approche beaucoup du rouge pur.

Le vermillon, connu sous le nom de *vermillon de la Chine,* qu'on fabrique à Paris, avec beaucoup de perfection, fournit de très-beaux rouges.

Les substances végétales ne doivent être employées dans les papeteries pour teindre les pâtes, que dans les cas où les couleurs fournies par les substances minérales dont nous venons de parler, ne donneraient pas des couleurs pures ou qu'on ne pourrait pas les obtenir facilement par leurs secours, Il ne faut pas oublier que les couleurs végétales sont peu solides, que l'air et la lumière les décomposent facilement, et qu'on ne saurait donner assez de solidité à celles qui servent à teindre les pâtes, dont on fait les papiers employés aux couvertures des brochures ou des livres en demi-reliure. Nous allons nous renfermer dans la description des procédés à mettre en pratique pour obtenir des *rouges* très-éclatans, le *noir* qu'on ne pourrait obtenir que très-difficilement pur, par l'emploi des substances minérales, et le *bleu* très-intense et très-beau par l'*indigo,* qui remplace à moins de frais l'*oxide de cobalt.*

Le rouge. Plusieurs bois d'Amérique donnent la couleur rouge ; on les distingue sous le nom générique de *bois de Brésil ;* celui de Fernambouc est le plus estimé, mais il est très-rare ; Linnée le désigne sous le nom de *cœsalpinia crista.* On ne trouve presque plus, dans le commerce, que le *Sainte-Marthe ;* le bois de *Sappan* ou de *Japon* (*cœsalpinia sappan*) ; le *brésillet* (*cœsalpinia*

vesicaria); ce dernier vient des Antilles et est le moins
estimé. Il en est encore d'autres dont nous parlerons
dans un instant.

L'eau bouillante enlève au bois de Brésil toute sa
partie colorante ; la décoction de *Fernambouc* est d'un
très-beau rouge : celle des autres bois qu'on lui substitue
est d'un jaune tirant plus ou moins sur le fauve, ce qui
a désespéré fort long-temps les teinturiers, en résistant
aux recherches des chimistes qui se sont occupés de cette
branche importante de notre industrie. Un chimiste allemand a résolu le problême.

Dans le numéro 209 (novembre 1821) du Bulletin
de la Société d'Encouragement pour l'industrie nationale, on trouve une méthode simple et facile d'épurer
de leur couleur fauve les bains faits avec des bois de
Brésil d'une qualité inférieure, tels que les bois de *Bimas*,
de *Sainte-Marthe*, d'*Aniola*, de *Nicaragua*, de *Siam*,
de *Sappan*, etc., et de les substituer avec un succès
assuré, au véritable *Fernambouc*.

Voici de quelle manière M. Dingler, auteur de cette
méthode, conseille d'opérer :

« Les bois étant rapés ou raclés comme à l'ordinaire,
on en extrait, soit par l'ébullition, soit par l'action des
vapeurs aqueuses, toute la matière colorante ; on fait
évaporer les décoctions obtenues, jusqu'à ce que, par
exemple, sur deux kilogrammes de bois employé, il ne
reste que six à sept kilogrammes de liquide. Ce résidu
étant refroidi, on y verse, douze à dix-huit heures après,
un kilogramme de lait écrémé. Après avoir bien remué
ce mélange, on le fait bouillir pendant quelques minutes, puis on le fait passer par un morceau de flanelle
d'un tissu bien serré. La couleur fauve reste sur le filtre

avec la matière caséeuse, à laquelle elle s'attache, tandis que la couleur rouge passe dans le plus grand état de pureté, et sans qu'il s'en perde la moindre partie.

« Veut-on se servir de cette liqueur pour teindre en rouge ? on la délaie dans suffisante quantité d'eau pure, et l'on s'en sert pour la teinture. Une dissolution de sel d'étain ou de sulfate d'alumine, versée en petite portion dans le bain, avive ce rouge d'une manière étonnante. »

Rouge par la garance. Aussitôt que j'eus connaissance du procédé de M. Dingler que je mis en pratique et qui me réussit parfaitement, je conçus qu'il pourrait être applicable à la garance qu'on sait être toujours imprégnée d'une couleur fauve qui nuit à la pureté du rouge que cette substance est capable de fournir. J'en parlai à feu Vitalis qui avait livré son manuscrit à l'impression ; il me dit qu'il avait eu la même idée, et me montra dans les épreuves qu'il avait gardées qu'il l'y avait notée sans en avoir fait l'expérience. Je la fis, elle me réussit parfaitement, je lui en montrai les résultats.

Cette couleur rouge, par la garance, est très-solide.

Bleu par l'indigo. On pourrait teindre la pâte directement avec l'indigo réduit en poudre fine, en la soumettant au moulin, comme on le pratique dans les teintureries ; mais il n'est pas porté à un assez grand degré de ténuité pour être employé avec économie et un plein succès. Il faut pour cela en former un sulfate. et après une parfaite dissolution, on s'empare de l'acide sulfurique par la chaux. Voici le meilleur procédé connu jusqu'à ce jour.

Il consiste à verser peu à peu quatre parties d'acide sulfurique très-concentré, sur une partie d'indigo finement pulvérisé; à délayer la poudre dans l'acide, de manière à en former une espèce de bouillie bien homogène, à chauffer le tout pendant quelques heures dans un vaisseau de verre, soit au bain de sable, soit au bain-marie, à une température de 25 à 30 degrés Réaumur; à laisser ensuite parfaitement refroidir.

Lorsque le tout est froid, on y verse petit à petit huit parties d'eau dans laquelle on a délayé quatre parties de chaux vive en poudre. On verse cette eau en petites quantités à la fois, pour ne pas casser le vase par la grande chaleur qui se dégage, et pour ne pas donner naissance à une trop grande effervescence. On remue continuellement, et on laisse reposer au moins vingt-quatre heures. Il se forme un sulfate de chaux qui se précipite, la liqueur surnageante contient l'indigo pur extrêmement divisé, on décante cette liqueur qui sert à la teinture. On l'étend d'une quantité d'eau suffisante pour atteindre la nuance de bleu qu'on désire.

Noir. On teint très-rarement la pâte en noir; mais en dégradant le noir pur, c'est-à-dire en l'étendant dans plus ou moins d'eau, on obtient les nuances de gris, qui, ajouté aux couleurs, donne la bruniture nécessaire pour se procurer toutes les couleurs et les nuances qu'on désire.

Les enlumineurs délaient du noir de fumée privé de ses parties grasses ou huileuses, par un lavage réitéré dans une dissolution de potasse ou de soude caustique, jusqu'à ce que le noir se précipite. L'alcali forme un savon en s'emparant des parties grasses du noir; on lave bien avec de l'eau pure jusqu'à ce qu'elle sorte claire. Alors on laisse reposer, on décante, et l'on mêle ce noir ainsi épuré avec la colle, dans la cuve, ou dans la pile à cylindre.

Le *brou de noix* qu'on met bouillir dans l'eau pendant une demi-heure environ, et après qu'on l'a filtrée, donne une couleur brune d'autant plus foncée, que la proportion du brou est plus considérable. Une dissolution d'acétate de fer la rend beaucoup plus foncée et presque noire.

En mélant ces couleurs que nous appelons *primitives*, deux à deux, trois à trois, quatre à quatre, et en différentes proportions, de même que le peintre les mélange sur sa palette, on obtient toutes les couleurs et toutes les nuances que fournit la nature.

Le mélange du *bleu* et du *rouge* procure le pourpre, le violet, le lilas, la pensée, l'amaranthe, la prune de monsieur, le paliacat, les gorges de pigeon, les mauves et fleurs de pêcher, le mordoré, la giroflée, et un grand nombre d'autres nuances qui dépendent de la proportion des couleurs entre elles, de la prédominance du bleu sur le rouge ou du rouge sur le bleu, ou enfin de quelques circonstances particulières dans la manipulation.

Mélange du *bleu* et du *jaune*. De ce mélange résulte le vert. Il est peu de couleurs dont les nuances soient aussi variées que celle du vert. Les principales sont : le vert naissant, le vert gai, le vert d'herbe, le vert printemps, le vert de laurier, le vert molequin, le vert de mer, le vert céladon, le vert de perroquet, le vert de chou, le vert pomme, le vert pistache, le vert bouteille, le vert canard, etc.

On prévoit d'avance que les nuances de vert sont

tellement dépendantes du pied de bleu, que celui-ci doit toujours être en proportion avec l'intensité du vert que l'on veut produire. Aussi faut-il un bleu foncé pour le vert canard; un bleu ciel pour le vert perroquet; un bleu léger pour le vert pomme et le vert céladon, et un bleu encore plus léger pour le vert naissant.

Mélange du *bleu*, du *gris* et du *jaune*. On obtient par ce mélange la couleur *olive*.

Les nuances d'olive sont des gris verdâtres ou des gris-jaunâtres : elles exigent par conséquent que les gris qui servent de pieds inclinent plus ou moins au bleu. Il faut donc mêler les trois couleurs dans des proportions convenables que l'œil et l'habitude indiquent.

On distingue deux nuances principales d'olive, savoir : l'*olive verte* et l'*olive rousse* ou *pourrie*; elles ont des teintes tout à fait différentes.

Mélange du *rouge* et du *jaune*. Les couleurs que l'on forme par ce mélange sont très-nombreuses. D'ailleurs, le ton des nuances dépend de la nature du rouge ou du jaune qui entre dans la composition de la couleur. La couleur principale que produit ce mélange est l'*orangé*; mais il en est une infinité d'autres qui résultent comme les précédentes, des proportions dans lesquelles le jaune ou le rouge sont employés : telles sont la *couleur de biche*; la *couleur de feu*; la *couleur de grenade*; les *capucines*; l'*orange*; la *jonquille*; la *couleur d'or*; le *cassis*; le *chamois*; le *café au lait*; le *chocolat au lait*; les *mordorés*; les *canelles*; les *couleurs de tabac*, de *châtaigne* ou *marrons*, de *musc*. Le *souci*, le *carmélite*, le *coquelicot*, la *brique*, etc.

Le *noir* ou pour mieux dire le *gris*, ne sert qu'à brunir certaines couleurs, comme nous en avons donné un exemple pour les *olives*. L'ouvrier, un peu intelligent, jugera facilement lorsqu'il aura besoin du gris pour brunir une couleur, afin d'atteindre la nuance qu'on lui aura demandée.

Pour employer ces couleurs, on peut jeter le bain colorant avec une dissolution d'alun dans la cuve à ouvrer ; cependant il est préférable, lorsque la pâte est suffisamment travaillée dans la pile à cylindre, de fermer l'entrée et l'issue de l'eau, et d'y verser ensuite le bain colorant avec une quantité suffisante d'alun. Dans peu de temps la pâte est complétement colorée par l'agitation du cylindre, qui facilite la combinaison des fragmens de la pâte extrêmement divisée, avec les particules colorantes.

On peut considérer les couleurs dont nous venons de parler comme des couleurs fines qu'on ne doit employer que pour de beaux papiers dont la pâte est choisie, la préparation des couleurs donne une certaine peine et exige des soins que le papier commun ne paierait pas. Pour ceux-ci qui sont les plus grossiers, qui servent à l'emballage de substances communes ou abondantes, et pour lesquelles cependant on désire des papiers colorés, on emploie d'autres procédes. Pour y parvenir on se sert des ocres jaunes, rouges ou bruns qu'on a soin de faire tremper dans l'eau pendant quelque temps, et qu'on lave avec quelque soin pour en extraire le sable et les parties hétérogènes, en ne conservant que les parties les plus déliées. Ce procédé est trop connu pour que nous nous attachions à le décrire.

L'usage existe encore dans les raffineries de Bordeaux, et peut-être dans quelques autres, de teindre en bleu foncé le papier employé à envelopper les pains de sucre. Jusqu'ici on s'était servi des pains de tournesol pour former cette teinture. On y a substitué depuis quelques années une décoction de bois de campêche qui a la propriété de donner une couleur violette lorsqu'on ajoute une dissolution d'alun ; mais pour imiter le bleu-rougeâtre du tournesol, on y ajoute une dissolution de bois de Brésil. En voici le procédé.

On fait bouillir pendant une heure dix parties de bois de Campêche, moulu ou en copeaux, on ajoute ensuite une demi-livre de bois de Brésil en poudre ou en copeaux ; on laisse bouillir pendant une demi-heure, après y avoir jeté une demi-livre de vert-de-gris en poudre. On agite bien, et l'on finit par y jeter une demi-livre d'alun en poudre. Lorsqu'il est parfaitement dissous, le bain colorant est prêt. Alors on le jette dans la cuve à ouvrer, on agite bien, et l'on peut de suite travailler.

Nous croyons devoir insister et rappeler ce que nous avons déjà dit, que les fabricans de papier doivent renoncer à l'emploi du *bleu de Prusse*, tant pour azurer leurs papiers que pour les teindre en bleu ; ils doivent proscrire cette substance de leurs ateliers, elle ne présente aucune solidité ; l'air fait virer au gris cette couleur qui est si brillante quand elle est fraîche, et que l'alcali le plus faible décolore instantanément.

Nous ne terminerons pas ce Chapitre sans faire remarquer aux manufacturiers qu'ils ne doivent jamais fabriquer des papiers colorés en pâte, pendant l'hiver. C'est une observation que M. Canson nous fit faire lorsque nous visitâmes sa belle manufacture de Vidalon-les-Annonay, au mois de septembre 1828. Il faisait fabriquer alors des papiers colorés en pâte ; un de ses parens qui m'accompagnait lui demanda pourquoi il ne réservait pas ce travail pour l'hiver ; que l'été lui avait toujours paru plus favorable pour fabriquer le papier blanc. Cela est vrai, répondit-il, mais j'ai fait l'expérience que pendant l'hiver les couleurs sont beaucoup atténuées.

CHAPITRE VIII.

DE LA FABRICATION DU CARTON.

La fabrication des cartons est une suite immédiate et presque générale dans les papeteries, et, en quelque sorte, de la fabrication du papier. Elle sert à utiliser tous les résidus de la fabrique qui ne pourraient pas trouver un meilleur emploi. Les gros chiffons, quelle que soit leur couleur, les vieux papiers imprimés ou manuscrits, les rognures et les cassés trop petits ou trop défectueux pour pouvoir en tirer parti.

Cette fabrication est avantageuse parcè qu'elle exige peu de main-d'œuvre, qu'il n'est pas nécessaire d'être habile ouvrier pour l'exécuter, et qu'on peut en confier le travail à un apprenti, ou au premier homme de peine, pour peu qu'il ait d'intelligence.

Les instrumens dont on se sert ne sont pas en aussi grand nombre que ceux que nécessite le papier. Un seul cylindre effilocheur est suffisant, la matière n'a pas besoin d'être autant divisée ni aussi finement triturée que celle qui doit servir à la fabrication du papier.

Deux formes suffisent pour fabriquer le carton, elles

sont construites de la même manière que celles dont on se sert pour le papier ; la toile métallique qui les forme est composée de fils de laiton d'une plus forte dimension, ils sont plus écartés entre eux ; la couverte est plus ou moins élevée selon qu'on veut donner plus ou moins d'épaisseur au carton. La forme porte deux anses sur ses deux côtés les plus étroits, afin de la suspendre horizontalement sur la cuve dans la vue de pouvoir laisser écouler une plus grande quantité d'eau avant de la coucher sur le feutre. La pâte contenue dans la cuve, est plus épaisse que pour le papier.

Il y a des manufactures, et c'est le plus grand nombre qui occupent trois ouvriers à la cuve, comme pour le papier ; mais nous avons vu faire ce travail, dans une assez grande papeterie, par un seul ouvrier : voici comment il opère :

Il remplit sa forme de matière, et après l'avoir balancée comme pour le papier, il la suspend par ses deux anses, à deux crochets doubles suspendus par des cordes au-dessus de la cuve. Il prend la seconde forme, la remplit de matière comme la première ; il la pose sur le trapan de la cuve où elle commence à s'égoutter ; ensuite il enlève la première qu'il couche sur un feutre ; il couvre ce carton d'un autre feutre, et pose une planche épaisse dessus. Cela fait, il suspend aux crochets la forme qu'il avait laissée sur le trapan. Avec la forme dont il vient de coucher le carton, il prépare une troisième feuille qu'il pose sur le trapan, et couche la seconde, après avoir enlevé la planche. Il continue de même jusqu'à ce qu'il ait ainsi préparé une douzaine ou une vingtaine de cartons selon l'épaisseur voulue, et alors aidé par l'ouvrier qui, pendant ce temps-là s'occupe du travail du cylindre, il porte tous ces cartons à la fois sous la presse que son aide serre petit à petit et graduellement, afin que la pression s'exerçant insensiblement ne puisse pas déformer les feuilles.

Lorsque . en couchant sa feuille l'ouvrier aperçoit des nœuds ou de gros boutons, il les enlève proprement et remplit les trous qu'il a formés avec de la pâte qu'il prend dans la cuve.

Il y a une autre manière d'opérer dans d'autres manufactures. On emploie les trois ouvriers ordinaires, l'ouvreur, le coucheur et le leveur, ils opèrent avec des formes semblables à celles que nous venons de décrire, mais qui n'ont pas d'anses, et dont les couvertes ne sont pas si profondes. Ces trois ouvriers travaillent comme pour faire le papier, mais pour donner au carton l'épaisseur que le maître a fixée, le *coucheur* couvre la première feuille d'une seconde, d'une troisième, d'une quatrième, etc. : sans l'intermédiaire d'aucun feutre, ces feuilles adhèrent tellement entre-elles, qu'elles ne forment plus qu'une seule et même feuille. C'est ainsi qu'ils arrivent à l'épaisseur voulue. Le coucheur ne place un second feutre qu'après avoir couché le nombre de feuilles nécessaires pour atteindre l'épaisseur fixée.

Lorsqu'une porse est terminée, on la porte sous la presse en porse-feutre, et l'on serre avec les précautions que nous avons indiquées. Aussitôt que les cartons ont subi une pression suffisante en porses-feutres, on les détache des feutres, et on les empile sous la presse en porses-blanches comme le papier. On les y presse fortement, et lorsqu'ils ont resté un temps suffisant sous l'effort de la presse, on les enlève pour les mettre à sécher. Cette fabrication doit se faire plutôt en été qu'en hiver, on va en voir la raison.

La dessiccation doit être prompte, et pour cela on les expose sur un pré ou sur un sol bien sec. L'influence du soleil leur donne beaucoup de blancheur et une fermeté considérable. Si les intempéries du temps ne permettaient pas de les exposer à découvert, il faudrait les placer dans un étendoir très-bien aéré, en les suspendant aux cordes par de petits crochets en laiton. Ceux qui sont séchés lentement sont loin de valoir les premiers, ils conservent beaucoup de mollesse. A Paris, où l'air est souvent humide, dont l'atmosphère est souvent couverte de brouillards, et où l'on fabrique beaucoup de ces cartons, on distingue facilement ceux qui ont subi une dessiccation prompte de ceux qui ont été séchés lentement.

Les manufacturiers vendent leurs cartons ordinairement au poids, soit en les pesant réellement, soit en indiquant leurs qualités par les dénominations de cartons d'*une livre*, cartons de *deux livres*, etc. Les meilleurs fabricans ajoutent à la pâte des substances étrangères au chiffon, non dans une intention de fraude, nous les en croyons incapables, mais pour rendre leurs cartons plus fermes et plus solides, en un mot pour les durcir, et les rendre plus unis. Les fabricans de draps, les satineurs, les relieurs, etc., préfèrent ceux qui, à une surface parfaitement unie, réunissent une plus grande fermeté. Les substances qu'on emploie sont des argiles ou des terres plastiques, la craie de Troyes, celle de Meudon ou de Bougival, le talc de Briançon, enfin toutes les argiles blanches qui servent à fabriquer cette qualité de faïence qu'on désigne sous le nom de terre de pipe. Cependant ces substances ne sortent jamais pures des carrières qui les fournissent, et on ne les trouve dans le commerce que dans ce même état. Alors elles contiennent des sables, des petits cailloux, et d'autres substances hétérogènes, qui, lorsqu'elles sont à la surface sans cependant la dépasser, présentent des places plus dures que les autres, offrent une plus grande résistance à la pression, et ne peuvent que nuire aux travaux du fabricant d'étoffes et surtout aux satineurs. Lorsque ces mêmes substances sont noyées dans l'épaisseur du carton, elles font le désespoir des relieurs, des cartonniers et de tous les ouvriers qui sont obligés de couper le carton à petits morceaux pour le travailler. Ces substances ébréchent les outils, d'un tranchant délicat, qu'ils emploient pour opérer ces divisions.

Les fabricans doivent donc laver avec le plus grand soin les argiles qu'ils emploient, afin de les réduire à une ténuité si grande que leurs molécules éparses uniformément dans la pâte, ne puissent jamais isolément présenter des points plus durs, plus résistans que le chiffon.

Ce qui peut caractériser la fraude, c'est la grande proportion que quelques-uns pourraient être tentés d'ajouter à leur pâte de chiffons. Ils doivent savoir qu'il est facile de découvrir la fraude; il suffit de prendre un décagramme de carton bien exactement pesé, de le faire tremper pendant un temps suffisant dans de l'eau un peu chaude, le carton se décompose, la pâte se sépare de l'argile, elle va au fond du vase, et les filamens de la pâte restent au-dessus. On se sert pour cette opération d'un verre conique à pied. On enlève avec soin la pâte en la lavant dans l'eau surnageante, on la fait parfaitement sécher et on la pèse. On laisse bien sécher pareillement l'argile, après qu'elle s'est entièrement précipitée. On pèse cette argile séparément. On peut, pour trouver plus exactement le poids de cette argile, opérer par filtration : pour cela on pèse exactement un morceau de papier Joseph dont on fait un filtre; on passe un peu d'eau dans le verre pour enlever toutes les molécules qui peuvent y être restées, et on la jette encore sur le filtre. Lorsque le liquide est passé, on fait sécher avec soin le papier et l'argile qu'il contient; on pèse de nouveau le papier qui contient cet argile, on retranche ce poids de celui qu'avait le papier sec, avant la filtration, la différence est le poids de l'argile.

Comme cette opération n'exige pas autant de précision que pour des recherches chimiques, on peut se dispenser de peser l'argile. Il suffit d'avoir le poids exact de la pâte sèche séparée de l'argile; on retranche ce poids de celui d'un décagramme que pesait le carton, la différence donne le poids de l'argile. Nous avons ainsi analysé plusieurs cartons du commerce, nous en avons trouvé qui présentaient cinquante pour cent d'argile, d'autres trente-trois, et plusieurs vingt-cinq; ceux-ci étaient excellens. Dans presque tous ces cartons l'argile avait été introduite dans son état naturel, aussi y avons-nous trouvé des sables, de très-petits cailloux; je n'en ai trouvé que chez un seul marchand de Paris qui fût parfaitement fabriqué avec de l'argile soigneusement lavée; la proportion était de vingt-cinq pour cent; aussi nous nous approvisionnions chez lui toujours aveu-glément. Nous pourrions citer les noms des fabriques qui approvisionnent la Capitale, dans lesquelles la fraude se fait, mais nous espérons que la lecture de cet ouvrage

les tiendra sur leurs gardes , et les ramènera à des manipulations plus dignes de la loyauté commerciale.

Nous pensons aussi que beaucoup de fabricans ne
connaissent pas la manière de laver les argiles; c'est
pour y suppléer, qu'avant de terminer ce Chapitre ,
nous consacrerons un article pour en décrire les manipulations. Nous allons reprendre la description de l'art
de fabriquer les cartons.

De quelque manière qu'on ait étendu les cartons pour
les faire sécher, on n'attend pas une dessiccation parfaite, il ne faut pas cependant qu'ils soient encore
mouillés, il faut les prendre au moment où ils sont
presque secs. On les lisse soit en les passant entre les
cylindres d'un laminoir, soit en les soumettant à l'action
du lissoir.

Le laminoir est formé de trois cylindres couchés horizontalement l'un sur l'autre dans un sens vertical. Celui
du milieu est en bronze ou en fonte de fer, exactement
tourné et poli, les deux autres sont en papier qui peuvent
être exécutés dans les papeteries. Ils ont chacun un pied
de diamètre, c'est la dimension la plus convenable : ils
sont tous les trois d'une égale longueur, qui est de deux ou
trois pouces plus grande que la largeur de la plus grande
feuille de carton. Le laminoir est un instrument assez
connu pour que nous ne poussions pas plus loin cette
description. On le met en mouvement par le moteur de
la papeterie.

Le lissoir, dans les papeteries, est pareillement mis
en action par le moteur de la manufacture, qui, par
un excentrique, lui imprime un mouvement de va-et-
vient. Ce lissoir est formé d'un soliveau placé verticalement; il porte dans sa partie inférieure une entaille

en fourche qui reçoit un cylindre en verre, en silex ou en bronze, celui-ci est le meilleur; ses angles sont arrondis, afin qu'ils ne soient pas dans le cas de couper ou de déchirer le carton. La partie supérieure du soliveau arcboute contre un autre soliveau fixé, au plancher supérieur, entre deux soliveaux, par un fort boulon en fer qui lui sert d'axe sur lequel il puisse facilement décrire un arc de cercle. Un poids suspendu près du soliveau vertical, force celui-ci à former une pression constante de haut en bas.

Au-dessous du cylindre porté par le soliveau, c'est-à-dire au-dessous du lissoir, on fixe solidement un fort plateau de marbre bien poli, et dans un plan horizontal, de manière que le lissoir tombe verticalement sur le milieu de la surface du plateau de marbre. On règle la pression par la force du poids dont nous avons parlé, de sorte qu'on peut l'augmenter à son gré. On conçoit que, si un ouvrier est spécialement chargé du travail du lissoir, il peut pousser le carton en avant ou en arrière, à droite ou à gauche pour qu'il soit lissé sur toute sa surface. On remplace, avec la même facilité qu'il peut être possible d'obtenir, tout ce travail, par une machine qui porte successivement tous les points de la feuille de carton sous l'action du lissoir; ce qui a été exécuté avec succès.

Le laminoir est beaucoup préférable au lissoir; le travail s'y fait avec plus de régularité et de facilité, surtout lorsqu'on emploie des cylindres de papier. Deux ouvriers sont placés l'un d'un côté du laminoir, l'autre de l'autre et se regardant en face : l'un des deux ouvriers, qui a le tas de cartons à côté de lui, sur sa droite, prend une feuille la présente entre les deux premiers cylindres, l'autre ouvrier la reçoit et la fait passer entre le second et le troisième, la feuille qui tombe devant le premier ouvrier, est reçue par un aide qui les remet en tas. Le premier ouvrier place une seconde feuille, aussitôt que la première est prête à s'échapper, et au moment où elle va s'engager, le second ouvrier engage entre les deux cylindres inférieurs, la feuille qu'il a reçue. Ce travail fait avec intelligence et promptitude, tient continuellement les trois cylindres à une égale distance et la pression est régulière dans les deux sens. Personne n'ignore que la pression est d'autant plus grande que les cylindres sont plus rapprochés ; des vis de pression qui appuient sur les deux tourillons du premier cylindre, et qui marchent en même temps, font abaisser ou relever les deux tourillons de la même quantité, de sorte que la distance qui sépare les cylindres est toujours parallèle.

Les cartons les plus minces, c'est-à-dire ceux qui pèsent une livre, sont laminés une fois ; nous entendons par une fois l'allée et le retour. Ceux qui pèsent deux livres, sont laminés deux fois, et voici comment : la première fois le laminoir a ses cylindres rapprochés de manière que le carton passe avec une légère peine, et lorsque tout le tas est passé, on rapproche légèrement les cylindres, et on repasse tout le tas une seconde fois sans toucher aux vis de pression. On agit de même pour ceux de trois, de quatre et de cinq livres qu'on lamine trois, quatre et cinq fois. A moins de commande expresse, on n'en fait pas de plus lourds que de cinq livres.

Comme on a laminé ces cartons avant qu'ils fussent parfaitement secs, ils ne le sont pas encore après le laminage; on les place à l'étendoir couchés sur les cordes jusqu'à ce qu'ils ont acquis le dernier degré de sécheresse. Alors on les soumet de nouveau au laminoir après avoir rapproché suffisamment les cylindres, ce qui leur donne beaucoup de douceur, en achevant de les polir.

On passe dessus une couche de colle d'amidon ou de fécule de pommes de terre dans laquelle on a fait dissoudre un peu de savon blanc. On forme d'abord la colle de fécule à l'ordinaire, on la laisse un peu épaisse sans pour cela qu'il y ait excès; pendant ce temps on fait dissoudre du savon blanc dans de l'eau chaude, deux onces dans un litre d'eau, on verse cette savonnade bouillante petit à petit dans la colle qui est encore sur le feu et bien chaude, on délaie bien avec une spatule jusqu'à ce que la colle ait acquis la fluidité nécessaire.

Il y a des fabriques où l'on emploie le vernis des relieurs. La recette que nous allons donner a été empruntée au célèbre Tingry.

On met dans un matras à col court, d'une contenance au moins de six livres d'eau, six onces de mastic en larmes, et trois onces de sandaraque en poudre fine. Avant de les introduire dans le matras, on les mêle avec quatre onces de verre blanc grossièrement pilé, dont on aura séparé la portion la plus fine par un tamis de crin croisé; on y ajoute trente-deux onces d'alcool pur de 36 à 40 degrés de l'aréometre de Baumé. On place le matras sur une couronne de paille, dans un plat rempli d'eau, et l'on expose le tout à la chaleur. On a eu soin de préparer un bâton de bois blanc arrondi par le bout, et d'une plus grande longueur que la hauteur du matras, afin qu'on puisse agiter facilement les substances mises en digestion dans le matras. On soutient l'ébullition de l'eau pendant environ deux heures.

La première impression de la chaleur tend à réunir les résines en masse; on s'oppose à cette réunion en entretenant les matières dans un mouvement de rotation, qu'on opère facilement avec le bâton, sans bouger le matras. Quand la solution paraît assez étendue, on ajoute trois onces de térébenthine, qu'on tient séparément dans une fiole ou dans un pot, et qu'on fait liquéfier en la plongeant un moment dans le bain-marie. On laisse encore le matras pendant une demi-heure dans l'eau; on le retire enfin, et l'on continue d'agiter le vernis jusqu'à ce qu'il soit un peu refroidi. Le lendemain on le soutire et on le filtre au coton, par ce moyen il acquiert la plus grande limpidité.

L'addition du verre peut paraître extraordinaire, cependant l'expérience prouve que l'on doit insister sur son usage. Il divise les parties dans le mélange qu'on fait à sec, et il conserve cette prérogative lorsqu'il est sur le feu; il obvie aussi avec succès, à deux inconvéniens qui font le tourment des compositeurs de vernis : d'abord, en divisant les matières, il facilite et augmente l'action de l'alcool; en second lieu, il trouve dans sa pesanteur qui surpasse celle des résines, un moyen sûr pour obvier à l'adhérence de ces mêmes résines dans le fond du matras, ce qui colore le vernis.

Soit qu'on ait opéré avec la colle d'amidon ou de fécule, soit avec le vernis, pour obtenir le brillant, on passe toujours le carton au laminoir, après qu'il a été parfaitement desséché. On coupe ensuite les cartons avec le rognoir selon les dimensions qu'on désire, avant de le livrer au commerce.

Le journal des Arts et Manufactures, publié sous la direction du Conseil des Arts et Manufactures, renferme un mémoire très-important sur la fabrication du carton pour l'emploi des manufactures de draps, que nous croyons devoir transcrire ici textuellement. Ce mémoire se trouve au tome 2, page 203 de ce journal qui est très-rare aujourd'hui.

Procédés employés à Malmédy, pays de Franchimont, pour la fabrication du carton propre à donner le lustre aux draps de laine.

L'usage dans les fabriques de draps, est de donner aux étoffes, lorsqu'elles ont subi toutes les préparations, le lustre qui semble ajouter à leurs qualités : les procédés sont les mêmes dans toutes les manufactures, en ce que l'on emploie des feuilles de carton; mais la fabrication du carton le plus propre à cette opération, n'est pas généralement connue, et ceux qu'on emploie ne sont pas tous à ce degré de perfection qu'ils doivent avoir pour donner ce fini, ce coup-d'œil qui rend le drap plus souple, plus achevé, et d'un débit plus facile.

Les cartons les plus recherchés sont ceux d'Angleerre et de Malmédy; ces derniers, surtout, passent parmi les fabricans de draps du Limbourg, pour surpasser les premiers en qualité. Jusqu'à présent on a fait un mystère des préparations et des manipulations particulières de cette cartonnerie; elles tiennent principalement aux soins de l'ouvrier, à la beauté du papier et à la colle qu'on emploie pour les unir, aux divers instrumens destinés au lissage ou poli, et à rendre le carton en quelque manière homogène, égal dans sa densité et son épaisseur.

Je parlerai seulement de la cartonnerie de Malmédy ;
cette fabrique appartenait autrefois aux religieux béné-
dictins de cette ville ; elle appartient aujourd'hui à un
riche manufacturier ; elle réunit une belle papeterie.

Les procédés pour le papier sont les mêmes que ceux
qui sont usités et que nous avons décrits : on a soin,
comme ailleurs, de bien diviser la pâte, de la faire
passer dans une cuve à cylindre à la manière hollandaise, et de triturer les chiffons en petits brins tellement divisés, que la pâte fasse un corps facile à l'étendre en feuilles.

Avant d'entrer dans quelques détails, je crois indispensable d'indiquer la méthode d'employer le carton
pour lustrer les draps, et d'énoncer l'effet qu'il produit
lorsqu'il est confectionné avec perfection.

Les fabricans de draps du Limbourg et autres pays
adjacens, placent pour lustrer les draps, une feuille de
beau carton dans chaque pli ; lorsque ces plis forment
une hauteur de quatre à cinq pouces, ils placent entre
deux cartons, épais de trois lignes et d'une pâte grossière, une plaque de tôle assez unie, qu'ils ont fait
chauffer dans un four préparé à cet effet, et où ces plaques sont séparées d'un pouce ou deux, et placées sur
champ : le degré de chaleur ne peut se déterminer ; il
faut éviter qu'elle soit en état d'incandescence pour préserver les draps, qui ne manqueraient pas d'être
brûlés, si elles étaient trop échauffées.

On répète l'apposition de ces tôles jusqu'à la hauteur
de cinq pieds : on met le tout sous la presse ; on les
laisse dans cet état quelques heures, qui varient dans
le nombre, à raison de la qualité et de l'épaisseur du

drap, et on renouvelle cette opération autant de fois que l'on a de nouveaux draps à lustrer.

Les fours pour chauffer les tôles sont d'une forme carrée, de la hauteur de trois pieds et demi, sur même profondeur et largeur; ils ont deux grilles, l'une pour soutenir les plaques, et l'autre inférieure à celle-ci, distante d'un pied et demi pour placer le combustible, qui est le bois, et sous celle-ci un intervalle indéterminé pour faciliter le courant d'air et faire l'effet du cendrier.

Le mécanisme et la construction de ces fours sont faciles et simples, comme on peut le juger.

L'effet de ces plaques est de répandre dans la masse du drap le calorique qu'elles contiennent, et celui des cartons est de disséminer également, et de faciliter le renversement des poils sur le tissu même des draps, de les coucher et les fixer de manière qu'ils ne se relèvent que difficilement, et de donner enfin à ce même tissu une souplesse, un moëlleux qui succèdent à la rigidité, à la sécheresse qu'il acquiert par le lavage et les autres préparations précédentes.

Pour juger de l'avantage qu'il y a à faire usage d'un carton bien fait et bien lissé, il faut porter son attention sur ce qui se passe dans cette opération; les poils ne sont couchés que par la pression et l'action du calorique, qui, se combinant avec une partie aqueuse qui se trouve logée dans le tissu, les forcent à se coucher et à conserver le pli assez long-temps.

Lorsque le carton est homogène, c'est-à-dire lorsqu'il est tellement fabriqué, qu'il se trouve dans toutes ses parties également poreux, le calorique agit alors de la même manière sur chacune des parties du drap. Cette opération produit le même effet que les fers à passer sur une étoffe. On sait que les corps différens et poreux, laissent passer différemment le calorique : il résulte de ces observations, que tout carton qui ne sera pas égal dans sa contexture, dans son ensemble, recevra inégalement ce fluide, le transmettra de la même manière; ensorte que son action n'étant pas uniforme, le drap ne sera plus également lustré, il conservera des plaques qui paraîtront des taches, il sera moins beau à l'œil, et l'opération sera manquée.

C'est pour cela que le soin des fabricans est de se procurer le plus beau carton, le plus lisse et le plus homogène.

Voyons à présent quelle est la méthode usitée pour le fabriquer dans toute sa perfection.

Je ne reviendrai pas sur le papier dont on se sert pour le fabriquer : tout papier fait avec soin, est propre à cet usage.

J'ai dit que les principales manipulations du carton consistaient dans la nature de la colle, dans les soins de l'ouvrier, dans le mécanisme employé pour le polir et à le rendre également poreux. Je vais entrer dans quelques explications sur chacune de ces opérations.

La colle dont on se sert se fait avec de l'amidon; la plus belle doit être préférée : cela doit être ainsi, d'après l'explication donnée sur l'effet du calorique que transmet le carton. On sent que si cette colle contenait des brins de son, des grumeaux, des matières grossières, elle rendrait par-là même le carton inégalement dense; il n'est donc point de corps plus propre à contribuer à cette densité égale que l'amidon, dont les parties étant très-fines et bien propres à se lier également, doivent nécessairement former une pâte fine et très-propre à cet usage.

Dès que les feuilles sont collées ainsi, on les superpose jusqu'à l'épaisseur d'une ligne et quelque chose de plus, on suspend le carton pour le dessécher, et avant d'obtenir une dessiccation complète, on passe les feuilles entre deux cylindres de cuivre, qui, dans leur mouvement de rotation, écrasent, pressent et font refluer les inégalités, et même l'excédant de la pâte ou colle dans les parties qui en contiennent moins : cette opération commence à donner une épaisseur plus égale à la feuille; on fait dessécher ensuite plus complétement, et on passe de nouveau la feuille entre les cylindres pour achever l'uniformité et la disparution des clous ou grosseurs des cartons, et les disposer par-là même au lissage.

C'est après ce travail qu'on fixe la feuille avec des crochets sur un châssis mobile, mis sur une tablette haute de trois à quatre pieds : une branche mobile, arrêtée par son extrémité la plus haute, est placée perpendiculairement sur le carton; à son autre extrémité est fixé par des liens en fer, un caillou du Rhin agathisé, extrêmement dur, facile à acquérir le poli. C'est par cette branche, mue par le mécanisme d'un moulin, que se fait, par un mouvement de va-et-vient, le frottement du caillou contre la feuille, et c'est par ce passage successif, depuis un bout de la feuille à l'autre, qu'on opère le lissage qui finit par abattre et effacer les aspérités du carton.

La tablette est faite de manière que le mouvement de la branche fait avancer à chaque passage la feuille et le châssis sur lequel elle est placée, uniformément de trois à quatre lignes de chemin. On repasse plusieurs fois la feuille si on le juge à propos, pour obtenir un plus beau poli ; mais il faut bien remarquer que ce n'est pas le lissoir seulement, mais la perfection même du carton et la nature de la colle, qui contribuent à le rendre éminemment propre à donner le lustre aux étoffes (1).

Tous ces mouvemens sont opérés par une roue mue par un courant d'eau. Telle est l'opération faite à Malmédy pour préparer les cartons propres à lustrer les draps de laine. Nous n'avons pas en France de pareilles fabriques ; il serait intéressant d'en établir : cet objet, qui paraît minutieux, est très-important ; nous tirons nous-mêmes en grande partie d'Angleterre les cartons destinés à cet usage ; il serait instant de nous approprier cette industrie.

Observations.

Nous croyons devoir suppléer au silence de l'auteur du mémoire qu'on vient de lire sur les détails des manipulations qu'on emploie pour coller les unes sur les autres des feuilles dont l'ensemble donne l'épaisseur des cartons.

L'atelier contient une forte presse avec son cabestan, une forte table et quelques planches de bois dur, bien lisses et bien unies. Après avoir préparé sa colle, le mieux qu'il lui est possible, et l'avoir délayée au point convenable en consistance d'une crême légère, pendant qu'elle est encore tiède, l'ouvrier la passe au travers

---

(1) L'instrument dont l'auteur vient de donner une idée, n'est autre chose que le lissoir que nous avons décrit plus haut, page 141.

d'un tamis de crin, afin d'en séparer tous les pâtons et tout ce qui n'a pas été bien dissous. Il reçoit cette colle dans un grand vase de terre vernissé.

Il a mis en tas d'avance ses feuilles de papier sur une des planches dont nous avons parlé dans l'ordre que nous allons indiquer, et pour nous rendre bien intelligible, nous allons prendre un exemple. Supposons que chacun des cartons doive avoir douze feuilles pour atteindre l'épaisseur désirée, voici comment il opère :

Il pose sur la planche une feuille de papier gris, puis par-dessus treize feuilles de celles qui doivent former des cartons. Il pose, par-dessus la treizième feuille, une bande de mauvais papier d'un à deux pouces de large. Il continue à superposer ses feuilles de treize en treize en les séparant toujours par une bande de papier, jusqu'à ce qu'il ait atteint une hauteur convenable pour former une bonne pressée. Le nombre de feuilles qui doivent composer le dernier tas, c'est-à-dire celui qui est au-dessus n'est plus que de onze feuilles.

Il place, au milieu de la table, une des planches dont nous avons parlé; sur la gauche il met la planche qui porte le tas de papiers; sur la droite le vase qui contient la colle préparée, afin d'avoir tout à sa portée. Alors à l'aide d'une brosse plate semblable à celle dont on brosse les habits, d'environ sept à huit pouces de long, sur deux à trois pouces de large et dont les poils ont trois pouces de long, il colle ses papiers comme nous allons l'expliquer. Sur la surface supérieure de la brosse est une bande de cuir sous laquelle il passe la main afin de la tenir d'une manière inébranlable.

L'ouvrier, après avoir mouillé avec de l'eau pure la surface de la planche qui est placée sur la table, à l'aide d'une éponge, commence par poser dessus une ou deux feuilles de papier gris qu'il étend bien avec la main. Cette disposition est nécessaire pour que ces feuilles ne se collent ni avec la planche, ni avec celles qu'il superpose. Alors il prend de la main gauche la première feuille du tas, il l'étend sur la feuille de papier gris, et tenant la brosse de la main droite, il la plonge légèrement sur la surface de la colle, afin de n'en prendre que très-peu, environ une ligne d'épaisseur. Il passe de suite la brosse ainsi humectée sur toute la surface de la feuille : de suite, et sans quitter la brosse, il prend de la main gauche la seconde feuille qu'il étend à l'aide de la brosse sur la colle de la première, en prenant de nouvelle colle toutes les fois qu'il en a besoin, Il continue de même jusqu'à ce qu'il aperçoit la bande de papier, alors mettant de côté cette bande de papier, il prend deux feuilles de la main gauche et les porte ensemble, sans les déranger, sur la onzième feuille.

On conçoit sans peine que puisqu'il ne passe pas de la colle entre ces deux feuilles, elles ne peuvent pas se coller, et le carton aura douze feuilles. Il continue de même et avec les mêmes précautions jusqu'à ce qu'il ait achevé de coller son tas.

Dans cette manipulation l'ouvrier a plusieurs choses à observer; 1° de ne pas employer plus de colle qu'il n'en faut pour mouiller la feuille sur toute sa surface; 2° de superposer toutes les feuilles exactement l'une sur l'autre, de manière qu'aucune ne dépasse d'aucun côté celle qui est au-dessous; il doit agir comme le *leveur*, lorsque dans la fabrication du papier, il arrange ses feuilles en *porses blanches*; 3° il doit avoir constamment de l'eau un peu plus chaude que tiède, qu'il verse de temps en temps dans la colle au fur et à mesure qu'elle s'épaissit, en la broyant pendant quelque temps avec une spatule jusqu'à ce qu'il lui ait rendu sa fluidité première.

Lorsque le tas est entièrement collé, il pose dessus une planche semblable à celle sur laquelle il repose, après avoir mis sur le tas une feuille de papier gris, et avoir mouillé la planche avec une éponge sur la surface qui va toucher le papier gris. Il place alors le tas sur le tablier de la presse, et il serre la vis légèrement. Il augmente la pression petit-à-petit, et ce n'est qu'au bout de vingt-quatre heures qu'il peut sans danger donner une forte pression, même en faisant usage du cabestan.

Après avoir laissé le carton douze heures sous cette pression, il desserre la presse, retire le tas, et sépare les cartons avec facilité. Alors il les met à sécher soit en les posant à plat sur les cordes de l'étendoir, soit en les suspendant aux cordes par des petits crochets en fil de laiton. Les opérations subséquentes comme l'auteur les a indiquées.

Des différentes sortes de Cartons.

On distingue dans l'art du cartonnier plusieurs espèces de cartons relativement aux matières qui entrent dans leur composition et aux procédés de leur fabrication. On les classe en trois espèces différentes.

La première espèce comprend les cartons formés par la réunion de plusieurs feuilles de papier collées ensemble : on les nomme *cartons de pur collage*. Ce sont ceux, par exemple, que l'on frabrique à *Malmédy*, dont nous venons d'indiquer les manipulations.

La seconde comprend les *cartons de pâtes primitives*, c'est-à-dire, de pâtes tirées des chiffons grossiers préparées et employées de la même manière que celles qui servent à la frabrication des papiers ordinaires : ce sont les *cartons de moulage en pâtes primitives*. Nous en avons décrit les manipulations au commencement de ce Chapitre, et l'on doit avoir remarqué qu'on en fabrique de deux sortes, l'une avec une forme qui donnerait une feuille de papier épaisse, comme le carton le plus mince, mais qu'on rend épais au point convenable, en plaçant les unes sur les autres un nombre suffisant de ces feuilles sans interposition de feutre, jusqu'à ce qu'on ait atteint l'épaisseur voulue. On place alors un feutre pour séparer le premier du second carton, et ainsi de suite. L'autre sorte se fabrique d'un seul coup à l'aide d'une forme dont la couverte est profonde et permet de retenir une assez grande quantité de pâte relative à l'épaisseur qu'on veut donner au carton.

La troisième espèce de cartons comprend ceux qui sont composés de rognures de papier, de vieux papiers qu'on délaie dans de l'eau, et qu'on réduit en pâtes pour la seconde fois, en les triturant dans la cuve à cylindre : ils se fabriquent de la même manière que ceux de la seconde espèce. On les nomme *cartons de moulage en pâtes secondaires*. Ces cartons sont ordinairement plus ou moins gris. On les couvre souvent d'une feuille de papier blanc, qu'on applique à la colle sur chaque surface, et qu'on termine ensuite par le lissage.

Procédé pour laver les argiles et les ocres.

On a deux ou trois cuviers qu'on place les uns au-dessus des autres en manière de marches d'escalier. Chacun de ces cuviers porte deux ou trois cannelles placées à des hauteurs différentes. Lorsque les cannelles sont ouvertes, le premier cuvier verse dans le second le liquide qu'il contient, et celui-ci, dans le troisième.

On jette dans le premier cuvier, c'est-à-dire le plus élevé, l'argile ou l'ocre dans leur état naturel ou un peu concassés, jusqu'à la hauteur du tiers du cuvier. On remplit le cuvier d'eau pure jusqu'à environ la moitié; on laisse tremper pendant deux ou trois jours, jusqu'à ce que l'argile soit bien délayée. Pendant ce temps on agite plusieurs fois avec un rable. Alors on achève de remplir le cuvier d'eau, on agite, avec le rable, trois ou quatre fois pendant vingt-quatre heures. Lorsqu'on s'aperçoit que le tout est bien délayé, on laisse reposer pendant trois ou quatre minutes après la dernière agitation. Alors ou ouvre la cannelle supérieure, et on laisse écouler le liquide très-chargé de l'argile la plus fine, dans le second cuvier; le sable, les petites pierres restent au fond du premier cuvier. Lorsque le liquide ne coule plus, on ouvre la seconde cannelle, qui est plus bas, et on laisse couler tout ce qui peut s'échapper. Enfin on ouvre la troisième cannelle qui est au-dessus du marc et on laisse écouler tout ce qui reste au-dessus du marc sans l'atteindre.

En laissant reposer le liquide dans le second cuvier, on trouve au fond une matière fine, débarrassée des sables et autres parties insolubles, on la laisse parfaitement précipiter jusqu'à ce que l'eau surnageante est parfaitement limpide. Alors ou ouvre successivement les trois cannelles qui versent l'eau claire dans le troisième cuvier. Cette eau sert à une nouvelle opération en la versant sur l'argile nouvelle qu'on a placée dans le fond du premier cuvier.

Si, par cette première opération on ne trouve pas les argiles assez fines, on remplit le second cuvier d'eau, on agite comme on l'a fait dans le premier cuvier, on laisse reposer deux ou trois minutes, et en ouvrant successivement les trois cannelles, l'eau étant bien trouble, on la laisse écouler dans le troisième cuvier, comme on l'a fait dans le second. Alors on obtient une matière très-fine débarrassée de toutes les parties hétérogènes. C'est cette matière presque sèche, ou légèrement humide, qu'on emploie à raison de 25 pour cent au plus dans la fabrication des cartons, ou pour les ocres qui sont destinées à colorer les pâtes. C'est la même manipulation qu'on emploie pour le lavage des argiles dans les opérations du fabricant de belles poteries.

On jette les résidus qui se trouvent au fond du premier ou du second cuvier.

CHAPITRE IX.

Nous allons, dans ce Chapitre, passer en revue la série des opérations qui se succèdent dans une fabrique ordinaire de papier, en adoptant le nouveau système.

1°. On lave les chiffons, on les débarasse ainsi de toutes leurs saletés et on les trie ensuite selon leurs différentes qualités.

2°. On les blanchit ; mais quelquefois cette opération est remise à une autre période de la fabrication.

3°. On les effiloche à l'aide de l'eau par le cylindre effilocheur, jusqu'à ce qu'ils soient réduits en pulpe grossière, qui prend le nom de pâte. Dans cet état on continue le blanchîment au chlorure de chaux, pour l'achever plus tard dans une autre cuve à cylindre.

4°. On brise la pâte grossière par le cylindre raffineur à l'aide d'une quantité suffisante d'eau, jusqu'à ce qu'on ait obtenu une belle pulpe ou pâte. En cet état on achève le blanchîment par le chlorure de chaux.

5°. On verse la pâte dans la cuve à ouvrer dans laquelle on a versé la colle qui doit servir à coller le papier en le fabriquant. On fabrique le papier soit en recevant la pâte sur une forme garnie d'un chassis de toile métallique fine, et l'on obtient par ce moyen une feuille après l'autre à l'aide de trois ouvriers, *l'ouvreur,*

le coucheur et le leveur, ou bien on le fait à la mécanique en une feuille d'une longueur indéfinie.

6°. Ceux qui travaillent feuille à feuille les placent
sous l'action de la presse en *porses-feutres*, pour en
retirer la plus grande quantité d'eau possible.

7°. Les mêmes qui fabriquent feuille à feuille, retirent
les *porses-feutres* de la presse, enlèvent tous les feutres,
et les mettent de nouveau à la presse.

8°. Ceux-ci après les avoir retirées de la presse les
placent sur les cordes de l'étendoir, où ils ne les laissent
presque pas sécher; ils les remanient souvent par l'opération qu'on appelle *échange*, qui consiste à les *relever
et presser* plusieurs fois de suite pour adoucir le grain.
Par ces opérations répétées le papier se séche lentement.

9°. On examine les feuilles une à une pour les
trier, en retirer toutes celles qui sont défectueuses, les
cassées, celles qui ont des nœuds, des boutons, des
bourses, et autres défauts; on épure celles qui en sont
susceptibles, on met les autres au rebut.

10°. On forme avec les feuilles séches, de fortes
piles que l'on soumet à une pression considérable,
pour rendre le papier doux et lisse ; mais auparavant
on prend le papier, on en fait le partage, on le presse
de nouveau : faire le partage du papier, c'est mettre
la pile en bas, c'est-à-dire, la sortir de la presse, ôter
le papier feuille à feuille, et en former une autre sans
retourner les feuilles. On met, par ce moyen, de nouvelles surfaces en contact les unes des autres, ce qui
adoucit la surface du papier. Cette opération se nomme
échange à sec ; mais lorsqu'elle se fait à la huitième
opération, pendant que le papier est encore humide,
à l'imitation des Hollandais, le papier est infiniment

plus beau, d'un superbe mat, sans être lissé, et celui qui est destiné à l'écriture présente une surface parfaitement unie, sur laquelle la plume glisse, sans rencontrer aucune aspérité qui l'arrête et la fasse cracher.

11°. Enfin, le papier porté à ce point est entièrement confectionné; il ne reste qu'à le mettre en mains et rames pour le livrer au commerce. Pour cela on compte les feuilles une après l'autre, on en fait des paquets de 25 feuilles qu'on appelle *mains*, et de 20 mains qu'on réunit en un seul paquet on en fait une rame. On soumet encore ces rames à une forte presse, afin de leur faire occuper un moindre espace.

CHAPITRE X.

DE L'ART DU FORMAIRE.

Quoique l'art du *formaire* ne soit pas exercé directement par le fabricant de papier, il est cependant une branche importante de la papeterie, puisque dans les grandes manufactures, on y rencontre toujours au moins un ouvrier spécialement chargé de faire les formes nécessaires pour fabriquer le papier et le carton à la cuve. C'est par cette raison que nous pensons devoir placer ici l'art du *formaire*, c'est-à-dire de celui qui fait les *formes à papier* comme faisant partie de l'art de la papeterie.

Nous ne pouvons rien dire de mieux qu'en transcrivant l'art du *formaire* que nous avons fourni au *Dic-*

tionnaire technologique, et qu'on lit à la page 508, du tome 15.

On donne le nom de *formaire* à l'ouvrier dont le principal ouvrage consiste à fabriquer les *formes* dont on se sert dans les papeteries pour fabriquer le papier.

Une *forme* est composée : 1°. d'un chassis traversé par plusieurs liteaux minces qu'on nomme *pontuseaux*, et qui sont assemblés à tenons et mortaises avec le cadre ; 2°. d'une toile métallique qui recouvre le chassis en entier ; 3°. d'un cadre léger qui recouvre le chassis. La *forme* est véritablement le moule du papier. Décrivons chacune de ces pièces en particulier.

1°. Les quatre tringles de bois qui forment le châssis doivent être prises dans du bois dur, et préparées de manière qu'elles ne soient pas sujettes à se déformer, c'est-à-dire à se voiler dans aucun sens. On choisit pour cela le chêne, et l'on prend les planches dont le fil est bien droit, sans nœuds et sans défauts. On laisse d'abord tremper ces planches dans l'eau, pendant long-temps, et après les avoir laissées bien sécher à l'ombre, on les débite en liteaux d'environ 23 millimètres (10 lignes) de large, sur une épaisseur de la moitié de cette largeur. Quant à la longueur, elle varie selon les dimensions du papier qu'elles doivent servir à fabriquer ; car chaque dimension de papier, et il y en a un grand nombre, nécessite une *forme* particulière. Après avoir débité ces planches en tringles, on les fait tremper dans l'eau pendant long-temps, on les retire de temps en temps, et on les fait sécher alternativement. Par ce moyen, on les empêche de se déformer.

On a reconnu qu'on obtient un plus prompt et plus grand avantage, en faisant macérer, pendant quelque temps, le bois débité dans de l'eau chaude, et mieux encore dans un bain de vapeur d'eau bouillante. C'est ainsi qu'on prépare à Mirecourt les bois nécessaires pour les instrumens de musique qu'on y fabrique.

Lorsque les bois sont bien préparés et bien secs, le formaire les travaille à la varlope et au rabot, par les mêmes procédés que le menuisier, et il les réduit à la largeur et à l'épaisseur voulues, selon l'étendue de la *forme* qu'il veut faire, c'est-à-dire pour les *formes* d'une dimension moyenne de 18 millimètres (8 lignes) de largeur sur 9 millimètres (4 lignes) d'épaisseur. La dimension intérieure des *formes* est d'environ 9 millimètres (4 lignes) plus grande, dans les deux dimensions, que la feuille de papier qu'on veut produire.

La *forme* à papier est un rectangle, dont deux côtés parallèles sont plus grands que les deux autres. Le formaire les assemble à leurs bouts, par un des *assemblages* qu'emploie le menuisier, soit à *tenons* et *mortaises*, soit en *enfourchement*, soit à *demi-bois* : l'importance consiste dans sa solidité. Avant d'assembler ces quatre liteaux, et surtout avant de les fixer, il est important de percer, dans les longs côtés, deux, souvent trois ou quatre mortaises pour recevoir les tenons que portent les *pontuseaux*. Enfin, l'ouvrier donne une forme un peu convexe aux deux longs côtés du chassis, et une forme au contraire un peu concave aux deux petits côtés.

On emploie ordinairement le sapin qu'on appelle de Hollande, pour faire les *pontuseaux*; ce sont des liteaux de 9 millimètres (4 lignes) d'épaisseur; leur hauteur est telle, qu'elle ne dépasse pas la hauteur des bords des liteaux qui constituent le châssis de

la *forme*. Les pontuseaux sont destinés à soutenir la
toile métallique dont nous allons parler ; afin qu'elle
soit sur un même plan dans toute son étendue. Ils ont
la forme d'une lame de couteau , dont le dos est épais
de 7 à 9 millimètres (3 à 4 lignes) au plus avec les
angles abattus ou arrondis de ce côté, et un millimètre
au plus du côté de leur tranchant , ce côté ne devant
pas empêcher l'eau de s'écouler uniformément sur toute
l'étendue de la *forme*. On dispose à chaque bout du
pontuseau les tenons qu'on doit ajouter dans les mortaises déjà préparées.

On monte toutes ces pièces, et on les fixe, soit avec
des chevilles de bois , soit avec des clous d'épingle en
laiton , car on doit en bannir le fer qui , sujet à la
rouille, tacherait la pâte du papier. Dans cet état, l'assemblage de toutes ces pièces, se nomme *fût de la forme*.

2°. La toile à fabriquer est la seconde opération du
formaire. Il prend le fût préparé , et perce sur la surface supérieure d'un de ses grands côtés, et au-dessus
du tenon de chaque *pontuseau*, autant de trous qu'il
y a de *pontuseaux*. Il place une cheville dans chacun
de ces trous ; il perce de même des trous semblables
sur le même grand côté , entre la distance qui sépare
les deux pontuseaux , et celle qui sépare un *pontuseau*
d'un des petits côtés. Ces trous, ainsi que les mortaises
qui doivent recevoir les tenons des *pontuseaux* , doivent
être disposés de manière que la distance entre eux soit
uniforme et d'environ 27 millimètres (un pouce).
L'ouvrier place dans chaque trou une cheville dans
laquelle il engage deux fils de laiton très-fins et très-
déliés , qui sont roulés chacun sur une petite bobine
séparée ; ces fils s'appellent *manicordion*.

Alors l'ouvrier, après avoir bien dressé les fils de
laiton qu'il destine à composer la toile, s'occupe de sa
formation, ainsi que nous allons l'indiquer. Il dresse
les fils, qu'on nomme *verjures*, à l'aide d'un instrument qu'on appelle *dressoir*, et dont le plus simple
est une table métallique, sur la surface de laquelle sont
implantées en quinconce deux rangées de chevilles en
fer bien poli, présentant une série de cylindres dont
les surfaces sont toutes, de chaque côté, sur une ligne droite, ce qui présente deux lignes droites parallèles à côté l'une de l'autre, ayant entre elles une distance égale à la grosseur du fil. Il coupe d'abord ses
fils de la longueur convenable et tous égaux, c'est-à-
dire de la longueur extérieure d'un petit côté à l'autre.

Le *formaire* alors place le fût à papier devant lui,
dans une situation inclinée; il présente un des fils de la
verjure dans l'espace que lui présentent les deux fils
du *manicordion* qu'il a séparés, et l'étend d'un bout à
l'autre du châssis. Il arrête ce fil de verjure, à l'aide
des deux fils du *manicordion*, en l'enveloppant par
l'un, en le passant du dedans au dehors, et par l'autre
du dehors au dedans. Il continue de la même manière
pour arrêter chaque fil de verjure qu'il place l'un devant l'autre, et fabrique, par ce moyen, une véritable
toile, de la même manière que le tisserand. En effet,
si l'on considère le *manicordion* comme la chaîne de
l'étoffe, et les fils de *verjure* comme la trame, on se
convaincra que ceux-ci sont enchaînés de la même
manière que dans la toile, à la seule différence près
que les fils de la chaîne sont distans l'un de l'autre de
27 millimètres environ. Le formaire pourrait faire la
toile métallique avec un métier comme le tisserand,

elle en serait plus promptement exécutée et plus regulière.

Lorsqu'il a rempli tout le dessus de la *forme*, il lie la toile avec les pontuseaux, à l'aide de fils très-déliés, qu'il passe dans des trous qu'il a pratiqués vers le tranchant des pontuseaux, à 27 millimètres (un pouce) de distance l'un de l'autre, et avec lesquels il enveloppe les verjures à ce point et au-dessus de la verjure.

Il fixe ensuite, par les bords, la toile sur le fût, par de petites bandes de laiton très-mince, qu'il cloue sur le cadre du châssis par des clous d'épingle en laiton. Ces lames servent non-seulement à fixer les bouts des verjures et du *manicordion* qui sont libres, mais même à empêcher les chevilles qui retiennent le *manicordion* à son origine, et à donner de la solidité aux assemblages des coins du châssis.

Pour les *formes* du papier vélin, le *formaire* ne fabrique pas ordinairement la toile, il la prend en pièces chez le fabricant de toiles métalliques; il la coupe de la grandeur convenable, et la fixe sur le châssis, de la même manière que nous venons de le dire pour les *formes* à papier, à verjures.

Il ne reste plus qu'à y placer les lettres et les marques de la fabrique, ce qui se fait avec le même fil du *manicordion*, en l'entrelaçant dans les fils de la verjure, de la même manière qu'il l'a fait pour construire la toile, mais en suivant les traces des lettres ou du dessin qu'on lui a donné. On fabrique toujours deux *formes* pareilles pour chaque dimension de papier.

3°. La troisième opération est celle du *cadre*, qu'on nomme ordinairement *couverte*, qui doit s'adapter aux deux *formes* qu'il doit couvrir de la même manière.

Cette pièce est prise du même bois qui a servi à faire le châssis du fût. Il a environ 18 millimètres (8 lignes) de largeur sur 9 à 11 millimètres (4 à 5 lignes) d'épaisseur. Elle doit excéder le châssis, en dedans, d'environ 4 millimètres (2 lignes) de chaque côté ; c'est une chose très-importante, afin que la pâte puisse s'égoutter, et que la feuille puisse facilement se détacher dans l'opération du *couchage*, sans être arrêtée par quelque obstacle qui, sans cela, pourrait la retenir par les bords.

La règle générale pour les *formes* à papiers ordinaires, c'est-à-dire les petites et les moyennes sortes peu épaisses, est qu'elles présentent autant de vide que de plein ; mais, pour les papiers plus épais et plus étoffés, on donne un peu plus de vide que de plein, et ce vide doit être proportionné à la grosseur du fil de verjure et à l'épaisseur que doit avoir le papier.

La grosseur de la verjure doit être proportionnée à la qualité de la pâte, car une pâte un peu longue exige une verjure plus grosse.

On doit avoir soin de tenir les *formes* bien propres, car la saleté, ou l'amas de la pâte dans quelques parties, détériore la qualité du papier.

Dans les machines à papier, on ne se sert pas de formes, comme nous l'avons dit en décrivant ces machines. On emploie une toile métallique sans fin. Cette toile est fabriquée en fil de laiton, par des tisserands qui s'occupent uniquement de ce travail : le papier qu'elles fabriquent est vélin ou sans verjures. Cette toile est de la plus grande largeur, et d'une longueur égale à deux fois la longueur de la partie de la machine sur laquelle le papier se fabrique. On l'ajuste par ses deux extrémités avec du même fil de laiton qui a servi à la fabriquer. Cette couture doit être faite avec le plus grand soin, afin qu'elle ne paraisse pas sur le papier fabriqué.

Cette toile vélin n'est pas portée par un fût en bois; elle est clouée par ses deux lisières sur des bandes de cuir sans fin, qui lui tiennent lieu de fût.

Dans la machine à papier pour laquelle M. Montgolfier a pris un brevet, le papier se fabrique sur des *formes* séparées, comme celles que nous avons décrites, et qui sont l'ouvrage du formaire. On en verra la description plus bas, au Chapitre XI, APPENDICE § 9, avant le Vocabulaire.

Dans les premières machines à fabriquer le papier, la toile métallique n'était point continue, elle était formée d'une série de *formes* en fer garnies d'une toile métallique. Ces *formes* étaient unies l'une à l'autre par des charnières placées à leur surface inférieure. De cette manière elles formaient une chaîne sans fin de *formes*, qui passaient continuellement sur de gros cylindres, dont un était placé à chaque bout de la machine. Lorsque la *forme* était arrivée à un bout, où elle se déchargeait sur le drap de la feuille qu'elle portait, elle s'inclinait sur ce cylindre pour parcourir horizontalement la surface inférieure. Arrivée à l'autre extrémité, elle rencontrait le second cylindre sur lequel elle tournait comme elle avait fait sur le premier, pour continuer à former la suite de la surface horizontale supérieure. Nous avons vu cette disposition dans la belle manufacture de M. Canson, à Vidalon-les-Annonay. Cette machine était très-bien exécutée, les *formes* partielles étaient si bien ajustées entre elles, qu'en les regardant même avec attention sur la surface supérieure, on n'aurait pas jugé qu'il y eût solution de continuité.

CHAPITRE XI.

APPENDICE.

Nous avons annoncé plusieurs fois, dans le cours des descriptions qu'on vient de lire, que nous réunirions dans un seul Chapitre divers objets dont la connaissance est indispensable au fabricant de papier, et pour lesquels nous ne pouvions pas entrer dans de grands détails sans nuire à la clarté et à la précision que nous avions pour but de conserver. Ces digressions nous auraient trop souvent éloigné de notre sujet principal, et nos descriptions se seraient trouvées suspendues et interrompues par des objets sans doute très-importans, mais que le lecteur pourra lire sans interruption. Il peut regarder cet Appendice comme renfermant des notes explicatives de ce qu'il aura lu dans le Traité qui précède. Nous avons placé chaque article dans un paragraphe particulier que le lecteur trouvera facilement en consultant la table des matières. C'est seulement en lisant le second volume qu'il aura recours à l'Appendice pour obtenir des renseignemens plus étendus sur des parties que nous avons été obligé d'abréger dans l'ouvrage. Cet Appendice le dispensera d'avoir besoin de recourir à des ouvrages volumineux, et quelquefois assez rares. Il trouvera sous sa main tout ce qui pourra lui être nécessaire pour connaître parfaitement ce qui peut l'intéresser,

§ Ier. Description de la Presse hydraulique.

Nous ne saurions mieux faire pour donner une idée exacte de cette admirable machine, qu'en transcrivant l'article *Presse hydraulique* de M. Francœur, inséré dans le *Dictionnaire Technologique*.

« On attribue à Pascal l'invention de cette machine, parce qu'il a découvert le principe sur lequel elle est fondée ; mais la vérité est que ce théorème était resté, jusqu'à nos jours, sans application à la mécanique usuelle, parce qu'on n'avait pas trouvé le moyen de coercer un liquide enfermé dans un vase clos de toutes parts, quand on exerçait une pression énergique sur ce fluide, à l'aide d'un piston. Le liquide se faisait jour par les joints du piston, et fuyait sous la pression. Le véritable inventeur de la presse hydraulique, celui qui, le premier, en fit une machine utile, est Bramah, artiste anglais qui réussit à fermer toutes les issues, même quand l'action produite était énorme. Ainsi Pascal est l'homme de génie qui enleva à la nature le secret de la loi suivant laquelle la pression se transmet à travers les fluides ; Bramah est l'artiste intelligent qui sut tirer parti de cette loi pour l'appliquer à nos besoins, en imaginant la *boîte à cuir*, qui est d'un usage si général dans tous les cas où un piston agit avec énergie sur un fluide.

« Rappelons ici le théorème de Pascal. Lorsqu'un vase est hermétiquement clos et rempli d'eau, si l'on pratique deux ouvertures circulaires aux parois, pour y introduire deux pistons à bases inégales quelconques, et ayant leurs axes dans des directions arbitraires, lorsque deux forces agiront sur ces pistons, elles seront en équilibre quand elles seront dans le rapport des bases. Si le vase est pourvu de cent pistons égaux, poussés par cent forces égales, l'équilibre existera encore, en sorte qu'une seule de ces forces suffit pour faire équilibre aux quatre-vingt-dix-neuf autres; et si l'on réduit toutes ces dernières à une seule force égale à leur somme, et leurs pistons à un seul dont la base soit la somme des bases, la première force résistera à cette dernière, et fera équilibre à une puissance quatre-vingt-dix-neuf fois plus grande, agissant sur une base quatre-vingt-dix-neuf fois plus étendue.

« D'après cela, si un poids de 20 kilogrammes pousse un piston d'un centimètre de diamètre, il fera équilibre à un poids de 2,000 kilogrammes, agissant sur un autre piston ayant un décimètre de diamètre; car les bases sont comme les carrés, ou comme 1 est à 100. Ainsi, un kilogramme appliqué au petit piston en soutient cent, qui poussent le grand; vingt kilogrammes deux mille. On peut augmenter beaucoup ce rapport, en diminuant l'une des bases et faisant croître l'autre; et même en faisant agir le poids qui presse le petit piston, à l'aide d'un long bras de levier, c'est ce qui sera expliqué plus loin.

« Maintenant, supposons que la tige du grand piston soulève un plateau sur lequel on aura placé un corps, et qu'un autre plateau inébranlable soit disposé au-dessus de ce corps, la pression que, dans notre exemple, nous avons vu être de 2,000 kilogrammes, se transmettra aux plateaux et au corps interposé, et cette transmission suivra la loi des surfaces. Ainsi, en supposant que l'aire occupée par le corps sur le plateau soit équivalente à un carré de trois décimètres (1 pied) de côté, la surface sera de neuf décimètres carrés, et chaque centimètre carré portera le poids du neuf-centième des deux mille klogrammes ou deux kilogrammes et deux neuvièmes. Comme les pressions produites par la presse hydraulique sont énormes, pour éviter les grands nombres on est dans l'usage de les exprimer en atmosphères, à raison d'un kilogramme par centimètre carré de surface : la pression serait, dans notre exemple, de deux atmosphères et deux neuvièmes. »

Nous ne nous attacherons pas à décrire ici la construction détaillée de cet utile appareil qui est assez connu ; nous aurons atteint notre but en en faisant apprécier l'usage. Ceux de nos lecteurs qui désireraient des détails plus étendus, les trouveront dans l'ouvrage sur les filatures de coton anglaises, par MM. Motard jeune et Leblanc, et surtout dans les planches 11 et 12 du recueil de M. Leblanc, pour les machines d'agriculture.

La presse hydraulique, construite presque tout en fer et d'une solidité à toute épreuve, se compose de deux cylindres verticalement placés l'un à côté de l'autre, communiquant entre eux par le bas. Ces deux cylindres renferment chacun un piston dont les diamètres diffèrent considérablement entre eux, dans un rapport tel que l'exige la pression que l'on veut obtenir. Le petit piston plonge dans un baquet plein d'eau limpide, il est mu par un levier, plus ou moins long selon les circonstances, et la longueur de ce levier sur lequel s'exerce la puissance, est un des élémens qui donnent la pression.

Le grand cylindre, au fur et à mesure qu'il s'élève, exerce une pression énorme dont il est facile de calculer l'action, comme nous allons le démontrer. Voyons d'abord comment agit cette machine.

Dans l'exemple qu'a choisi M. Francœur, il a supposé
que le petit piston a un centimètre de diamètre, et le
grand piston, un décimètre; il a supposé de plus qu'un
poids de 20 kilogr. s'exerce directement et sans intermédiaire sur le petit piston. Ces deux forces sont donc
entre elles comme 1 à 100, ce qui est exact; mais il n'a
pas continué ce calcul en introduisant le levier qui sert à
faire mouvoir le petit piston comme troisième élément
de ce calcul. Supposons, par conséquent, que la différence des deux bras du levier soit dans le rapport de
1 à 10, c'est-à-dire que le petit bras qui pousse le petit
piston ait un décimètre, et que le grand bras, à l'extrémité duquel s'exerce la puissance, soit de dix décimètres
ou un mètre de long, alors cette puissance exercera une
pression dix fois plus forte, et 20 kilogrammes sup-
posés dans la force motrice, produiront une pression de
20 mille kilogrammes.

En élevant le levier, le petit piston aspire l'eau dans
la bâche, et en baissant ce même levier, le petit piston
la refoule sous le grand qui s'élève d'une petite quantité;
alors la pression commence, et elle devient d'autant plus
considérable, que l'on peut introduire une plus grande
quantité d'eau sous le grand piston. Cette pression, fondée sur les lois immuables de l'hydraulique, et sur l'in-
compressibilité de l'eau, a des limites qu'on ne peut pas
passer sans danger.

« On sait qu'il arrive souvent des accidens funestes
par la rupture des cylindres des presses hydrauliques,
lorsqu'on ne règle pas la pression sur la force de la machine. M. *Murray*, célèbre mécanicien anglais, a remé-
dié à cet inconvénient par l'emploi d'un régulateur,
qui indique les différens degrés de pression qu'on veut

obtenir, ainsi que le point où il faut s'arrêter. Ce régulateur est composé d'un système de cylindres de différens diamètres, qui se meuvent dans l'eau, en sens contraire à l'action de la presse. Le dernier cylindre agit sur une colonne de mercure renfermée dans un tube de verre, et surmontée d'une échelle graduée, indiquant en poids la quantité de force qu'on veut produire. On peut utilement employer ce moyen pour la pression des draps, où une pression trop forte ou trop faible altère souvent la qualité et la couleur du tissu; on peut aussi s'en servir pour peser des fardeaux très-lourds. Dans la construction d'une presse hydraulique, on doit faire choix de bons matériaux, surtout d'une bonne qualité de fonte pour les cylindres; car c'est d'elle que dépendent la perfection et la sûreté de la machine. (*Bulletin de la Société d'Encouragement*, tome 15, page 4.) On voit dans ce bulletin la description de la machine avec figures.

« Il faut observer qu'ici, continue M. Francœur, comme dans toutes les machines, si une petite puissance résiste à une autre très-considérable, les espaces qu'elles parcourent sont en raison inverse de ces forces, abstraction faite des frottemens. Ainsi, lorsqu'on place un poids de 20 kilogrammes sur le petit piston d'un centimètre de diamètre, nous avons vu qu'il fait équilibre à 2,000 kilogrammes posés sur le piston qui a un décimètre, c'est-à-dire à une force cent fois plus grande; mais aussi lorsqu'on parvient à surmonter cette dernière, le chemin qu'elle parcourt n'est que le centième de celui que décrit la tige du petit piston. Le levier qui accroîtrait le poids et le rendrait décuple, rendrait aussi l'espace décrit par la puissance dix fois plus grand encore.

« Il s'ensuit qu'il faut un grand nombre de coups de piston pour imprimer un très-petit mouvement au plateau de la presse, et cela d'autant plus que la presse a plus de puissance. Voilà pourquoi l'axe du levier peut être changé à volonté. Dans le commencement de la compression, la substance cède facilement, et l'on n'a pas besoin de développer beaucoup de force, et par conséquent on peut fonctionner plus rapidement; on place l'axe plus loin. Mais à mesure que la compression s'opère, la résistance s'accroît, et il faut rapprocher l'axe de l'extrémité du petit bras du levier, afin de donner plus d'intensité à la puissance qui agit à l'extrémité du grand bras du levier.

« M. Saulnier, habile mécanicien de la Monnaie, a imaginé de faire le piston d'aspiration double, de manière à pouvoir faire agir chacun seul, ou tous deux ensemble, dans le même sens ou en sens contraire. Si ces pistons ont pour bases 3 et 2 centimètres, on voit que leurs actions simultanées produisent 5 quand elles agissent ensemble, ou bien 1, si c'est en sens contraire. Ainsi, il obtient des effets mesurés successivement par 1, 2, 3 et 5, et il peut, en variant les nombres, obtenir de la puissance la progression croissante qui s'accorde avec le degré de compression à obtenir.»

§ II. *Sur l'emploi et sur la construction des Cylindres en Papier.*

On lit dans le tome premier du Bulletin de la Société d'Encouragement pour l'industrie nationale, page 43, le mémoire que nous allons rapporter textuellement, et qui appartient à M. Bardel. L'auteur fait une observation que nous devons d'abord transcrire. Cette opération est relative au mot *cylindre*.

« Dans les fabriques, dit-il, on se sert indifféremment du mot *rouleau* ou de celui de cylindre; et ce dernier y est plus particulièrement en usage pour désigner tout l'ensemble de la machine qui sert à cylindrer.

« On se sert, comme on sait, pour lustrer les étoffes, de trois cylindres ou rouleaux, solidement ajustés dans un bâti, et placés les uns au-dessus des autres. Celui du milieu est en cuivre ou en fer fondu : l'acier et le fer forgé sont préférables; il est creux et reçoit dans son intérieur des boulons de fer chauffés au degré convenable. Les deux autres sont en bois ou en papier.

Cet assemblage de deux matières de consistance différente est indispensable, car des rouleaux de métal, tels qu'on en emploie pour les laminoirs, seraient trop durs et couperaient les étoffes.

On met ces rouleaux en travail par une manivelle à bras, un manége ou une roue mue par l'eau; on passe un bout de l'étoffe entre le rouleau inférieur et celui du milieu; on la repasse au même instant entre ce dernier et le rouleau supérieur, de manière qu'elle puisse se trouver engagée entre les trois rouleaux, et sortir par le côté opposé à celui où le travail a commencé.

Il y a, dans cette opération, pression, frottement et forte chaleur : c'est la réunion de ces trois moyens qui donne à l'étoffe de la fermeté et du lustre.

Les rouleaux de bois qu'on a employés long-temps à cet usage, et dont on se sert encore, parce que ceux en papier ne sont pas généralement connus, ont le défaut de ne pas résister à l'effort qu'ils éprouvent. Il arrive même souvent qu'au premier tour, un de ces

rouleaux vient à se fendre, et que la dépense assez
forte de sa construction est en pure perte.

C'est pour remédier à cet inconvénient que les rouleaux en papier ont été adoptés. Outre l'avantage qu'ils
ont de soutenir pendant plusieurs années un travail de
tous les jours, ils donnent aussi un lustre particulier
qu'on ne pouvait obtenir de ceux en métal.

Ainsi, si l'on passe la surface ouvragée d'une étoffe,
de manière qu'elle soit pressée sur le cylindre de métal,
on aura un lustre lissé à peu près semblable à celui
d'une toile cirée.

Si, au contraire, cette surface appuie sur le cylindre
en papier, on obtiendra un brillant qui, quoique moins
vif, fera ressortir tout le dessin du tissu ; tandis que,
de l'autre manière, tout sera confondu et écrasé par
l'action du rouleau de métal.

Cet ancien usage donnait à nos fabriques un désavan-
tage marqué, que l'introduction, en France, des rouleaux de papier a fait cesser.

Ils diffèrent encore de ceux en bois, en ce que ceux-
ci ne donnent point de lustre, que c'est seulement par
le rouleau de métal qu'on en obtient, et qu'ils impri-
ment leurs veines poreuses à la surface de l'étoffe
qu'ils touchent, ce qui est un défaut de plus.

Le bon effet qu'on a obtenu de ces cylindres a fait
changer le système de leur arrangement.

Nous avons dit qu'on plaçait un rouleau de métal
entre deux rouleaux de bois; cette méthode est en usage
pour les toiles, parce qu'elles n'exigent pas le même
lustre que les étoffes de soie, et qu'il y a de l'économie
à ne chauffer qu'un seul rouleau de métal. Les rouleaux
de papier ne sont, dans ce cas, préférables que par

leur durée. Mais il n'en est pas de même pour le lustre qu'il convient de donner aux étoffes brochées et satinées. Leur brillant doit avoir l'état pur de la soie, et la surface de ces étoffes, mise en contact avec celle d'un cylindre en métal, n'atteindrait pas ce degré de perfection.

Il en est de même pour les cartons destinés à lustrer les draps, et ce que nous venons de dire pour les étoffes de soie, s'applique également à eux.

Pour obtenir ce degré de perfection, on arrange différemment les rouleaux, ou plutôt on n'en emploie qu'un en papier, et deux en métal. Le premier est ajusté entre les deux autres; c'est sur lui que doit être engagée l'étoffe du côté où son dessin est apparent. Après ce passage, entre deux rouleaux seulement, elle est mieux lustrée que si elle avait été engagée entre les trois rouleaux, parce que celui en papier dépose son lustre sur l'étoffe, et que le rouleau supérieur lui en restitue, à chaque tour, autant qu'il en a perdu par le frottement de la pression.

Pour les cartons, on ne doit employer absolument que deux cylindres en papier, roulant l'un sur l'autre sans intermédiaire. C'est la méthode que pratiquent les Anglais.

Manière de construire les Cylindres en papier.

Ces cylindres sont composés de deux fortes plaques de cuivre ou de fer fondu, traversées dans le milieu de leur diamètre par un arbre en fer portant un tourillon à chaque bout.

Une de ces plaques doit être fixée ou retenue par une

embase à un des bouts de l'arbre ; l'autre est mobile et peut se serrer à volonté par le moyen d'un écrou à six pans, taraudé sur un pas de vis que porte l'autre bout de l'arbre.

Le papier dont on forme le cylindre doit être égal d'épaisseur, et de bonne qualité ; on le coupe en feuilles rondes d'un diamètre un peu plus grand que celui des plaques. On trouve dans quelques papeteries des papiers formés en feuilles rondes pour ces cylindres. On les enfile feuille à feuille sur l'arbre de fer, et la pression de ces feuilles s'opère au moyen de l'écrou par une forte clé en fer à deux bras.

Les feuilles sont préalablement mises sous presse entre des plaques de fer chauffées. Après cette opération, elles sont percées au milieu, à l'aide d'un emporte-pièce tranchant, de la forme du corps de l'arbre, de manière que l'arbre puisse entrer avec justesse dans leur ouverture.

L'arbre est rond ou carré : cette dernière forme est à tous égards préférable.

Dans le premier cas, et afin de retenir la masse de papier formée en cylindre, qui tournerait autour de l'arbre lorsqu'on voudrait s'en servir, on traverse les plaques et la masse de papier par trois boulons en fer à tête et à vis qu'on serre avec des écrous.

Dans le second cas, si l'arbre est carré, on se dispense d'employer les boulons ; les angles du carré de l'arbre étant suffisans pour retenir le papier par son centre.

Mais ces deux méthodes ont leur inconvénient ; les boulons qui traversent le papier produisent, là où ils sont placés, un corps plus dur.

Les angles de l'arbre carré en font autant, d'une manière cependant moins sensible, parce qu'ils sont plus éloignés de la circonférence du cylindre, d'où il résulte des inégalités de résistance et de pression, peu nuisibles, il est vrai, mais défectueuses pour le beau lustre qu'exigent les étoffes de soie.

Voici les moyens qu'on pourrait employer pour éviter ces défauts.

Faire construire un arbre rond, cannelé dans toute la longueur qui doit traverser le papier.

Former une ouverture au centre de chaque feuille, au moyen d'un emporte-pièce en fer ou fer à découper, dont la forme rentrerait dans les cannelures de l'arbre.

Les feuilles de papiers, enfilées par un arbre ainsi construit, se trouveraient suffisamment retenues par cette espèce d'engrenage, et l'on éviterait par là l'effet nuisible des boulons et des angles de l'arbre carré.

Cette construction n'a pas été employée, nous nous bornons seulement à la présenter ici comme un moyen de perfectionnement.

Le point qu'il faut atteindre pour obtenir de bons cylindres, est la forte pression du papier. Pour cet effet, on ne presse qu'une petite quantité de feuilles à la fois, et l'on en ajoute de nouvelles sur celles déjà pressées jusqu'à ce qu'on ait obtenu la longueur qu'on veut donner au cylindre.

On se sert, pour opérer cette pression partielle, de plusieurs rondelles de bois et de fer, les unes et les autres d'un diamètre plus grand que celui qu'on veut donner au cylindre. Celles en bois doivent avoir trois ou quatre pouces d'épaisseur; celles en fer trois ou quatre lignes. Elles sont percées au milieu suivant la forme ronde ou carrée de l'arbre.

Sur le sommier d'une forte presse, on place debout l'arbre du cylindre garni de la plaque de fer fixe qui lui sert de base; on y ajuste des feuilles de papier jusqu'à la hauteur de quatre ou cinq pouces seulement; on remplit ensuite la longueur de l'arbre restante avec les rondelles de bois dont on a parlé, en observant de les séparer chacune par une rondelle de fer, qui sert à les maintenir et à leur donner de la consistance.

Cela fait, on descend le manteau de la presse qui doit porter sur la rondelle supérieure, et l'on presse avec la plus grande force sur cet assemblage.

Après deux heures de pression, on presse encore, et lorsque le levier refuse, on laisse le tout en repos pendant quelque temps. Cette opération se répète en regarnissant l'arbre de nouvelles feuilles jusqu'à la hauteur convenable, et à mesure que leur quantité s'élève, on diminue le nombre des rondelles, en sorte que le point de pression soit toujours à peu près à la même hauteur.

Lorsque le papier est arrivé pressé jusqu'au pas de la vis pratiqué au bout supérieur de l'arbre, on se sert de l'écrou que l'on serre avec force sur la seconde plaque, au moyen de la clé à deux bras, ci-devant mentionnée.

Pour donner ce dernier degré de pression, la base carrée de l'arbre doit être placée et maintenue sur une pièce de fonte ou de fer forgé, au milieu de laquelle se trouve formée une ouverture qui reçoit cette base pendant qu'on fait agir l'écrou de pression.

La pièce ou le tas de fer carrée doit être scellée sur le sol de l'atelier, ou retenue par tout autre moyen, de manière à ce qu'elle ne cède point aux efforts des leviers de la clé.

On peut se servir, pour remplacer cette pièce de fer, des machoires d'un étau, mais il faut qu'il soit d'une très-forte dimension.

Le papier, ainsi pressé et comprimé, est très-peu élastique ; les feuilles prennent entre elles une telle adhérence, qu'elles forment un corps solide, et qu'on peut desserrer l'écrou sans que cette masse se soulève sensiblement. Cette circonstance donne la facilité d'ajouter de nouvelles feuilles, à mesure que celles déjà pressées éprouvent une réduction dans leur volume, et c'est ce qui arrive aux cylindres après quelques jours de service. On aperçoit alors que les feuilles se séparent et s'entr'ouvrent, et c'est le cas d'en ajouter de nouvelles; cette addition est répétée toutes les fois qu'on la juge nécessaire.

Lorsque le papier se trouve pressé entre les deux plaques ajustées sur l'arbre, on met le cylindre sur le tour où il doit être dressé avec la plus grande précision. Il faut être muni de plusieurs outils bien affutés, car la dureté que présente cette réunion de feuilles de papier fortement comprimées, les a plutôt émoussés que le fer et l'acier.

On doit observer que la circonférence du papier dépasse celle des plaques de deux ou trois lignes, afin que les cylindres en métal portent exactement sur le papier, et non sur les plaques.

Tous les mécaniciens de Paris et surtout M. Calla fabriquent très-bien ces sortes de cylindres.

§ III. *Du Chlore, de sa Préparation et de ses Propriétés.*

Cet article est extrait du *Dictionnaire des Drogues simples et composées*, par M. A. Chevallier, tome 2, page 68.

Le *chlore* est un corps combustible simple, découvert par Schéele, en 1771. Ce chimiste le nomma acide marin déphlogistiqué. En 1785, Berthollet, regardant ce produit comme un composé d'oxigène et d'acide muriatique, lui donna le nom d'acide muriatique oxigéné. Kirwan voulant abréger cette dénomination, lui substitua celle d'acide oxi-muriatique. En 1809, MM. Gay-Lussac et Thénard, d'après diverses expériences, conclurent que le gaz qu'on croyait composé d'oxigène et d'acide muriatique, pouvait être, d'après certaines considérations, regardé comme ne contenant pas d'oxigène. La publicité de cette idée conduisit M. H. Davy à faire des recherches sur la nature de cette substance, et à reconnaître, par suite de ces recherches, que l'acide marin diphlogistiqué de Schéele est un corps simple indécomposable. Le nom de *chlore* lui fut donné à cause de sa couleur jaune-verdâtre.

Un grand nombre de savans se sont occupés du chlore. Parmi ces chimistes, on compte Schéele, Kirwan, Berthollet, Guyton de Morveau, Ampère, Chénevix, Gay-Lussac, Thénard, Davy, etc. Quelques-uns d'entre eux firent de ce corps des applications particulières : Guyton de Morveau s'en servit pour la désinfection de l'air; Berthollet l'appliqua au blanchîment; on l'employa, dans quelques cas, comme agent thérapeutique, etc, etc.

Le chlore se prépare de la manière suivante. On mêle, et l'on introduit dans un matras 500 parties de sel marin décrépité, réduit en poudre fine, 125 parties de péroxide de manganèse des Cévennes, ou d'Allemagne, ou de Piémont, parfaitement pulvérisé; on ajoute ensuite au mélange 250 parties d'eau. Le matras doit avoir une capacité quatre fois plus considérable que ne l'exige le volume du mélange; on le place dans un bain de sable posé sur un fourneau. On ferme le matras avec un bouchon de liége dans lequel on fixe deux tubes; l'un recourbé en S, est destiné à introduire l'acide dans le matras; l'autre, doublement courbé à angles droits, est fixé dans le côté d'un bouchon du matras, et de l'autre dans un bouchon qui ferme un premier flacon à trois tubulures, et descend presque jusqu'au fond de ce flacon, contenant de l'eau destinée au lavage du gaz. Ce premier flacon supporte, par sa troisième tubulure, un second tube, semblable au premier, doublement courbé à angles droits, qui va se rendre dans un second flacon à trois tubulures comme le précédent, contenant de l'eau destinée à être saturée de chlore. Ce second flacon peut être suivi d'un troisième et d'un quatrième à trois tubulures, unis entre eux et les précédens de la même manière. Chacun de ces flacons porte dans la tubulure du milieu, un tube de sûreté qui plonge de quelques lignes dans l'eau, ouvert par en haut afin de prévenir l'absorption. Le dernier flacon n'a qu'une tubulure pour recevoir la branche du tube courbé à angles droits qui vient du flacon qui le précède. Ce flacon, au lieu d'eau, contient de la chaux délitée à moitié au moins de sa capacité; le tube s'y enfonce presque jusqu'au fond. Cette chaux est destinée à absorber le chlore qui ne se serait pas dissous dans l'eau contenue dans les flacons précédens. Le chlore absorbé par la chaux donne lieu à un produit (le chlorure de chaux) qui peut être employé au blanchiment et à la désinfection. L'appareil étant ainsi disposé, on ferme exactement toutes les jointures avec un lut préparé avec de la farine de graine de lin réduite en pâte, à l'aide de colle d'amidon. On recouvre le lut de bandes de toile enduites de blanc d'œuf, et saupoudrées de chaux; on laisse sécher les luts. On introduit ensuite, par le tube en S, et par petites portions, 5oo parties d'acide sulfurique à 66°; on laisse d'abord réagir, on chauffe ensuite peu à peu, et l'on continue de chauffer le matras jusqu'à ce que le dégagement du chlore soit terminé.

Les proportions d'acide, d'oxide et de sel que nous avons indiquées, peuvent donner du gaz en quantité suffisante pour fournir dix-huit litres de chlore liquide. C'est à l'opérateur à augmenter ou à diminuer ces doses, d'après la quantité de chlore qu'il veut se procurer.

On peut obtenir le chlore, en employant un mélange d'acide hydro-chlorique et d'oxide de manganèse dans les proportions suivantes : oxide de manganèse, cent parties; acide hydro-chlorique du commerce, deux cent vingt parties, en se servant du même appareil que celui que nous venons de décrire, que l'on connaît sous le nom d'appareil de Woulff, et en opérant de la même manière.

Voici ce qui se passe lorsqu'on prépare le chlore. Dans le premier cas, lorsqu'on emploie l'acide sulfurique, l'oxide de manganèse, le sel et l'eau, une partie de l'eau est décomposée. Il résulte, de cette décomposition, de l'oxigène et de l'hydrogène : l'oxigène s'unit au sodium du sel de cuisine, et l'hydrogène au chlore; il y a formation d'hydro-chlorate qui se trouve décomposé par l'acide sulfurique. Cet acide s'unit au protoxide de sodium, et met l'acide hydro-chlorique à nu; l'acide hydro-chlorique, dissous par la plus grande partie de l'eau qui a échappé à la décomposition, se trouve en contact avec le peroxide de manganèse, réagit sur cet oxide, perd son hydrogène qui s'unit à l'oxigène du per-oxide pour former de l'eau; le per-oxide devenu protoxide s'unit à l'acide sulfurique; le chlore mis à nu se dégage. Il résulte de cette opération des proto-sulfates de soude et de manganèse, de l'eau et du chlore (1).

Dans le second cas, l'acide hydro-chlorique se divise en deux parties : l'une, en ramenant le per-oxide de manganèse à l'état de protoxide, donne naissance à de l'eau, et passe à l'état de chlore; l'autre partie, non décomposée, s'unit au manganèse en partie désoxidé, et forme un hydro-chlorate. Il y a, d'après cette théorie, formation d'eau, d'hydro-chlorate de protoxide, de protoxide de manganèse qui reste en dissolution, et de chlore qui se dégage.

Le chlore existe dans la nature, non à l'état de liberté, mais en combinaison avec divers corps : uni à l'hydrogène, il forme l'acide hydro-chlorique, que l'on a rencontré près des volcans, dans quelques eaux et dans des mines de sel gemme; uni aux métaux, il forme des chlorures, etc.

Propriétés du chlore gazeux. Ce corps a une couleur

---

(2) La théorie du chlore qui a été le sujet de discussions scientifiques, peut s'expliquer de plusieurs manières. (Voyez l'excellent Traité de Chimie de M. Thénard, tome I.)

jaune-verdâtre, une odeur et une saveur désagréables.
Son poids spécifique a été à 2,4216. Il est impropre à
la respiration et à la combustion. Une bougie enflammée
étant plongée dans ce gaz, on voit bientôt la flamme
pâlir, rougir et disparaître. A l'état sec, comprimé
fortement, il ne se liquéfie point; cependant, M. Faraday a reconnu qu'on pouvait liquéfier le chlore sec
et gazeux, en le comprimant et le refroidissant tout-
à-la-fois. Exposé à une température très-basse, 50° il ne
change pas d'état.

A l'état humide, il se congèle au-dessus de zéro. Le
produit de la congélation a été considéré par MM. Gay-
Lussac et Thénard comme un hydrate qui, d'après
M. Faraday, est formé de chlore 27,7, et d'eau 72,3.
Cet hydrate, desséché et chauffé, se sépare en deux
parties; l'une qui n'est presque que de l'eau, l'autre du
chlore pur. Soumis à l'action d'une forte chaleur, le
chlore n'éprouve aucune altération. Mis en contact avec
l'hydrogène à la température ordinaire, dans un lieu
obscur, il n'y a pas decomposition : si le mélange, dans
les mêmes circonstances, est exposé à une lumière dif-
fuse, il y a union de ces deux corps, et formation d'acide
hydro-chlorique; si le mélange est au contraire exposé à
l'action directe de la lumière émanée du soleil, il y a in-
flammation et détonnation. Cette expérience n'est pas
sans danger; on doit, pour la faire, user de précaution. Le
même effet a lieu si l'on expose à une chaleur rouge
un mélange d'hydrogène et de chlore. Il y a, dans ces
deux cas, formation d'acide hydro-chlorique.

Le chlore est soluble dans l'eau; il communique à ce
liquide sa couleur, son odeur et sa saveur. La quantité
de chlore dissoute dans l'eau froide est plus grande que

celle dissoute dans de l'eau à un degré de température plus élevé, à 20°, sous la pression de 0m 76. Ce liquide dissout une fois et demi son volume de chlore.

Le chlore gazeux et l'eau saturée de chlore peuvent servir au blanchiment des toiles, fils, papiers, des estampes, à la désinfection de l'air, des matières animales en putréfaction, des eaux corrompues, etc.

Uni à la chaux, le chlore forme un combiné nommé *chlorure de chaux*, qui peut servir à la désinfection. Ce produit, exposé au contact de l'air, est susceptible d'être décomposé par l'acide carbonique. Cet acide s'empare de la chaux, met à nu de petites quantités de chlore qui agissent peu à peu, et qui sont employées à la désinfection, sans affecter sensiblement les organes, ce que fait le chlore dégagé en trop grande quantité. L'emploi du chlore, dégagé à l'aide des acides, est dû à Guyton de Morveau ; celle du chlore, des chlorures, fut proposée par MM. Mazuyer, Bories, et Labarraque qui fit de nombreuses et d'heureuses applications de ce moyen de désinfection. Ces applications valurent à ce pharmacien des récompenses qui lui furent décernées par deux sociétés savantes et par le gouvernement.

« Le chlore est mis en usage pour reconnaître la valeur réelle de l'indigo.

« Le chlore, comme désinfectant, peut être employé avec succès. La précaution qu'il y a à prendre pour tirer le plus grand parti de cette substance, consiste à ne faire à la fois que de petites fumigations, qui ne puissent pas nuire aux personnes qui se trouveraient placées dans l'appartement qui recevrait ce gaz destiné à desorganiser les miasmes contenus dans l'air. »

§ IV. *Du Chlorure de Chaux; sa Fabrication.*

Nous avons souvent parlé du chlorure de chaux ; nous avons engagé les papetiers à l'employer pour blanchir leurs pâtes et leurs chiffons ; mais nous n'avons pas encore décrit sa fabrication. Cependant, comme il peut être utile ou agréable aux manufacturiers de savoir comment on doit opérer pour obtenir ce produit en grand, nous avons consacré ce paragraphe à la description de ce genre d'industrie qui se rattache à l'art de fabriquer le papier. Le savant M. Robiquet a traité cette matière, avec le talent qui le distingue, dans le *Dictionnaire Technologique*, au mot Blanchiment *des toiles*, tom. 3. pag. 154 : comme nous ne pourrions donner rien de plus clair et de plus précis, nous allons transcrire cet article.

« La préparation du *chlorure de chaux* présente quelques difficultés, en raison du peu de solubilité de la chaux. Dans certaines fabriques on l'emploie simplement délayée dans l'eau, et dans d'autres on la combine à sec, mais cependant à l'état d'hydrate, c'est-à-dire éteinte à l'eau ; car la chaux, entièrement privée d'humidité, ne se combinerait pas. Ces deux méthodes sont également bonnes ; neanmoins, en géneral, les fabricans qui le préparent pour leur propre usage, donnent la préférence à la première ; ceux, au contraire, qui le font pour l'expédier, se servent de la seconde, et on en conçoit parfaitement les motifs. Dans l'un et l'autre cas, on commence par étendre la chaux avec une petite quantité d'eau, on la laisse se déliter parfaitement ; et lorsqu'elle est entièrement réduite en poudre, elle est propre à absorber le chlore, si l'on veut obtenir le chlorure. La manière de mettre ces deux corps en contact n'est point

indifférente : il semblerait d'abord que le moyen le plus
simple consisterait à faire passer du chlore au travers
d'une masse de chaux hydratée contenue soit dans un
tonneau, soit dans tout autre vase ; mais si l'émission
du gaz est rapide, l'absorption en est si instantanée, qu'il
se développe une chaleur considérable, et qui suffit à la
décomposition d'une portion du chlorure formé ; il se
dégage de l'oxigène, et il se produit de l'hydro-chlorate
de chaux, qui n'a aucune action pour le blanchîment.
Après avoir reconnu l'inconvénient qu'il y avait de
concentrer l'absorption du chlore sur un seul point, on
a cherché les moyens de présenter de nombreuses surfaces
à la fois. On a imaginé différens appareils propres à remplir ce but ; un des plus ingénieux est celui qu'on a fait
construire à Jouy ; il consiste en un tambour ou cylindre, garni intérieurement de rayons de bois étroits et
minces, et tournant autour d'un axe creux, à travers lequel le chlore pénètre dans le cylindre : par ce moyen
d'agitation, la chaux, continuellement exposée à l'action du chlore, s'en trouve bientôt uniformément saturée (1).

« Comme la consommation de chlorure de chaux est
bien plus considérable en Angleterre qu'en France,
on y fabrique le chlorure de chaux très en grand, et

---

(1) Cet appareil a été décrit avec soin par M. A. Chevallier
savant chimiste, et avec figure, dans son ouvrage intitulé, l'*Art de
préparer les Chlorures*.

Dans cet appareil, les rayons de bois étroits et minces divisent
continuellement la chaux pendant la rotation du tambour, et l'axe
creux est percé d'une infinité de trous par lesquels le chlore entre
pour se combiner à l'hydrate de chaux.

(*Note de l'auteur.*)

l'appareil que nous venons de décrire ne pourrait pas suffire. A Glascow, on se sert tout simplement de chambres construites en pierres siliceuses, dont les joints sont latés avec un mastic composé de parties égales de poix, de résine et de plâtre sec. A l'une des extrémités de la chambre est pratiquée une porte qui peut être fermée hermétiquement en l'entourant de lisières de drap, qu'on recouvre ensuite avec de l'argile. Une croisée ménagée de chaque côté permet de juger du degré de saturation par la couleur des vapeurs, et procure assez de jour pour qu'on puisse travailler dans l'intérieur quand on en a besoin. La porte et les croisées peuvent s'ouvrir à l'aide de cordes qui passent sur des poulies et communiquent à l'extérieur ; cette disposition est nécessaire pour renouveler l'air avant de pénétrer dans la chambre. Tout autour de cette chambre sont placées des tablettes en bois d'un pouce environ d'épaisseur, de 8 à 10 pieds de long et de deux pieds de large. Ces rayons, rangés les uns au-dessus des autres, jusqu'à la hauteur de cinq à six pieds, reposent sur des tasseaux qui laissent entre chacun un intervalle d'un pouce, afin que le gaz puisse avoir un libre accès sur la surface de l'hydrate calcaire, qu'on dépose en couches très-minces sur ces tablettes. Le tuyau de plomb qui apporte le chlore pénètre par la partie supérieure de la chambre, afin qu'il puisse se distribuer également dans toutes les parties de l'appareil.

« M. Welter a trouvé que le chlorure le plus saturé qu'on puisse obtenir par ce procédé, contient le double de la quantité de chaux nécessaire à la complète saturation du chlore, c'est-à-dire que c'est un sous-chlorure qui se forme dans ce cas ; et en effet, quand on le

traite par l'eau, il abandonne environ la moitié de la
quantité de chaux qu'il contient : la portion qui reste en
dissolution est un chlorure neutre.

« Quand on veut obtenir immédiatement le chlorure
liquide, alors on délaie l'hydrate de chaux dans l'eau,
on en fait une bouillie très-claire; on verse dans une
cuve couverte à laquelle est adapté un agitateur en
bois, on fait arriver le chlore à la manière ordinaire,
et on met l'agitateur en mouvement par un moyen mécanique. La combinaison s'effectue promptement et sans
perte, parce que la chaleur qui se dégage se répartit
sur une grande masse et devient insensible : on règle la
quantité de chaux d'après la proportion de chlorure
qu'on doit obtenir du mélange sur lequel on opère.

« On emploie, pour déterminer le degré de concen-
tration du chlorure de chaux, le même moyen que
pour le chlore. Je dois dire cependant que, dans ces
derniers temps, on a élevé quelques doutes sur l'efficacité de ce moyen, par rapport au chlorure : on a observé que plus une quantité de chlorure est étendue
d'eau, et plus il décolore de dissolution d'indigo, et on
a attribué cet effet à l'action de l'acide sulfurique sur
le chlorure. On prétend que cet acide met du chlore
en liberté, et qu'il s'en échappe d'autant plus que la
solution est plus concentrée, et que, par conséquent, il
n'y a qu'une portion du chlore qui agisse sur l'indigo.
M. Welter pense que la différence observée tient aussi à
ce que le chlore ne limite pas son action à décolorer
l'indigo; il continue d'agir sur le nouveau produit qui
résulte de cette action, en telle sorte qu'une quantité
donnée d'indigo peut détruire plus ou moins de chlore,
suivant la durée du contact. Il n'est donc pas indifférent

de faire peu à peu ou rapidement le mélange des deux dissolutions. Au reste, la méthode ordinaire suffit pour le blanchîment ; mais lorsqu'on a besoin, dans certaines opérations délicates de la teinture, d'agir d'après des données précises, alors on doit faire l'épreuve de la manière suivante :

« On essaie d'abord, par tâtonnemens, combien il faut de solution de chlore ou de chlorure pour décolorer une même mesure de solution d'indigo, puis on prend même quantité de ces deux dissolutions, et on les verse simultanément dans un même vase. Si la première expérience a été juste, dans la seconde, il ne doit y avoir excès ni de chlore ni d'indigo, la nuance reste verdâtre. L'excès d'indigo s'indique par la couleur, et l'on s'aperçoit de l'excès de chlore en ajoutant une gouttelette de solution d'indigo : si la couleur est détruite, il faut recommencer l'essai sur de nouvelles proportions ; si au contraire le bleu persiste, on aura atteint le but désiré. En suivant cette méthode que nous devons à M. Welter, on obtient des résultats fort exacts et comparables.

« Le chlorure neutre de chaux est composé de

Hydrate de chaux. .	68	{	Chaux. .	5r
			eau. . .	r7
Chlore.	32			

————

100

« Le sous-chlorure contient le double d'hydrate de chaux.

« Le chlorure de magnésie qui paraît avoir dans certains cas de l'avantage sur celui de chaux, se prépare également en délayant de la magnésie ordinaire dans l'eau, et y faisant arriver du chlore. On assure qu'en Ecosse et en Angleterre, on en tire un grand parti dans la fabrication des toiles peintes, lorsqu'il s'agit d'avoir des blancs sur des fonds garancés ou autres : ce chlorure est sans action sur certaines couleurs.

« Les chlorures de potasse et de soude s'obtiennent aussi de la même manière, en ayant la précaution toutefois de ne pas employer des dissolutions trop concentrées ; car alors il se formerait, ainsi que nous l'avons fait observer précédemment, des chlorates et des hydro-chlorates. On prend ordinairement cent vingt-cinq grammes de sous-carbonate de potasse ou de soude pour un litre d'eau. »

Avant de passer à la description des procédés à employer pour le blanchiment des chiffons, nous devons faire connaître le *chloromètre* et donner le moyen d'en faire usage pour pouvoir apprécier avec exactitude la force du chlorure de chaux.

§. V. *De la Chlorométrie et du Chloromètre, ou des moyens proposés pour apprécier la force des Chlorures.*

Ce paragraphe est en entier de M. A. Chevallier, chimiste distingué. Nous l'avons extrait de son ouvrage intitulé : *De l'Art de préparer les Chlorures.*

« La chlorométrie a pour objet la détermination de la quantité de chlore qui existe, soit à l'état libre et en solution dans l'eau, soit à l'état de combinaison avec les bases, et formant des corps connus sous le nom de *chlorures.*

« La quantité de chlore en combinaison avec l'eau, ou avec une base, peut-être évaluée par plusieurs procédés ;

mais le plus généralement employé est fondé sur la propriété que le chlore possède de détruire les couleurs végétales, et l'on a choisi parmi les matières colorantes
l'indigo. Malheureusement, lorsque les circonstances
dans lesquelles on se trouve lorsqu'on fait l'essai ne sont
pas absolument les mêmes, on arrive presque toujours
à des résultats différens; c'est ainsi qu'en versant la
solution de chlore ou de chlorure dans la solution d'indigo, il y a beaucoup moins de matière colorante
détruite, que si l'on suivait la marche inverse. Il y a
plus encore, c'est que la décoloration varie avec le
temps employé à l'effectuer; ainsi, par exemple, plus on
met de temps à verser l'indigo dans les solutions de
chlore ou de chlorure, moins il y a de décoloration et
réciproquement. L'expérience a démontré que le meilleur
moyen d'obtenir des résultats comparables est de verser
subitement, dans le chlorure, toute la dissolution d'indigo qu'on présume devoir être décolorée, après avoir
cherché par un essai approximatif, quelle est la quantité
de liqueur à employer; il faut, dans ce cas, que cet
essai soit fait rapidement, et sans outre-passer le point
de saturation. Cette première donnée acquise, on verse
brusquement l'une dans l'autre les mêmes dissolutions,
et l'on ajoute goutte à goutte la quantité de solution
d'indigo qui est nécessaire pour achever la saturation.

« On conçoit que, si l'indigo était constamment le
même, la quantité qu'on en emploierait dans chaque
essai ferait toujours connaître le titre du chlorure;
mais comme sa pureté est très-variable, il s'ensuit que
les résultats ne seraient pas comparables. Pour obvier
à cet inconvénient, MM. Gay-Lussac et Welter ont pris
pour unité de force du chlore un titre de ce gaz,

mesuré à la pression ordinaire de 76 centimètres et à la température de 0°.; ce volume de gaz étant ensuite dissous dans une quantité déterminée d'eau, on s'en sert pour titrer la dissolution d'indigo elle-même : ainsi on prend un indigo quelconque et on étend sa dissolution, de manière à ce que dix volumes soient décolorés par un seul volume de la dissolution de chlore; chaque volume d'indigo détruit s'appelle *degré;* on le divise ensuite en cinq parties, de sorte que le titre réel est donné en cinquantièmes, ce qui est suffisant. On a pris pour base des essais un chlorure de chaux aussi saturé que possible, et parfaitement pur ; on le fait dissoudre dans une quantité d'eau, telle que la dissolution contienne son volume de chlore, et le calcul démontre qu'on remplit exactement cette condition en dissolvant 4 grammes 938 milligrammes de chlorure dans un demi-litre d'eau. Cette dissolution qui sert de type, donne 10°. à l'essai, c'est-à-dire que chaque volume détruit la couleur de dix volumes de solution d'indigo : il est clair, d'après cela, que plus un chlorure sera saturé, et plus il se rapprochera de ce *maximum;* on aura donc le titre réel du chlorure par le nombre de degrés trouvés à l'essai. On peut, pour plus de facilité dans les calculs, diviser chaque degré en dix parties, et réduire les cinquièmes de degrés en dixièmes : on aura immédiatement par ce moyen le litre de chlorure en centièmes.

Chlorométrie de M. Gay-Lussac.

M. Gay-Lussac a donné le nom de *chloromètre* à la réunion de plusieurs instrumens en verre qu'il a fait construire, et au moyen desquels on peut facilement apprécier dans les blanchisseries, les papeteries, etc., la force du chlorure de chaux que l'on y emploie : cette connaissance est indispensable, non-seulement pour déterminer la valeur réelle du chlorure de chaux que préparent les fabricans, mais encore pour doser convenablement le chlorure nécessaire aux opérations du blanchîment, etc. Si, par exemple, on emploie communément trois kilogrammes de sous-chlorure de chaux contenant environ 0.8, de sous-chlorure saturé, pour blanchir cent kilogrammes de pâte à papier, la dose sera suffisante et l'opération réussira. Si, au contraire, l'on se sert d'un chlorure qui ne contient que quatre dixièmes de sous-chlorure de chaux, il faudra nécessairement doubler la dose, c'est-à-dire employer six kilogrammes de ce chlorure pour cent de pâte, tandis que trois du premier auraient suffi.

« Le chloromètre est établi, ainsi que nous l'avons déjà dit, sur les données suivantes : 1° que le chlorure peut se servir de mesure à lui même, en déterminant d'avance, et prenant pour base ou terme de comparaison la quantité d'une solution d'indigo quelconque, qui peut être décolorée par un litre de chlore gazeux, à la température de 0°., et sous la pression de 76 centimètres de mercure, dissolvant le chlore dans un litre d'eau distillée, et préparant une solution d'indigo telle que dix volumes soient décolorés par un volume de la solution de chlore ; 2° que le maximum d'effet du chlore ou d'un chlorure d'oxide sur l'indigo, s'obtient en mélangeant ensemble, d'un seul coup, les deux solutions de chlore et d'indigo.

« Ces principes étant posés, nous décrirons les pièces

qui composent le chloromètre, en indiquant successivement leur usage dans l'essai.

« On pèse avec soin, dans une balance très-sensible,
une quantité de chlorure de chaux équivalente à un
poids qui fait partie des pièces du chloromètre, et pèse
4 gros 938; on met dans un petit mortier, et l'on
broie bien exactement en ajoutant de l'eau peu à peu.
Lorsque le chlorure est bien délayé, on verse le tout
dans un tube à pied, sur lequel une ligne gravée horizontalement indique aux trois quarts de sa hauteur
une capacité d'un demi-litre; on rince à plusieurs re-
prises le mortier avec de petites quantités d'eau que l'on
réunit dans le même tube, l'on y ajoute encore de
l'eau jusqu'à ce que la courbe inférieure du liquide
touche la ligne transversale; on agite le mélange avec
une baguette de verre, on laisse déposer pendant deux
minutes environ; on prend avec la petite pipette en
verre une mesure de la solution claire déterminée par
un cercle tracé sur la tige de la pipette, et qui contient
un volume égal à celui d'une des grandes divisions des
tubes de verre gradués dont nous allons parler. Il faut
que la concavité que forme le liquide soit tangente au
plan qui passe par le petit cercle tracé sur la tige, ce
que l'on obtient facilement en prenant une plus grande
quantité de liquide, et laissant écouler l'excès en sou-
levant très-peu le doigt avec lequel on bouche l'ouverture supérieure de la tige. On met dans un verre conique à pied, cette mesure de la solution du chlorure
de chaux, et l'on passe dans la pipette un peu d'eau à
l'aide d'un tube effilé que l'on introduit dans l'ouverture
supérieure de la tige, et que l'on y vide deux fois afin

d'entraîner dans le même verre tout le liquide resté sur les parois intérieures.

« Avant d'aller plus loin, nous devons décrire les deux tubes gradués dont nous avons déjà parlé. Ces tubes sont en verre, ils ne sont ouverts que dans leur partie supérieure, ils peuvent être à pied pour la commodité du service, en se tenant debout sur la table. Leur diamètre doit être en rapport avec la capacité de la pipette, afin d'obtenir des divisions assez distinctes pour ne pas les confondre. Chacun doit contenir douze à quinze fois la capacité de la pipette, chacun doit porter dix grandes divisions, lesquelles sont graduées chacune par une capacité de la pipette. Chacune de ces grandes divisions est sous-divisée en dix parties égales, gravées par un petit trait, ce qui fait en tout cent divisions.

« De la partie intérieure d'un de ces tubes, part un petit tube qui s'élève en dehors jusqu'au-dessus de la première division et se recourbe en avant en col de cygne; c'est par ce petit tube que l'on fait sortir goutte à goutte la liqueur qu'on verse dans le grand tube. C'est par cette raison qu'on nomme celui-ci *burette*.

« L'autre tube est exactement semblable au précédent; mais il n'a pas de petit tube extérieur, et la seule différence est dans la graduation, dans celui-ci les chiffres de 1 à 10 qui indiquent les grandes divisions, partent du bas, de sorte que 10 est en haut, et 1 en bas. C'est le contraire dans la *burette*. Cela bien entendu, continuons notre description.

« On remplit, avec la dissolution d'indigo (1), jusqu'à

---

(1) La solution d'indigo, que l'on peut se procurer de même que es instru mens chez M. Collardeau, rue de la Cerisaye, est préparée

la dixième grande division, la *burette* dont la petite tige creuse, en col de cygne, permet de verser cette solution goutte à goutte dans le verre qui contient la petite mesure de chlorure de chaux; on continue d'en ajouter jusqu'à ce qu'une teinte verte, que prend le mélange, indique qu'il y a excès d'indigo, et cette teinte s'aperçoit aisément en exposant le liquide à un corps blanc opaque, une feuille de papier blanc, par exemple.

« En opérant ainsi et avec lenteur, on obtient moins que le maximum d'effet, et d'autant moins que la durée de l'essai est plus longue (1) pour atteindre ce maximum, qui ensuite ne varie plus; on recommence l'essai en versant tout d'un coup, dans la petite mesure, de la solution de chlorure, que l'on prend avec la pipette dans le tube à pied qui en contient un demi-litre, et que l'on dépose dans un verre à expériences, avec une quantité de dissolution d'indigo mesurée dans le second tube, gradué comme la pipette en dix degrés, subdivisés chacun en dix pour former des centièmes; mais cette graduation est, comme nous l'avons dit, en sens inverse de celle de la pipette. Cette quantité de dissolution d'indigo doit être d'un quart plus grande que celle employée primitivement. Si la teinte du mélange opéré brusquement, est jaune fauve, il n'y a pas assez d'indigo, il faut recommencer en en mettant un peu

---

d'avance, de manière qu'étendue d'une quantité d'eau déterminée, elle représente constamment les mêmes proportions d'indigo à décolorer.

(1) On peut n'obtenir que la moitié de l'effet possible; mais ordinairement on n'opère pas avec assez de lenteur pour être au-dessous du maximum de plus d'un quart.

plus, et versant encore brusquement; si, au contraire, la teinte était bleuâtre, il y aurait trop d'indigo.

« Supposons, par exemple, qu'en versant goutte à goutte la solution avec le tube en col de cygne de la burette, on avait employé la quantité contenue dans 7 divisions 6 dixièmes, pour atteindre la teinte verdâtre, on recommencera l'essai en versant brusquement dans le vase, une même mesure de la solution de chlorure, c'est-à-dire une pipette, et un quart de plus de la solution d'indigo qu'on n'avait employée dans le premier essai. Or on en avait employé 7,6 dont le quart est 1,9, ce qui donne en somme 9,5; on versera donc la quantité de solution d'indigo contenue dans 9 divisions et demie ou 5 dixièmes du tube gradué que nous avons désigné sous le nom de *burette*. Si la teinte du mélange est encore fauve, on recommencera en versant tout d'un coup 9,6; et si cette fois la teinte est légèrement verdâtre, on conclura de cet essai que le chlorure essayé équivaut à 0,96 de sous-chlorure de chaux pur.

« On pourrait craindre que les tâtonnemens fussent quelquefois longs, pour arriver à la dose juste qu'il convient de verser à la fois; les nombreux essais faits avec le chloromètre pour essayer les chlorures, ont démontré qu'il suffit d'avoir quelque habitude des manipulations de ce genre, pour arriver au but après deux ou trois tâtonnemens au plus; et l'expérience toute entière dure environ cinq minutes. Ce mode d'essai présente sur tous les autres l'avantage d'une plus grande précision, avec la même facilité d'opérer. Il pourrait de plus être appliqué à reconnaître la valeur de l'indigo du commerce, puisque ce produit serait d'autant plus riche en matière tinctoriale qu'il en faudrait une quantité moindre pour préparer la liqueur d'épreuve.

Préparation de la dissolution d'indigo et de la teinture d'épreuve avec cette dissolution.

« Prenez, dit M. Gay-Lussac, une quantité déterminée d'indigo en poudre, passé au tamis de soie, mettez-la dans un matras avec neuf fois son poids d'acide sulfurique concentré, et faites chauffer au bain-marie à la température de l'eau bouillante, pendant six à huit heures. Délayez ensuite une partie de la dissolution d'indigo dans une quantité d'eau convenable, pour qu'un volume de chlore en décolore exactement dix fois ce même volume : ce sera alors la teinture d'épreuve. La manière la plus simple et en même temps suffisamment exacte, de préparer un liquide contenant son volume de chlore, sera de prendre 3 grammes, 980 de péroxide de manganèse cristallisé en belles aiguilles, de le traiter par l'acide hydro-chlorique, et de recevoir le chlore dans un lait de chaux, dont on ramènera le volume à un litre après l'opération, ainsi qu'on le verra plus bas pour l'essai des manganèses; mais quand on voudra opérer avec toute l'exactitude possible, il faudra préparer du chlore à l'état gazeux, et le faire absorber par de l'eau dans laquelle on aura délayé un peu de chaux, en tenant compte de sa température, de sa pression et de son humidité.

« *Observations importantes.* La teinture d'épreuve étant décolorée peu à peu par la lumière, ajoute M. Gay-Lussac, on doit la conserver à l'abri de son contact. On y parvient facilement en la mettant dans des cruches de

grès; mais pour l'usage du chloromètre, on peut se servir d'un flacon de verre d'un demi-litre, en ayant toutefois l'attention de ne pas l'exposer aux rayons directs
du soleil : le mieux sera de l'enfermer dans une armoire.
(Annales de Chimie et de Physique, tome XXVI,
page 172).

Essai de l'Oxide de Manganèse. (Même vol. page 167).

« L'oxide de manganèse qu'on emploie pour produire le chlore, est d'une pureté très-variable, et il importe par conséquent dit M. Gay-Lussac, de la connaître.

« M. Berthier a fait l'analyse de plusieurs espèces
d'oxide de manganèse. Comme c'est la quantité de
chlore qu'elles peuvent fournir qui doit fixer leur valeur, nous avons, d'après ce principe, formé le tableau
suivant :

De manganèse pur fournit.	0,7964 de chlore;
Creitnich, près de Saarbruk.	0,7525;
Calveron (Aude), sans calcaire. . . .	0,7658;
Calveron avec calcaire.	0,5754;
Périgueux (Dordogne).	0,5179;
Romanèche (Saône-et-Loire). . . .	0,4692 à 0,5135
Laveline (Vosges).	0,4648;
Pésillo (Piémont), noir sans calcaire. .	0,4426;
Pésillo noir avec calcaire.	0,3320;
Saint-Marcel (Piémont).	0,2789 à 0,3098.

(1 KILOGRAMME)

« Ces résultats font connaître approximativement la
valeur de ces diverses espèces de manganèse ; mais pour
déterminer celle d'un manganèse quelconque, il sera
nécessaire d'en faire l'essai, et on y parviendra facilement de la manière suivante.

« Le péroxide de manganèse est formé de

Manganèse. . . . . 3gr. . 5578;

Oxigène. . . . . 2 . 0000;

_____

5 . 5578;

_____

et peut produire 4gr.4265 de chlore, ou 1lit.3963 à
la température de 0°. et sous la pression de 0m.76 ; par
conséquent 3gr 980 produiraient un litre de chlore, et
1kil. en produirait 251lit 23.

« On prendra donc 3gr.980 de l'oxide de manganèse
qu'on voudra essayer, on les traitera à une douce chaleur par l'acide hydro-chlorique, et l'on recevra le
chlore qui se dégagera dans un peu moins d'un litre de
lait de chaux ; vers la fin de l'opération, on fera bouillir
l'acide hydro-chlorique pour faire passer le chlore des
vaisseaux dans le lait de chaux, et l'on complétera le
volume d'un litre en ajoutant, au chlorure de chaux,
une quantité d'eau convenable. Le litre de ce chlorure
donnera exactement celui de l'oxide de manganèse.

« La valeur d'un oxide de manganèse ne dépend pas
seulement de la quantité de chlorure qu'il peut donner ;
elle dépend aussi de celle d'acide hydro-chlorique qu'il
faut employer pour produire le chlore. Mais l'opération
est délicate, et le bas prix de l'acide hydro-chlorique
peut dispenser de la faire. Nous ferons remarquer seulement que le péroxide de manganèse contient souvent
du carbonate de chaux, de la baryte et du fer, qui sa-
turent en pure perte une portion d'acide hydro-chlorique ; et que le manganèse n'étant pas toujours à l'état
de péroxide, la quantité d'acide hydro-chlorique qu'il

exige n'est plus proportionnelle à celle du chlore obtenu.

Après cette digression qui tend à jeter le plus grand jour sur la *chlorométrie*, nous allons reprendre les observations de M. A. Chevallier sur cette importante matière.

« M. Gay-Lussac, continue M. Chevallier, n'est pas le seul chimiste qui ait indiqué des moyens de reconnaître la valeur réelle des chlorures. MM. Houtou-Labillardière et Morin ont aussi proposé des moyens chlorométriques. Nous rapporterons ici l'extrait d'un mémoire dans lequel M. Houtou-Labillardière expose sa manière d'apprécier la valeur de ces préparations.

Moyen Chlorométrique de M. Houtou-Labillardière.

« Une des principales difficultés que présentait, dès le principe, le blanchîment par le chlore que nous devons au célèbre Berthollet, était la difficulté de donner à la solution du chlore un degré de force convenable pour qu'il n'attaquât que la matière colorante des objets sur lesquels il exerçait son action, et qu'il n'en altérât pas la solidité. Descroiselles proposa, à cet effet, un instrument auquel il donna le nom de *Berthollimètre*, et qui est fondé sur la propriété dont jouit le chlore de décolorer l'indigo dissous dans l'acide sulfurique, et de calculer, par la quantité d'indigo décoloré, la force de la solution du chlore. L'art du blanchîment Bertholléen a subi de grandes modifications, depuis qu'on substitue au chlore quelques-uns de ces composés, etc. Le berthollimètre de Descroiselles ayant été appliqué, par extension, à mesurer la force des chlorures, ne peut remplir ce but sans qu'on soit exposé à des erreurs assez graves et dépendantes :

« 1°. De l'incertitude de la qualité de l'indigo qui sert à la liqueur d'épreuve ; de la difficulté de mesurer exactement dans l'instrument la liqueur à essayer, et de saisir le point de la décoloration de la liqueur d'épreuve ;

« 2°. De l'inconvénient qu'a l'acide sulfurique de cette liqueur d'épreuve, de dégager plus ou moins de chlore gazeux du chlorure, sans qu'il puisse agir sur l'indigo, inconvénient qui, seul, suffirait pour faire abandonner cet instrument comme défectueux, puisqu'il ne peut, dans plusieurs circonstances, apprécier qu'une partie du chlore des chlorures ;

3°. Enfin, de la graduation arbitraire de cet instrument, qui n'indique que des quantités plus ou moins grandes de chlore, sans en indiquer la quantité réelle.

« Dans l'état actuel des choses, M. Labillardière s'est attaché à trouver un procédé au moyen duquel le fabricant pût obtenir, dit-il, une sécurité parfaite dans ses opérations, et apprécier, à leur juste valeur, la qualité des chlores que leur offre le commerce.

« Le nouveau berthollimètre ou chloromètre qu'il a présenté, en 1824, à l'Académie royale des Sciences de Rouen, n'est en quelque sorte qu'une imitation de celui de Descroizelles ; il se compose d'un tube gradué, d'une liqueur d'épreuve, et de quelques petits accessoires qui en rendent l'usage plus commode et plus certain. Ce chimiste a pris pour base de cette liqueur le composé bleu qui résulte de la combinaison de l'iode avec l'amidon, lequel jouit de la propriété de se dissoudre dans le sous-carbonate de soude en perdant complètement sa couleur. On le prépare en dissolvant dans l'eau chaude de l'iode, de l'amidon, du sous-carbonate de soude et du sel marin, dans les proportions suivantes :

Carbonate de soude pur et cristallisé. 3 gr.

Iode pur . . . . 1 5 décag.

Eau 210

Amidon de pommes de terre, sec et pur. 5

« Après avoir fait réagir toutes ces substances à la température de l'eau bouillante, on les étend d'eau pour compléter un litre de liquide dans lequel on agite 450 grammes de sel marin desséché : ce mélange, éclairci par le repos, forme la liqueur chlorométrique. Cette dissolution est incolore : si on la mêle avec du chlore ou du chlorure de chaux dissous dans l'eau, elle reste telle, tant que le chlorure n'est pas neutralisé par ces matières; mais aussitôt qu'il l'est, la plus petite quantité en excès suffit pour communiquer au mélange une couleur bleue très-intense, et indique, par les proportions de liqueur employée, la quantité réelle du chlore.

« Le principal but que s'est proposé M. Labillardière, c'est de pouvoir déterminer très-facilement la quantité de chlorure de chaux réel qui existe dans ce produit du commerce, qui se trouve mêlé avec des quantités très-variables de chaux, et de donner aux consommateurs un moyen simple pour y parvenir.

« M. Labillardière a indiqué quelques précautions nécessaires, à l'aide desquelles le nouveau liquide chlorométrique peut donner une appréciation exacte, et, entre autres, lorsqu'on veut essayer les chlorures de soude et de potasse, de décomposer ces chlorures par l'acide sulfurique, et de recueillir le chlore dans l'eau.

« Il a préparé du chlorure de chaux parfait, duquel

il a pris cinq grammes qu'il a fait dissoudre dans cent grammes d'eau. Une mesure de cette solution de chlorure a exigé cent parties du tube gradué, de la liqueur d'épreuve, pour qu'il y eût coloration. En considérant le chlorure de chaux employé, comme parfait, les cent parties de liqueur d'épreuve nécessaires pour qu'il y ait coloration, peuvent représenter cent parties de chlorure de chaux pur dans celui qu'il a employé. En mélangeant avec ce chlorure de chaux pur des quantités variables et déterminées de chaux, de manière à faire de toutes pièces du chlorure de chaux semblable à celui du commerce, et essayant ces mélanges comme il l'avait fait pour le chlorure de chaux pur, le nombre de parties de liqueur employé pour qu'il y ait coloration, indiqua exactement le rapport en poids qui existait entre le chlorure de chaux pur, et la chaux de ces mélanges. En appliquant ce moyen au chlorure de chaux du commerce, il est évident que le nombre de parties de liqueur d'épreuve employée, pour qu'il y ait coloration, sera le même que celui des parties de chlorure de chaux pur, mélangé avec la chaux ou les matières étrangères, dans cent parties de ce chlorure.

« Voici la manière de faire cet essai. On dissout cinq grammes de chlorure de chaux dans cent grammes d'eau, ou dans un décilitre ; on laisse déposer la chaux non combinée ; pendant ce temps, on verse de la liqueur d'épreuve jusqu'au zéro de l'échelle qui est descendante; ensuite on prend, avec une petite pipette de verre contenant cinq parties du tube gradué, une mesure de la dissolution de chlorure ; après l'avoir vidée dans un verre à pied, on y ajoute peu à peu, et en agitant, de la liqueur d'épreuve jusqu'à ce que la couleur

bleue se manifeste. Le nombre de parties de liqueur d'é-
preuve employé indique le nombre de parties de chlorure
de chaux pur existant dans cent parties de ce chlorure.

« On peut aussi, par le même moyen, déterminer la
quantité de chlorure de chaux existant dans une dissolution, puisque la couleur d'épreuve indique des quantités proportionnelles de chlorure de chaux. Une dissolution de chlorure de chaux marquant, par exemple,
40^c à l'instrument, doit évidemment être formée de
deux parties de chlorure de chaux pur, et de cent parties d'eau. Lorsqu'il s'agit de faire un essai de chlore dissous dans l'eau, il faut une légère modification : dans ce
cas, on ajoute un peu de chaux éteinte, et en excès
au chlore dissous, pour le transformer en chlorure de
chaux ; du reste on opère avec cette liqueur de la même
manière qu'avec le chlorure de chaux. On peut, par ce
même moyen, et en suivant la même marche, reconnaître le degré de force des chlorures de potasse et de soude
qu'on emploie maintenant dans les manufactures d'in-
diennes pour blanchir les fonds des toiles garancées ; la
quantité de liqueur d'épreuve employée indique, dans
tous les cas, celle du chlore que les matières contiennent.

Une commission ayant été chargée par l'Académie de
Rouen de répéter les expériences de M. Labillardière,
M. Dubuc s'exprime ainsi qu'il suit, en terminant le
rapport qu'il a fait à ce sujet au nom de la commission.

« La commission croit, d'après les essais faits sous
les yeux de la compagnie le 2 avril dernier et le 8 du
même mois, en présence de vos commissaires et de notre

honorable confrère M. Meaume, dans le laboratoire de chimie de cette ville,

« Que la liqueur dite d'épreuve, et le nouvel instrument ou chloromètre, inventés l'un et l'autre par M. Houtou-Labillardière, atteindront parfaitement le but qu'il s'en propose pour mesurer le degré de pureté et de force des sels composés de calcium et de chlore provenant des fabriques, etc. ;

« Elle estime en outre que le chloromètre de M. Houtou et sa liqueur d'épreuve sont un nouveau présent fait par la chimie à l'industrie, et dont l'application facile doit concourir aux progrès des arts industriels, des fabriques et du commerce. (*Extrait des actes de l'Académie royale des Sciences, Belles-Lettres et Arts de Rouen, pour 1824, page 82.*)

Moyen Chlorométrique proposé par M. Morin.

« M. Morin ayant reconnu que la solution d'indigo destinée à l'essai des chlorures ne peut pas se conserver, et qu'en peu de jours elle subit une altération qui, se prolongeant de plus en plus, peut donner lieu à des erreurs dans l'opération qui a pour but de constater la valeur vénale des chlorures, il a cru devoir proposer une nouvelle liqueur chlorométrique qu'on prépare de la manière suivante :

« Le muriate de manganèse, résidu de la réaction de l'acide hydro-chlorique sur le péroxide de manganèse, est chauffé avec un excès de ce péroxide, puis étendu d'eau dans une proportion telle, qu'une solution de chlorure de chaux, contenant son volume de chlore à la température de dix degrés sous la pression ordinaire, solution

qui décolorerait dix volumes de la liqueur d'épreuve de
M. Gay-Lussac, sature un volume égal au sien de la solution chlorométrique proposée. L'essai se pratique de
la manière suivante :

« On mesure, dans le tube gradué de M. Gay-Lussac,
dix volumes de la solution de chlorure, faite dans les
proportions ordinaires, et éclaircie par le repos ou la
filtration ; on les verse dans un verre à expériences ; on
y ajoute la mesure du tube gradué ; on emplit, jusqu'au
zéro de la dixième division, le tube à col de cygne, avec
la solution d'hydro-chlorate de manganèse ; puis on
verse cette liqueur d'épreuve goutte à goutte dans le
verre à expériences, en agitant avec une baguette en
verre. Dès les premières gouttes, il se produit un précipité qui trouble le liquide ; lorsque le point de saturation approche, ce précipité se réunit en flocons
qui nagent dans un liquide presque diaphane ; enfin,
lorsqu'en attendant quelques secondes, on voit que les
flocons, devenus en quelque sorte grenus, se précipitent
nettement en laissant surnager une liqueur claire, on
est assuré que le point de saturation est atteint ; et la
hauteur à laquelle s'est abaissé le niveau de la liqueur
dans le tube gradué à col de cygne, indique, par la division correspondante, le degré de chlorure.

« Afin de constater que la quantité de muriate de
manganèse employée, n'est ni trop considérable ni in-
suffisante, on filtre une petite quantité du mélange dans
deux verres à expériences ; on ajoute dans l'un du muriate de manganèse, et dans l'autre de la solution de
chlorure de chaux : il ne doit se manifester de précipité
ni dans l'un ni dans l'autre, et comme un excès de trois
gouttes de chlorure ou de la liqueur d'épreuve suffirait

pour déterminer un précipité par l'addition de la liqueur ou du chlorure, et que trois gouttes forment un demi-degré ou centième, on est assuré d'avoir le titre vrai du chlorure de chaux essayé, à moins d'un centième près. Si l'on veut titrer, par ce procédé, une solution de chlore dans l'eau, il faut y ajouter un excès d'hydrate de chaux, laisser déposer, et agir sur la solution limpide.

« M. Morin, qui, depuis, a fait de nombreuses expériences avec la liqueur manganésienne, a reconnu que cette liqueur peut se conserver pendant plusieurs mois sans se décomposer; cependant, peu de temps après cet intervalle, il s'y forme peu à peu un dépôt brunâtre peu considérable : pour prévenir cette décomposition, on ajoute à cette liqueur dix gouttes d'acide hydro-chlorique pur, par chaque litre. Cette addition, suivant l'auteur, ne nuit point à l'essai, et aide à la conservation de la liqueur. » (*Extrait de l'Art de préparer les Chlorures, par M. A. Chevallier, page* 99.)

§ VI. *Du Blanchiment des Chiffons, et de la Pâte à Papier.*

Les chiffons dont on se sert pour la fabrication du papier, sont blanchis, par l'action du chlore, de la même manière que les toiles, avec cependant quelques modifications, comme on le verra plus bas. Nous empruntons au *Dictionnaire Technologique*, Tome 3, les deux articles que le savant M. Robiquet a fournis sur cette matière extrêmement importante pour les fabricans de papier.

Blanchiment des Toiles.

Depuis qu'on connaît l'art de fabriquer les toiles, on connaît aussi l'art de les blanchir. Partout on savait qu'en exposant le lin et le chanvre écrus à l'action simultanée de l'eau et de la lumière solaire, on parvenait à leur en-lever la matière colorante dont ils sont naturellement revêtus. De tout temps on a cherché à donner des ex-plications de ce singulier phénomène ; mais tant que la nature de la lumière restera ignorée, on ne pourra rien dire à cet égard que de vague et d'incertain.

« Le blanchiment des toiles peut s'effectuer, comme je viens de le dire, par le seul concours de la lumière et de l'humidité; mais alors il exige un temps assez long, qu'on est parvenu à abréger de beaucoup, en se servant de quelques autres agens, et particulièrement des alcalis et des acides. Long-temps avant la découverte du chlore, on blanchissait les toiles parfaitement bien. La Flandre et la Hollande furent les principaux pays où cet art reçut les premières et les plus importantes améliorations. De-puis cette époque, les procédés se sont généralement per-fectiounés, et maintenant on obtient partout un égal succès.

« Dans le blanchiment des toiles, il est quelques opé-rations préliminaires qui appartiennent à tous les procé-dés : il faut d'abord assortir, autant que possible, les toiles de même grain et de même nuance, afin que les changemens qui doivent avoir lieu s'effectuent pour tou-tes dans des temps égaux; autrement les unes seraient à peine attaquées, que les autres le seraient déjà trop. Une deuxième opération est celle qui consiste à les débarrasser des substances étrangères dont on les a imprégnées pour la facilité du tissage. Cette espèce de *colle* ou *parement*, dont on revêt le tissu pendant la fabrication, s'opposerait à l'imbibition des fils et à l'influence des agens extérieurs. Il faut donc, avant tout, détruire ce parement, mais le détruire par un moyen qui ne soit pas capable d'attaquer la fibre végétale. C'est ordinairement par une sorte de fermentation bien ménagée qu'on y réussit ; cette opération exige une grande habitude, voici comment on y procède.

« On plie d'abord la toile par feuillets égaux ; ensuite on la dispose dans un cuvier par lits, entre chacun des-quels, à mesure qu'on les forme, on jette quelques seaux d'eau de rivière tiède. Si la toile est peu chargée de parou, on ajoute une petite portion de son ou de farine de seigle, afin d'exciter plus promptement la fermentation(1). Dans le cas contraire, on se dispense de cette addition. Lorsque la cuve est entièrement pleine, on la re-couvre, et souvent on charge les toiles de quelques poids, afin qu'elles ne puissent se soulever pendant la fermen-tation, qui ordinairement se développe en peu d'heu-res, et dont la marche est d'autant plus rapide, que la température régnante est plus élevée. On reconnaît que la fermentation s'établit, à la pellicule qu'on voit se for-mer, et surtout aux bulles de gaz qui viennent crever à la surface du liquide. Lorsque la fermentation est ache-vée, ce dégagement n'a plus lieu, et la pellicule s'affaisse. C'est dans ce moment qu'il faut retirer les toiles et les

_____

(1) M. Clément pense qu'il vaudrait mieux ajouter de la mélasse, afin de ne rien mettre qui puisse contribuer à la fermentation pu-tride.

laver : c'est ordinairement au bout de vingt-quatre,
trente ou trente-six heures, suivant la rapidité de la
fermentation, suivant aussi la finesse de la toile; il y a
un à-propos à saisir, que l'expérience seule peut indiquer. Si l'on outre-passait le point convenable, on cour-
rait risque de tout perdre : peu d'instans suffisent quelquefois pour que la fermentation putride s'établisse, et
que le tissu se détruise. Il ne paraît pas qu'aucun auteur
ait cherché à déterminer quelle est l'espèce de fermentation qui se produit dans cette occasion, et comment elle
agit sur les toiles. Tout ce qu'on sait, c'est que le gaz qui
se dégage est inflammable, qu'il se développe une certaine quantité d'acide qui disparaît ensuite. Ainsi on remarque là les mêmes phénomènes que ceux qui se produisent pour la destruction du gluten dans la préparation
de l'amidon. Il est donc peu probable que ce soit une
vraie fermentation alcoolique, et que la mélasse puisse
être de quelque secours. La fermentation n'a pas seulement pour but de détruire le parement, il faut aussi
que les pores du tissu se dilatent, que l'eau y pénètre
faiblement, et que les corps étrangers qui y sont déposés
puissent être atteints et en sortir librement. Quoi qu'il
en soit, les toiles doivent être lavées avec le plus grand
soin immédiatement après qu'on leur a fait subir la macération. On soustrait ainsi une grande partie de cette
crasse, qui diffère essentiellement de la matière colorante, et qui, n'étant pas soluble comme elle, dans les
mêmes agens, présente de grands obstacles au blanchiment,
surtout pour les batistes, les linons et les fils à dentelle.

« Ce lavage ou dégorgement s'exécute de différentes
manières; souvent on se sert de deux cylindres en bois,
entre lesquels on fait passer la toile : ces cylindres doi-

vent être placés à couvert, et disposés au-dessus d'un courant d'eau ; le cylindre inférieur est uni, l'autre est cannelé ; quelquefois les cannelures sont écartées, et ne sont pas régulières. Ordinairement on dispose un certain nombre de ces cylindres à la suite les uns des autres. Lorsque la pièce de toile a passé sous les deux premiers, et qu'elle est retombée dans l'eau, on la reprend pour la faire passer sous les deux suivans, et ainsi de suite.

« Dans beaucoup de fabriques on se sert, pour cet objet, d'une plate-forme circulaire qui se meut sur son centre, et dont la circonférence est soutenue par des roulettes, de la même manière que cela a lieu pour le toit d'un moulin à vent. Un ouvrier place sur la plate-forme les toiles qui doivent être battues ; un levier à manivelle, adapté à une roue à aubes, fait tourner la plate-forme lentement, et de manière à ce que toutes les pièces passent dans une succession régulière sous un certain nombre de battans mis en jeu par l'arbre de la même roue. L'ouvrier retourne les toiles et en fait présenter toutes les faces aux battans. Un courant d'eau entretenu par les godets de la roue à aubes, vient sans cesse inonder les toiles, et entraîne toutes les parties solubles ou hétérogènes.

« Depuis quelques années, on paraît donner la préférence à une machine à décrasser, employée avec succès en Angleterre, et qu'on nomme *darh-wheel*; c'est une espèce de tonneau ou tambour qui se meut sur son axe à l'aide d'une manivelle, et qui est partagé dans son intérieur par quatre cloisons qui se coupent à angles droits. Chacune de ces cloisons correspond à une ouverture pratiquée à l'un des fonds. Un tuyau qui communique avec un réservoir, et qui est terminé par un robinet, vient projeter, par le fond opposé, un courant d'eau qui s'introduit par une ouverture circulaire. On jette deux pièces de toile par chacun des quatre trous qui correspondent avec les divisions ; on met la machine en jeu à l'aide d'une force motrice quelconque, puis on ouvre le robinet. A chaque révolution, les pièces de toile tombent d'un diaphragène sur l'autre, et une grande partie de l'eau dont elles sont imbibées rejaillit au-dehors par l'effet de la grande pression que leur chute leur fait éprouver. Lorsque cette machine est bien gouvernée, on peut battre et purger parfaitement huit pièces de toile par quart d'heure ; mais on n'y réussit bien qu'en donnant une vitesse moyenne de vingt à vingt-deux tours par minute. Si l'on faisait tourner plus rapidement, la toile resterait fixée à la circonférence, où elle serait lancée par la force centrifuge, et se trouverait toujours imbibée de la même eau : par conséquent elle ne se décrasserait pas. En Angleterre, on a généralement substitué cette machine à toutes celles dont nous venons de faire mention, non-seulement parce qu'elle présente de l'économie sous le rapport du temps, mais aussi parce qu'elle n'a pas, comme les autres, le grave inconvénient d'appauvrir le tissu par le froissement continuel qu'on lui fait subir par les autres moyens. Le *dark-wheel* commence à être propagé en France.

« C'est lorsque les toiles ont été complétement dépouillées de leur parement, et de tout ce qui leur est étranger, qu'on les livre au blanchîment, pour enlever leur matière colorante (1). On avait cru, dans le principe, que l'emploi successif du chlore et des lessives suffirait seul au blanchîment ; mais l'expérience a démontré que rien ne pouvait remplacer l'action de la lumière, surtout pour les toiles de lin ; et on a été obligé d'y avoir recours. La méthode de blanchîment qu'on suit actuellement ne diffère de la méthode hollandaise que par l'addition de l'emploi du chlore, ce qui permet d'apporter une grande accélération dans la marche générale de l'opération. Ainsi, en général, pour blanchir maintenant les toiles, on fait subir l'action alternative des lessives, de la lumière solaire, du chlore et des acides. Ces opérations sont en grand nombre, parce qu'on les réitère chacune plusieurs fois.

« Le chlore et la lumière paraissent agir dans le même sens, mais probablement par des moyens différens : le chlore ne borne pas son action, comme on l'avait supposé, à faire changer la nature de la matière colorante, en s'emparant de son hydrogène, il se combine aussi avec elle ; et l'emploi des alcalis est utile, non-seulement pour dissoudre cette portion de matière colorante qui a subi l'action du chlore, mais encore pour enlever le chlore qui s'est fixé. Quant à la lumière, tout ce qu'on sait de son action, c'est qu'elle *prédispose* la matière colorante à se combiner avec l'oxigène, et qu'on favorise

---

(1) D'après M. Weller, on ne saurait trop insister sur la différence qu'il y a entre décrasser et blanchir ; ce sont deux choses bien distinctes, et dont l'une, la première, est en général beaucoup plus difficile que l'autre. Il est même certaines toiles, et particulièrement celles de Flandre, qui n'ont pour ainsi dire besoin que d'être décrassées : aussi n'est-il pas nécessaire, pour les blanchir, de se servir de chlore.

singulièrement cette combinaison en maintenant la toile toujours humide. Il est possible, ainsi que le prétendent quelques auteurs, que la lumière n'agisse là que comme le ferait une température élevée, qui déterminerait une telle réaction entre les principes, qu'il en résulterait de nouvelles combinaisons douées de propriétés particulières. Or on sait que rien ne favorise davantage la réaction chimique que le concours de la chaleur et de l'humidité. On pense assez généralement que la matière colorante, en s'oxigénant, se transforme en un véritable acide, et c'est surtout pour entraîner cet acide que les alcalis sont nécessaires. Quant au degré d'utilité dont les acides peuvent être dans le blanchiment, l'expérience ne permet pas de le révoquer en doute, et il semble bien prouvé qu'ils ont pour principale fonction d'enlever le carbonate-calcaire produit par l'action de l'alcali sur les sels contenus dans l'eau, et qui se dépose sur les fibres; de soustraire la portion d'alcali qui pourrait s'être fixée dans le tissu, et en outre de dissoudre certains oxides métalliques, et particulièrement celui de fer, qui se trouve faire partie de la matière végétale, et qui la salissent. «

Nous n'irons pas plus loin dans la transcription de l'article de M. Robiquet sur le *Blanchiment des Toiles*; tout ce qui suit, sans contredit, est extrêmement utile pour les toiles, mais serait superflu pour les chiffons. Nous n'aurions pas même consigné ici l'article qu'on vient de lire, si dans son article du blanchiment des pâtes à papier, le même auteur n'avait pas renvoyé pour certains détails à son article du *Blanchiment des Toiles*. L'article qu'on va lire est pareillement emprunté au *Dictionnaire Technologique*, Tome 3, page 184. Il appartient au même auteur, M. Robiquet.

« *Blanchiment de la pâte du papier*. Il suffit de connaître quelle sorte de matériaux on emploie à la fabrication du papier, pour savoir qu'on peut y adapter avec grand avantage la méthode du blanchiment par le chlore. Dans la quantité immense de chiffons qu'on destine à cette fabrication, il n'y en a qu'une très-petite partie qui puisse fournir immédiatement des papiers blancs ; tout le reste, en suivant l'ancien procédé, ne peut servir qu'à la confection des papiers des qualités inférieures, à moins qu'on n'ait recours au blanchiment, comme cela se pratique maintenant, dans un très-grand nombre de papeteries. Cette innovation, généralement adoptée en Angleterre, est beaucoup moins répandue en France, et cela tient à cette sorte d'inertie si nuisible dans les arts, et peut-être encore à une moindre instruction. Cependant nous voyons de jour en jour les difficultés s'applanir ; et actuellement que les fabricans de produits chimiques peuvent établir le chlorure de chaux à un prix très-modique, tout porte à croire que nous ne laisserons pas nos voisins, seuls possesseurs de cette importante amélioration. Espérons que sous peu nous cesserons d'être tributaires de l'étranger pour les papiers de qualité supérieure qu'ils nous fournissent encore.

« Loizel est un de ceux qui s'est occupé avec le plus grand succès de ce genre de recherches. Il nous a fait connaître dans un mémoire qui se trouve inséré dans le Tome 39 des Annales de Chimie, tous les principaux résultats qu'il a obtenus à cet égard. On y voit d'abord que les mêmes motifs qui ont fait rejeter l'emploi du chlore pur dans les blanchisseries des toiles et des fils, se sont également opposés à son usage pour le blanchiment du chiffon; ainsi, à une époque où l'on croyait que l'addition d'une petite quantité d'alcali nuisait à la propriété blanchissante du chlore, Loisel proposa de recevoir l'acide muriatique oxigéné dans une dissolution de cent kilogrammes de potasse sur cent litres d'eau. C'est avec cette liqueur qu'il parvint à rendre le chiffon du blanc le plus éclatant; mais il observa, comme nous l'avons déjà remarqué pour la toile, que les premières immersions n'agissaient que superficiellement, et que, pour éviter de les réitérer un grand nombre de fois, il était préférable d'opérer non sur la pâte prête à être mise en œuvre, parce qu'alors elle a trop de compacité et de cohérence pour se laisser pénétrer facilement, mais bien sur le chiffon simplement effiloché sous un premier cylindre, ce qui suffisait pour séparer les fibres et détruire le tissu.

Dans des vues d'économie, on a partout substitué une simple solution de chlorure de chaux à cette liqueur blanchissante proposée par Loisel; et nous ne croyons pas avoir besoin de répéter ici qu'on doit modifier les doses du chlorure suivant qu'on agit sur telle ou telle qualité de chiffon. L'expérience peut seule guider sur ce point. Il est à supposer d'ailleurs qu'on a eu la précaution préliminaire et indispensable d'assortir les différentes espèces de chiffons, et de blanchir ensemble ceux d'une même qualité. Je ne dirai rien ici du choix qu'on doit y apporter, suivant qu'on veut fabriquer telle ou telle sorte de papier, ne devant m'occuper maintenant que de ce qui a trait au blanchîment.

« On a vu, dans l'article du *Blanchîment des Toiles* qui précède, que l'emploi du chlore ne dispensait pas de l'usage des lessives et de l'immersion dans les bains acides. Il est certain qu'il en doit être ainsi pour les chiffons, et qu'il est essentiel d'opérer de la même manière. Néanmoins, pour les fabrications où l'on continue de se servir du pourrissage, on peut, en combinant sagement ce moyen avec celui du blanchiment, se dispenser de la plupart de ces immersions successives, parce qu'alors la matière colorante éprouve un commencement de décomposition qui la rend bien plus facile à soustraire; une seule lessive, deux bains de chlorure et un d'eau acidulée (1) suffisent le plus ordinairement pour blanchir le chiffon et même les cordages.

Les avantages du blanchiment sont trop évidens pour qu'on ait besoin de les faire ressortir; on ne peut pas prétexter qu'il occasione de plus grands frais, car il serait facile de démontrer qu'il apporte au contraire de l'économie, ne serait-ce qu'en fournissant les moyens de fabriquer, avec la même sorte de chiffons, une bien plus grande quantité de papiers fins, et dans un temps bien moins considérable.

« Je terminerai cet article en invitant les fabricans de papier à mieux étudier ce moyen qu'ils ne l'ont fait jusqu'à présent, et en les assurant qu'ils se trouveront amplement dédommagés de leurs soins.

§ VII. *Du Papier fait avec d'autres substances qu'avec du Chiffon.*

La crainte de voir une manufacture de papier manquer de chiffon, depuis le commencement de ce siècle, a jeté l'alarme parmi les papetiers, et surtout parmi

---

(1) Loisel prescrit d'employer trois kilogrammes d'acide sulfurique à 50°., sur 200 litres d'eau.

quelques personnes qui s'occupent d'économie indus-trielle. Aussitôt toutes les têtes travaillèrent pour trou-ver quelque substance à bas prix, qui pût, en cas de di-sette, remplacer le chiffon. En jetant les yeux sur le second *Tableau Chronologique des Brevets pris en France*, sur cette matière, que nous avons inséré au paragraphe 2 de l'introduction à cette troisième Partie, on se convaincra facilement qu'on a tenté bien des moyens pour atteindre ce but.

En 1801, Seguin proposa de faire du papier avec de la paille et d'autres matières végétales.

En 1817, Beretta en fabriqua avec le résidu des pommes de terre après l'extraction de la fécule.

En 1820, Podenzac employa la paille pure pour faire du papier et du carton.

En 1821, Jaubert de Marseille fit usage de la chéne-votte, du sparte et du bois de réglisse.

En 1824, Laforest proposa la chénevotte du chanvre non roui, pour faire le papier. — Tanhouten de Rot-terdam proposa la mousse. — Bronzac, Chaptal et D'Ar-cet entreprirent la paille.

En 1825, Poleza proposa la paille. — Loforest pro-posa de nouveau la chénevotte non rouie, avec quelques perfectionnemens, et il y ajouta, par un nouveau brevet, le lin, l'ortie, le houblon, la liane et le maïs.

En 1827, Cadet-de-Vaux proposa le lin en baguettes. —Poisson proposa la réglisse. On trouve dans le *Manuel du Marchand de Papier et du Régleur*, page 23, une notice sur le papier réglisse.

En 1828, Bernardet proposa les débris des peaux tannées. — Brard choisit le bois pourri.

En 1829, Rondeaux et Henne proposèrent le cuir

pour la fabrication du carton. — Julien n'employa que le foin seul.

En 1830, Bazy, à Saint-Omer, proposa la pulpe de betterave.

Voilà donc, depuis 1801, quinze industriels qui ont cherché à substituer au chiffon différentes substances dont la plupart sont prises dans la classe des végétaux. Nous pouvons ajouter à la nomenclature authentique que nous venons de mettre sous les yeux du lecteur, que nous avons reçu depuis long-temps, d'un fabricant de papiers en Espagne, près de Pampelune, une série d'échantillons de divers papiers, au nombre de vingt-quatre, qu'il m'assura avoir été fabriqués avec plusieurs végétaux de différentes espèces. Nous possédons en outre une feuille de papier d'emballage fabriquée avec du pur crotin de cheval.

Il n'est pas douteux qu'on ne puisse parvenir à fabriquer du papier avec toutes sortes de substances; mais il ne suffit pas d'être convaincu de cette possibilité, il faudrait encore être assuré que les substances qu'on substituera au chiffon, se présenteront avec autant d'abondance que celle qu'on emploie sans leur secours; que le prix de ces nouvelles substances n'excédera pas celui du chiffon ; que les manipulations indispensables pour amener ces substances au point d'en former le papier, seront aussi faciles que celles employées jusqu'à ce jour pour faire le papier de chiffons ; que ce nouveau papier sera aussi beau et d'aussi bon usage, etc. Toutes ces conditions sont indispensables pour donner au fabricant l'assurance qu'il peut entreprendre sans danger ce nouveau genre d'industrie.

Consultons à ce sujet un homme très-versé dans l'art

de la papeterie, et dont l'opinion sur ce sujet mérite la plus grande confiance. A l'époque où Desmarest écrivait la première édition de son art de la papeterie, on agitait déjà cette question, c'était en 1788. Il inséra dans son ouvrage un article très-important, et que nous sommes bien aise de transcrire ici littéralement.

Réflexions de Desmarest sur l'emploi des plantes brutes pour suppléer au Chiffon.

« Quand on pense qu'il y a au moins neuf cents cuves dans le royaume, dont chacune emploie environ quarante milliers de chiffon par an; qu'il ne se fait pas de cueillette de chiffon dans plusieurs cantons fort étendus où il n'y a pas de moulins à papier; enfin, qu'il s'en exporte, hors du royaume, de grandes parties par de petites fabriques voisines des frontières, qui ne font usage que des chiffons les plus grossiers, et se bornent à faire des papiers bulles et trasses, et qui livrent fort chèrement les lots des fins et des moyens aux étrangers, on doit être étonné de l'immense destruction de linge qui se fait en France, et de la grande quantité de chiffon qui s'y amasse pour l'usage des papeteries. Mais on doit être rassuré par les besoins immenses d'une nombreuse population, qui doit fournir à la dépense de l'industrie, dont les produits croissent comme elle.

« D'après ces considérations, on est surpris que certains physiciens, et d'autres personnes, livrés à de mauvaises combinaisons, aient considéré, en différens temps, l'emploi des plantes et des écorces d'arbres comme une ressource contre la disette dans la fabrication du papier. Au milieu de ce grand zèle, tant de la part des gens de bonne foi que des charlatans, aucun fabricant intelligent n'a pensé à cette prétendue ressource ; aucun n'a pu se flatter qu'à une petite distance de la papeterie, il pût faire une récolte de plantes vagues et sans culture, assez considérable pour entretenir une cuve pendant une année entière. Dans l'hypothèse de ces personnes qui nous vantent les plantes, il n'est question que de végétaux qu'on peut se procurer facilement, et presque sans frais ; car si l'on est obligé à de longs transports, à des récoltes dispendieuses, on voit que l'économie dont on fait valoir les avantages cesse d'avoir lieu.

« En supposant les plante, sans culture, abondantes, à la portée de la papeterie, supposition hasardée, les fabricans ont dû être alarmés de l'immense encombrement que leur occassionerait là provision d'une cuve où l'on fabriquerait trente milliers de papier ; car, en calculant sur les deux tiers de déchet, il leur faudrait une masse de quatre-vingt-dix milliers d'une seule plante sans culture ; et si l'on a recours au mélange de plusieurs plantes, on ne peut compter sur une étoffe d'une force et d'une souplesse égales, et par conséquent sur les produits d'une fabrication uniforme, ce qui est très-essentiel pour plusieurs arts où l'on fait usage du papier.

« A juger de ce qu'on pourrait se promettre le plus raisonnablement de l'emploi des plantes dans la fabrication des papiers, par les essais des physiciens dont j'ai parlé, et de ceux de M. Scheffer en particulier, il paraît qu'il n'y a guère que les plantes filamenteuses qui puissent être d'une certaine utilité ; mais alors on voit clairement que le fabricant qui se proposerait d'en faire usage ne pourrait le faire avantageusement sans ajouter aux manipulations de la papeterie, assorties à l'emploi du chiffon, d'abord le rouissage, long et difficile ; ensuite, s'il veut dégager les principes filamenteux des substances qui les masquent et en altèrent la couleur, il sera nécessaire qu'il ait recours à des lessives réitérées plusieurs fois. On aperçoit aisément que, dans le choix d'une nouvelle matière première, il serait indispensable d'introduire, dans nos papeteries, deux nouveaux ateliers, celui du rouissage et celui du lessivage des plantes.

« J'ajoute que, comme on serait astreint, dans cette hypothèse, à n'employer que certaines espèces de plantes, on ne pourrait s'en procurer une quantité suffisante sans prendre le parti de les cultiver; et, pour lors, je vois augmenter les soins et les avances primitives du fabricant. Quelle étendue immense de terrain ne serait-il pas obligé de consacrer à cette culture, puisque la quantité de ces plantes qu'exigerait l'entretien d'une seule cuve, monterait au moins à quatre-vingt-dix milliers pesant. Je ne parle pas ici des greniers nécessaires pour serrer ces récoltes, qui ne pourraient se faire qu'une seule fois dans l'année.

« D'après ces considérations, que je n'ai point exagérées, on conçoit que tout fabricant sensé qui sait compter, a dû s'en tenir à l'emploi du chiffon, et donner tous ses soins pour en animer la cueillette dans son arrondissement, et pour se procurer une matière qu'il trouve dans un état qui le dispense de toutes manipulations coûteuses; car cette matière, lorsqu'elle lui arrive, a été cultivée, récoltée, rouie, lessivée et blanchie à d'autres intentions qu'à celle de servir à son usage. Il se trouve donc fort heureux de recevoir le chiffon comme une marchandise de rebut, qui n'est propre à aucun autre usage, et de la payer comme telle.

« Si nous suivons en détail la cueillette des chiffons, nous verrons effectivement que le fabricant ne paie guère que la peine de ceux qui le ramassent ; c'est par cette raison que cette cueillette ne s'étend guère qu'à une distance proportionnée au prix que les fabricans y peuvent mettre et y ont mis jusqu'à présent. Plus le travail des papeteries est soigné, plus il suppose d'exactitude dans le triage des chiffons, plus les chiffonniers s'éloignent des fabriques ; et pour peu qu'ils soient favorisés par des rivières navigables, l'arrondissement de la cueillette s'étend encore davantage. Il suit de là que l'on ne ramasse pas de chiffon dans les endroits éloignés des papeteries, et au-delà des limites que le prix de cette denrée semble avoir fixées ; et je puis dire que le nombre de ces espèces de vides est encore considérable en France.

« Nous avons donc deux ressources pour augmenter la quantité de chiffon qu'on emploie maintenant dans nos fabriques. Nous pouvons d'abord hausser les prix de la plupart de nos chiffons, afin de les faire ramasser dans des rayons plus étendus ; en second lieu, nous pouvons distribuer nos papeteries plus économiquement, eu égard à la cueillette du chiffon, si la disette de cette matière se faisait sentir. Ces deux ressources me paraissent devoir servir long-temps, dans le cas où nous jugerions convenable d'augmenter nos usines. »

Les réflexions judicieuses de Desmarest qu'on vient de lire, et quelques notes qui nous furent communiquées par M. Charles Schinz, fabricant de papiers à Zurich, nous permettront de jeter un plus grand jour sur cette matière. Nous allons d'abord transcrire les observations de cet intéressant fabricant sur la statistique des fabriques de papier en Suisse, qui nous mettront à même de composer une statistique approchée pour la France.

« Il existe en Suisse, dit M. Schinz, cinquante-cinq manufactures de papier qui ont ensemble 95 cuves; plus une machine à papier continu que l'on compte pour huit cuves, qui font en totalité la valeur de cent trois cuves. Ces 103 cuves peuvent fabriquer ensemble, annuellement, une quantité de 247,200 rames de papier, pour une valeur approximative de 1,948,147 francs, argent de France.

« On compte généralement que chaque cuve emploie annuellement 50,000 livres ou 25 mille kilogrammes de chiffons, ce qui fait, pour les 103 cuves, une consommation annuelle de 5,150,000 livres ou 2,575,000 kilogrammes de chiffons.

« La Suisse compte deux millions d'habitans, et l'on a calculé que chaque individu, l'un portant l'autre, fournit trois livres de chiffons par an.

La Suisse fournit donc annuellement 6,000,000 livres de chiffons.

La consommation pour les papeteries est de. 5,150,000
_____

Elle renferme donc un excédant de. .   850,000 liv.

On pourrait donc y établir encore 17 nouvelles cuves sans craindre de manquer de matière première. »

Si l'on rapproche les données de M. Schinz de celles fournies par notre auteur Desmarest, qui connaissait parfaitement les besoins des papeteries, on verra que le fabricant suisse compte 50,000 livres de consommation annuelle pour chaque cuve, tandis que Desmarest ne l'évalue qu'à 40,000 livres : on trouvera que la Suisse, a un excédant de chiffons, après la fabrication annuelle, égal à un million huit cent quatre-vingt mille livres.

D'après ces données, cherchons à évaluer les ressources de la France en chiffons, et calculons la consommation de nos manufactures.

La France a une population de 32,000,000 d'habitans, qui, à trois livres chacun de chiffons, l'un portant l'autre, donnent annuellement une quantité de chiffons égale à 96,000,000 de livres.

Desmarest évalue à 900 le nombre de cuves qui existent en France, qui consomment chacune annuellement 40 mille livres de chiffon, ce qui donne une consommation annuelle de 36,000,000 de livres. Si au lieu de 40 mille livres nous adoptons la donnée de M. Schinz, 50 mille, nous trouverons pour consommation annuelle 45 millions de livres. Dans ce cas, on voit que l'excédant surpasse le double de cette quantité.

Mais si l'on objectait que le nombre des cuves est augmenté en France depuis que Desmarest a écrit, nous y consentons, ainsi nous pouvons supposer que le nombre des cuves est en France, relativement à la population, ce qu'elle est en Suisse, comparée à la population de ce pays. Nous trouverons facilement ce rapport par cette proportion :

2 millions : 32 millions : : 103 cuves : X = 1,648.

Nous trouvons donc que le nombre des cuves est égal, en France, à 1,648, et en multipliant ce nombre par 50,000 livres de chiffon que chacune d'elles consomme annuellement, nous trouverons pour la consommation annuelle de toutes ces cuves une quantité de chiffons égale à . . . . 82,400,000 liv.

Nous avons vu plus haut que la ré-
colte en France est égale à 96,000,000

────────

Nous aurons donc encore un excé-
dant de . . . . 13,600,000 liv.
au moins qu'on peut employer à d'autres usages.

D'après ces calculs que nous avons portés au maximum
de la consommation, on voit que les prévoyances de ceux
qui cherchent des ressources dans des végétaux en cas
de disette des chiffons, sont illusoires, et que nous n'a-
vons à craindre aucune disette. Cette récolte ne craint pas
l'influence des saisons et l'intempérie de l'atmosphère :
bien différente de la récolte des végétaux, de quelque
espèce qu'ils soient, les chiffons ne peuvent jamais nous
manquer.

Ceux qui prônent avec tant d'emphase l'emploi de
la paille, de la chénevotte, du lin, du maïs, du foin,
des résidus de la pomme de terre, de la pulpe de betteraves, pour en faire du papier, n'ont pas fait attention
qu'en enlevant ces substances à l'agriculture, ils la pri-
vent des moyens de nourrir les bestiaux et de faire des
engrais qui sont l'ame de ce premier des arts.

Quant aux autres substances que nous n'énumérons
pas ici, Desmarest a assez victorieusement combattu les
propagateurs de ces réserves, pour que nous ne nous en
occupions pas. Nous sommes totalement de son avis.

Parmi les substances végétales qui avaient séduit
quelques fabricans, la paille est celle qui a été le plus
tourmentée pour atteindre le but. Nous avouons que
c'est une découverte curieuse, mais nous avons démontré
qu'elle ne peut pas être utile. Pour en avoir une entière

conviction, nous allons citer une observation curieuse de M. Schinz, qui en a fabriqué, et qui entre dans des détails sur cette fabrication. Nous transcrivons en entier son article.

Papier de Paille.

« Parmi les matières premières employées pour la fabrication du papier, dit M. Schinz, la paille est celle qui a été le plus souvent travaillée, et on connaissait déjà depuis long-temps des procédés pour blanchir la paille, afin d'en faire du papier blanc. Cependant, il y a quelques années que M. Chaptal nous en envoya avec lequel nous fîmes du très-beau papier, et tout aussi bon que du papier fait avec des chiffons ; mais il paraît que tous les procédés employés jusqu'ici, dans ce but, sont trop coûteux pour qu'on puisse les employer avec avantage dans les manufactures. Cependant il y a quelques fabricans qui se servent de la paille pour faire des papiers d'emballage. Voici de quelle manière j'ai opéré pour faire un papier de paille assez joli.

« J'ai mis dans un cuvier 50 livres de paille de froment hachée, en y ajoutant 40 livres de chaux-vive et assez d'eau pour en former une espèce de pâte. Le mélange fut remué chaque jour en le transvasant dans un autre cuvier. Cette manipulation fut ainsi répétée pendant quinze jours. La paille fut ensuite triturée dans les pilons, de la même manière que les chiffons. Pour cela les piles sont préférables aux cylindres. Après avoir réduit ainsi la paille en pâte, elle fut mêlée à une égale quantité de pâte provenant des chiffons gros bulles, et on les fit passer ainsi mêlés par le cylindre raffineur comme à l'ordinaire. De cette manière, j'obtins un papier demi-collé, d'une teinte jaunâtre très-agréable, et très-fort.

« On peut aussi faire du papier de pure paille, il est d'une belle couleur jaune, mais beaucoup moins solide que lorsqu'on y mêle de la pâte de chiffons. Si l'on ne tient pas à avoir un papier d'une belle teinte, on peut y mêler, avec de la paille, de la laine, du coton et tout ce que l'on voudra, sans nuire beaucoup à sa force. En place de paille on peut aussi employer le foin, et d'autres herbes séchées ; le papier est alors d'une couleur verdâtre.

« Les 50 livres de paille, et autant de pâte de chiffons, me rendirent 70 livres de papier confectionné.

Papier de Chénevotte.

La chénevotte de chanvre et de lin pourrait être considérée comme la substance végétale la plus propre à fabriquer du papier commun, si elle était plus abondante, et si le transport et les frais pour le ramasser, n'en rendaient le prix trop élevé. La chénevotte n'est d'aucun usage dans l'agriculture ; les bestiaux ne la mangent pas ; elle n'est propre qu'à jeter sur le fumier où elle pourrit à la longue et fournit du fumier quoique en très-petite quantité. Elle n'a d'autre usage, en agriculture, qu'à servir de combustible aux teilleuses pour la dessiccation complète des tiges du chanvre, lorsqu'elles les préparent au teillage. Les teilleuses ne ménagent pas ce combustible, et il est rare, qu'après le teillage, il en reste quelques parties qui vaillent la peine d'en chercher l'emploi.

Dans la vue de conserver la chénevotte pour l'usage

des papeteries, il faudrait, lors de la préparation du chanvre, le remplacer par du même bois qui aurait une valeur plus grande qu'elle, et alors la chénevotte, qui ne coûte rien, dit-on, aurait une valeur du moins égale à celle du combustible qui tiendrait sa place. Nous sommes donc autorisé, sous tous ces rapports, à regarder comme erronée l'idée d'employer la chénevotte pour la fabrication du papier en remplacement du chiffon : l'économie agricole, industrielle et manufacturière, s'y oppose.

La découverte de la fabrication du papier par la chénevotte ne peut donc être regardée que comme un fait curieux, ou comme une page à ajouter à la description de l'art de la papeterie. C'est sous ce rapport que nous allons faire connaître les procédés que nous avons employés à la belle manufacture de MM. Montgolfier, à Saint-Marcel, près d'Annonay, où nous nous transportâmes en 1825, sur l'invitation des propriétaires du brevet, MM. Laforest et compagnie.

La chénevotte, coupée en petits fragmens par la broie, fut placée dans un grand cuvier plein d'eau, sous un filet d'eau qui se renouvelait continuellement; elle y resta jusqu'à ce qu'elle fût assez ramollie pour céder facilement sous la pression des doigts sans se rompre. Notre but était d'empêcher qu'elle ne se mît en poussière sous les maillets. Nous préparâmes ainsi 5o kilog. de chénevotte sèche.

Nous la fîmes effilocher par les maillets, de manière qu'elle fût réduite en demi-pâte. Cette provision nous servit à faire une série d'expériences dont nous allons rendre compte. Nous avions, dans le laboratoire d'expériences, un petit cylindre raffineur dont nous nous servîmes exclusivement pour toutes les expériences que nous désirâmes faire.

1°. Avec une partie de pâte raffinée dans son état naturel, nous fîmes du papier qui présenta une teinte jaunâtre assez agréable, et qui, sans avoir plus d'épaisseur qu'une feuille de papier, a une force considérable et présente une résistance qui tient de celle du parchemin, et qui est causée par le *gluten* qui s'y trouve en grande quantité. Nous écrivons cette description en ayant sous les yeux tous les échantillons que nous avons conservés.

2°. Dans la vue de nous débarrasser d'une grande partie de ce *gluten*, nous avions mis tremper notre pâte affinée dans de l'eau de chaux où elle est restée tout le temps de nos opérations. Une partie que nous en tirâmes après avoir été bien lavée, fut exposée à la vapeur du chlore gazeux, en même temps qu'on y avait exposé de la pâte de chiffons ; ces pâtes y restèrent les unes et les autres, le même temps, 36 heures. A l'ouverture de la cuve, nous trouvâmes toute notre pâte d'une couleur jaune-orange, tandis que celle du chiffon était d'un blanc éclatant. Quoiqu'on nous eût dit, en partant, que nous n'avions besoin de rien emporter, que nous trouverions un laboratoire de chimie très-bien monté, nous ne pûmes nous procurer aucun réactif; il nous fut impossible de connaître la cause de cet effet. Nous en fîmes une feuille de papier qui ne différa de la première que par une couleur plus intense et un peu moins de colle.

3°. Nous fîmes procéder au blanchiment de toute la pâte par des lessives successives de potasse caustique à un degré de Baumé, et alternées avec des immersions dans du chlorure de chaux liquide à un degré et demi du chloromètre de Gay-Lussac. Après chaque lessivage et chaque immersion dans le chlorure de chaux, je formai une feuille de papier que je gardai pour échantillon. Nous fûmes obligé d'employer neuf lessivages et autant d'immersions dans le chlore, pour obtenir un blanc parfait. Nous jugeâmes que ce procédé devenait trop coûteux. Le papier était encore suffisamment collé.

4°. Je me rappelai avoir lu dans un ouvrage anglais que les fabricans mêlaient souvent dans leur pâte 30 pour cent d'argile blanche ou de carbonate de chaux, sans altérer le tissu du papier. J'avais sous la main de la craie de Briançon (tale laminaire de Haüi), j'en ajoutai à une pâte après le premier lessivage et le chlorure; la feuille que je formai avait singulièrement blanchi, et le tissu ne paraissait pas altéré; elle était bien collée. J'ai oublié de dire que dans cet essai et dans le précédent, j'avais avivé ma pâte dans un bain d'eau aiguisée de deux centièmes d'acide sulfurique à 66°, et cette immersion a eu toujours lieu avant de former la feuille, quelque fût le nombre de lessivages et d'immersions au chlorure que j'eusse employé.

5°. Une addition de 20 pour cent d'alumine pure après quatre lessivages, autant d'immersions au chlorure et un avivage dans l'acide sulfurique, me fournirent une feuille d'un blanc éclatant, encore bien collée.

6°. J'ai essayé de mêler une certaine quantité de pâte de chiffon en supprimant les terres. J'ajoutai à chaque fois un douzième de pâte de chiffons sur onze douzièmes de pâte de chénevotte, après chaque lessivage, autant d'immersions dans le chlorure, terminant toujours par l'avivage dans l'acide sulfurique. L'expérience qui nous a le mieux réussi est celle-ci : nous avons employé huit parties de pâte de chénevotte, quatre parties de pâte de chiffons, quatre lessivages, quatre immersions au chlorure et un avivage par l'acide sulfurique. Nous avons obtenu un beau papier blanc, mi-collé. C'est là l'expérience que nous avons pu faire la plus concluante.

Que le lecteur juge actuellement si notre premier jugement n'était pas exact. Nous persistons à soutenir que la chénevotte ne peut pas remplacer le chiffon pour la fabrication du papier, et par plusieurs raisons : 1° parce qu'elle n'est pas assez abondante ; 2° parce que les opérations pour l'amener à un blanc parfait deviendraient trop coûteuses ; 3° que quand bien même on ne voudrait la destiner qu'aux papiers brouillards, elle ne serait pas manufacturière, et que les chiffons grossiers qui abondent dans les manufactures, sont plus que suffisans pour satisfaire à tous les besoins.

Si l'on veut faire attention aux avantages inappréciables que le blanchiment par le chlore a apportés dans la fabrication du papier, on se convaincra facilement que la chimie a plus que doublé les approvisionnemens du chiffon blanc, puisqu'elle a donné les moyens aux manufacturiers d'amener les chiffons gris au blanc le plus éclatant, avec la plus grande facilité. Renonçons donc à tourmenter la nature pour qu'elle nous donne de nouvelles substances dont nous n'avons aucun besoin.

§ VIII. *Sur le Collage du Papier à la Cuve.*

Dans le Chapitre 5 de ce deuxième volume, intitulé § 3, *du Collage* à la cuve, nous avons promis de

donner téxtuellement le mémoire de M. Braconnot sur
les expériences qu'il fit pour découvrir les moyens qu'on
avait mis en usage pour coller à la cuve une feuille de
papier qui lui était tombée sous la main.

Nous avons promis aussi, au même lieu, de donner
le texte en entier de l'instruction que la Société d'Encouragement fit imprimer sur le même sujet; nous venons nous acquitter.

*Mémoire de M. Braconnot sur l'examen chimique d'un
Papier collé dans la Cuve de fabrication.*

« On sait que lorsque le papier a été fabriqué et séché,
on le colle en le plongeant dans une dissolution de gélatine ; mais cette opération délicate, souvent contrariée
par le vent, le froid et le chaud, expose le papier à se
rider pour peu que la température de la dissolution de
gélatine soit trop élevée, ou à se putréfier si la dessiccation n'a pas été faite assez promptement : d'ailleurs il ne
prend pas toujours bien la colle, ce qui nécessite sa re-
fonte. Il serait donc d'une haute importance, pour la
papeterie, de trouver un moyen de coller la pâte dans
la cuve même où elle a été délayée. Beaucoup d'essais
ont déjà été faits à cet égard, mais sans succès. On a cependant réussi dans une fabrique. Un papetier du département des Vosges m'a fait remettre une feuille de
papier collé dans la cuve de fabrication, avec prière de
rechercher les matières qui ont servi à le coller. Je l'ai
soumis aux essais suivans : bouilli avec de l'eau pure, il
donne une liqueur qui rappelle au bleu le papier teint en
rouge par le tournesol, ce qui décèle une matière alcaline. L'infusion de noix de galle trouble à peine sa

transparence, d'où il suit qu'elle ne contient point de gélatine ; mais l'iode y développe une couleur bleue très-intense, qui indique l'amidon ou la colle de farine.

« Douze grammes du même papier ont été mis en ébullition pendant environ un quart d'heure avec de l'eau aiguisée d'acide sulfurique ; on a exprimé la liqueur dans un linge fin, et on a bien lavé à l'eau bouillante la pâte du papier ; desséchée, elle ne pesait plus que 11,16 grammes. La liqueur acide, réunie aux eaux de lavage, a été saturée par le carbonate de chaux ; puis, après avoir été filtrée, on l'a fait évaporer partiellement afin d'en séparer la plus grande partie du sulfate de chaux : rapprochée ensuite à siccité, il est resté un résidu jaunâtre, d'apparence gommeuse, du poids de 0,67 grammes. Cette matière, chauffée dans une capsule de platine, s'est boursoufflée en répandant une odeur de pain grillé, et a laissé une cendre qui contenait du sulfate de chaux et un sulfate à base d'alcali fixe que je n'ai pas déterminé. La dissolution dans l'eau de cette matière, d'apparence gommeuse, n'était que faiblement précipitée par l'infusion de galle ; avec l'iode, elle a développé une belle couleur violette très-foncée. Ce n'était donc que de l'amidon légèrement modifié. Les 11,16 grammes du papier qui ont résisté à l'action de l'eau bouillante aiguisée d'acide sulfurique, ont été chauffés avec une légère dissolution de potasse ; la liqueur exprimée bouillante était d'une couleur jaunâtre, transparente ; mais elle est devenue un peu louche en refroidissant : elle moussait comme de l'eau de savon. On a versé un peu d'acide sulfurique affaibli dans cette liqueur pour saturer la potasse, et elle est devenue laiteuse en laissant déposer une matière floconneuse qui ne s'est point rassemblée par

la chaleur. Elle pesait près de 0,2 grammes après la
dessiccation sur la capsule, qui était enduite d'une matière grasse ; elle a été lavée, ainsi que la matière floconneuse, avec de l'alcool qui a pris une couleur brunâtre
et s'est chargé de la matière grasse. Le résidu insoluble
dans l'alcool était formé en grande partie d'amidon qui
avait échappé à l'action de l'eau acidulée bouillante. La
liqueur séparée des 0,2 grammes de matière floconneuse
grasse par l'acide sulfurique, contenait aussi de l'amidon ; car, évaporée pour faire cristalliser la majeure
partie du sulfate de potasse, elle a donné une eau mère-
jaunâtre qui bleuissait fortement avec l'iode, et il s'est
rassemblé un sédiment brunâtre contenant encore de
l'amidon ; distillé dans un tube de verre, il a donné un
produit liquide alcalin qui a rappelé au bleu le papier
rougi par le tournesol, ce qui me paraît dû au gluten
contenu dans la farine de céréale qui a servi à coller le
papier dont il s'agit.

« Je reviens au liquide alcoolique brunâtre, provenant du lavage de la matière floconneuse. Evaporé, il a
laissé environ 0,1 gramme d'une matière grasse un
peu poissante, d'un brun-jaunâtre, ayant à peu près la
consistance du sain-doux. Sa combinaison avec la potasse était très-colorée et avait une saveur amère, ce
qui m'a fait soupçonner la présence d'une résine ; pour
vérifier si mon soupçon était fondé, je l'ai fait chauffer
avec de l'eau et une très-petite quantité de magnésie
pour saturer les acides gras ; j'ai ensuite traité le résidu
par l'alcool bouillant, qui a laissé, après son évapora-
tion, un léger enduit vernissé reconnaissable pour une
résine.

« Cinq grammes du papier collé dans la cuve de fabrication ont laissé après leur combustion, 0,06 grammes d'une cendre ferrugineuse qui contenait aussi une quantité très-notable de manganèse; car, fondue avec la soude au feu du chalumeau, elle a donné un verre d'un beau bleu. Cette cendre ne fait point d'effervescence avec les acides. Chauffée jusqu'au rouge avec l'acide sulfurique et le résidu délayé avec un peu d'eau, était peu sapide au moment du mélange, mais au bout de vingt-quatre heures sa liqueur a contracté un goût styptique très-prononcé, et l'ammoniaque y a formé un précipité d'alumine gélatineuse, d'où il résulte qu'on a fait entrer de l'alun dans la pâte de ce papier.

« D'après ce que nous venons d'exposer, nous pensons qu'on aura lieu d'espérer d'obtenir un résultat satisfaisant, en procédant ainsi qu'il suit pour coller la pâte du papier dans la cuve de fabrication. Sur cent parties de pâte sèche convenablement délayée dans l'eau, on ajoutera une dissolution bouillante et bien homogène de huit parties de farine (1), ainsi qu'une partie de savon blanc, aussi préalablement dissous dans de l'eau chaude; d'autre part, on fera chauffer une demi-partie de galipot avec la quantité suffisante de dissolution de potasse rendue caustique par la chaux pour dissoudre entièrement cette résine, et après avoir mélangé le tout, il ne s'agira plus que d'y verser une dissolution d'une partie d'alun.

« J'ai appliqué, en couches minces, sur du papier

----

(1) Il me paraît que pour obtenir une dissolution parfaitement homogène de la farine dans l'eau bouillante, il conviendrait peut-être d'y ajouter une certaine quantité de potasse caustique,

gris, l'empois résultant de l'union intime des matières que je viens de désigner, et il a été parfaitement collé. Il paraît qu'en introduisant des matières grasses et ré-sineuses dans la pâte du papier, on a principalement pour objet d'y fixer et d'y agglutiner, en quelque sorte, la colle, afin de l'empêcher de sortir par la pression. »

Instruction de la Société d'Encouragement sur le collage du papier à la cuve, par M. Mérimée.

« C'est un exemple remarquable du pouvoir de la science, que d'être arrivé, par l'analyse d'une feuille de papier, à découvrir les matières employées dans le collage à la cuve, et cette découverte n'est pas celle qui fait le moins d'honneur à M. *Braconnot.*

« On assure toutefois que quelques papetiers ont ré-pété le procédé que M. Braconnot publia dans les *Annales de chimie et de physique*, et que l'on vient de lire, mais qu'ils n'ont pas réussi à obtenir un bon collage. Si le fait est certain, on doit attribuer le défaut de succès plutôt aux fabricans qu'à la description, car nous avons obtenu de très-bons résultats avec les mêmes matières que l'analyse a fait découvrir au savant chimiste.

« Il y a, il est vrai, quelque différence dans la ma-nière d'opérer que nous avons suivie. C'est pourquoi je crois que la publication de nos expériences sera utile à ceux qui voudraient employer ce mode de collage; elle pourra du moins servir à abréger leurs essais.

« Il y a environ vingt ans, on envoya d'Allemagne à la Société d'Encouragement, des échantillons de papiers collés, les uns avec du savon de résine, d'autres avec de l'empois; ils étaient faiblement collés. En effet, dans les papeteries allemandes, ainsi que dans la plupart des nôtres, on est dans l'usage de faire pourrir le chiffon. Privée de son gluten par l'effet de la macération, la pâte a besoin d'une proportion plus grande d'empois; et si l'on porte la dose au point nécessaire pour rendre le papier fortement collé, les feuilles, au sortir de la presse, ne peuvent se *désœuvrer sans peler*.

« Quant au collage, au moyen de la décomposition par l'alun, d'un savon résineux, il était bien connu dans la plupart de nos papeteries; mais il n'était pas mis en pratique, si ce n'était pour des papiers peu collés, tels qu'on les demande pour l'impression.

« Nous avions connaissance de ces deux procédés, lorsqu'en 1815, M. *D'Arcet* et moi fûmes chargés, par la Société d'Encouragement, de faire des recherches sur les moyens de perfectionner le collage du papier.

« L'idée de réunir les deux procédés était trop naturelle pour ne pas se présenter d'abord à notre esprit. Nous devions présumer que l'addition du savon, permettrait d'employer une plus grande proportion d'empois sans augmenter l'adhérence des feuilles; nous savions que les Chinois, qui mêlent de la colle de riz à leur pâte de papier, y ajoutent le suc mucilagineux d'une espèce de guimauve, pour que les feuilles ne se collent pas entre elles lorsqu'on les presse. L'expérience confirma nos conjectures; mais, comme nous opérions avec du chiffon pourri, le papier, quoique imperméable à l'eau, n'avait pas la raideur que l'on regarde, dans le commerce, comme le signe le plus certain d'un bon collage. Nous restâmes alors convaincus que le procédé ne réussirait pleinement qu'avec du chiffon non macéré, et qu'il fallait attendre que nos fabricans renonçassent au système vicieux du pourrissage.

« Nous procédions de la manière suivante :

« Lorsque la trituration était achevée, et que la pâte était au point où il ne restait plus qu'à y mettre le bleu pour l'azurer, nous faisions verser, dans la pile, deux seaux d'empois fait avec de l'amidon et de l'alun. Lorsque le mélange était intime, nous ajoutions peu à peu une dissolution de savon résineux, en proportion suffisante pour décomposer l'alun. L'action du cylindre développait alors beaucoup d'écume : on la faisait disparaître avec un verre d'huile.

« Croyant donner plus de raideur au papier, nous ajoutâmes ensuite à l'empois de la colle animale clarifiée. Le papier pela un peu lorsqu'on le releva après avoir été pressé en porse blanche; pour lors, nous fîmes ajouter dans la cuve une petite quantité de savon blanc, et les feuilles, dans la suite, se désœuvrèrent sans jamais peler (1).

« Le savon résineux n'était pas préparé, comme le conseille M. *Braconnot*, avec de l'alcali caustique, mais avec du sous-carbonate de soude, et nous ajoutions de la résine jusqu'à ce qu'elle refusât d'entrer en combinaison. On délayait de suite ce sous-savon dans de l'eau chaude, et on le versait dans un tonneau. La résine non combinée se précipitait, et la dissolution, en refroidissant, se prenait en gelée.

« Dans ces expériences, nous nous dirigions d'après

---

(1) La colle animale n'est pas nécessaire. Il n'y en a pas dans les papiers de MM. Canson.

les mêmes principes qu'on observe dans les opérations de la teinture, c'est-à-dire que nous tâchions de précipiter le plus également possible autour des molécules du chiffon un mélange d'alumine, de résine et d'empois.

« D'après cette observation, je crois qu'il serait encore mieux de commencer par aluner le chiffon, et d'opérer ensuite la précipitation respective des matières, en ajoutant le savon résineux, préalablement mêlé avec l'empois.

« Je crois aussi qu'il y aurait de l'avantage à ajouter un peu de soude caustique à l'eau dans laquelle on délaierait l'amidon. On sait que les alcalis caustiques convertissent instantanément en colle les fécules amylacées; l'ébullition, venant ensuite, rendrait la colle encore plus fluide : on y ajouterait le savon ; et lorsque le mélange serait bien intime, on le verserait peu à peu sur la pâte alunée, jusqu'à ce qu'on fût parvenu au point de saturation, ce dont il serait facile de s'assurer au moyen d'un papier réactif. Enfin on ajouterait un peu de dissolution de savon blanc dans la cuve; et si, en formant les feuilles, le mouvement de l'ouvrier donnait naissance à des bulles, on les ferait disparaître avec un peu d'huile ou d'émulsion huileuse.

« Nous nous servions d'huile de colza pour dissiper l'écume occasionée par le savon ; il vaudrait mieux employer une huile siccative, telle que celle de noix ou de pavot. Une émulsion huileuse produirait probablement le même effet. Alors elle serait préférable, surtout pour les papiers destinés au lavis.

« Quoique nous ayons réussi avec de la colle de farine de froment, cependant celle d'amidon, qui sèche plus promptement, doit produire un meilleur effet; et sous ce rapport je conseillerais la colle de farine de riz, dont les Chinois nous ont enseigné l'usage.

« La proportion des différentes matières est d'une grande importance : elle doit être réglée d'après la qualité de la pâte, qui peut contenir plus ou moins de gluten. Il faut régler cette proportion par des essais en petit, qui ne peuvent présenter de difficulté à un papetier intelligent.

« L'alcali du savon décompose le bleu de Prusse, on ne peut donc pas employer cette couleur pour azurer le papier. Il faut, comme les Hollandais et les Anglais, se servir de bleu de cobalt, qui produit une teinte beaucoup plus brillante et plus durable. On doit délayer le cobalt avec l'amidon lorsqu'on prépare la colle. Alors, mêlé intimement avec l'empois, il devient plus léger, et ne se précipite pas au verso de la feuille, comme cela a lieu dans les papiers azurés des fabriques anglaises. »

La seconde Partie de cette instruction a été donnée au Chapitre V de ce volume, § 3, du collage du papier, page 98.

§ IX. Description de la machine à papier de M. Montgolfier.

Nous avons promis de donner une idée de cette machine que nous avons vue. Nous allons le faire de manière à ne pas compromettre les intérêts de cet habile manufacturier, dont le brevet n'est pas encore expiré.

La spécification de son brevet est ainsi conçue :

Machine à fabriquer le papier par mouvement continu, dans des dimensions déterminées, sans qu'on soit obligé

d'employer des toiles métalliques ou des moules à articu-
lations.

Pour parler plus exactement, M. Montgolfier aurait
dû dire, sans qu'on soit obligé d'employer des toiles
métalliques *sans fin*, etc., car il emploie des toiles métalliques.

Cette machine, extrêmement ingénieuse et très-bien
exécutée, était établie en 1825 à Grosberty, près d'Annonay, où M. Montgolfier me la montra.

Il faut se figurer un très-grand atelier, sous la forme
d'un parallélogramme rectangle approchant du carré.
Sur le fond sont trois immenses cuves contenant la matière continuellement agitée. Ces cuves sont élevées sur
une forte bâtisse, assez haut pour que leur fond soit à
peu près au niveau de la machine placée au-devant.

Le bâti de la machine est formé de deux lames de fer,
dont une d'environ trois pouces de large est pliée sur sa
largeur en un immense cercle ou ovale qui remplit
presque toute la salle, en ne réservant qu'un passage
suffisant tout autour pour le service. L'autre lame de
fer, plus étroite, est placée dans l'intérieur de la première à quinze à dix-huit pouces de distance. Ces deux
lames sont solidement fixées sur de forts piliers en fer,
et présentent entre elles une surface parfaitement horizontale.

Sur cette immense table que nous pouvons dire à
jour, sont placées, à égale distance, un nombre déterminé de formes ordinaires séparées entre elles par un
vide à peu près égal au plein que présentent les formes,
de sorte que si elles se touchaient, il pourrait y en entrer le double. Nous croyons nous rappeler d'en avoir
compté douze. Ces formes sont liées entre elles de ma-

nière que lorsqu'une se met en mouvement toutes marchent en même temps.

Sur le côté gauche de la machine est placé, sur des rouleaux, le drap qui reçoit le papier fabriqué, le mécanisme qui fait marcher les formes et les fait retourner sans dessus-dessous pour poser la feuille fabriquée.

Voici actuellement comment se fabrique le papier.

Lorsque la machine est en mouvement, et au fur et à mesure que chaque forme passe devant l'auge qui distribue la pâte, elle en reçoit la quantité suffisante avec le liquide dans lequel elle nage. Elle continue sa marche avec un mouvement de trépignement, et voyage ainsi sur la droite en déposant son eau, et arrive à peu près aux deux tiers du contour qu'elle doit parcourir. Là, le mécanisme fait renverser la forme sans-dessus-dessous sur le drap sans fin, elle y dépose la feuille. En poursuivant sa route elle se retourne sur elle-même pour reprendre sa première position, afin de se présenter sous l'auge et d'y recevoir une nouvelle feuille.

Dans le moment où nous vîmes cette ingénieuse machine, les travaux étaient suspendus à cause de l'eau qui manquait, mais M. Montgolfier nous en expliqua si bien les effets, que nous pourrions entrer dans de plus grands détails, si nous ne craignions de compromettre ses intérêts. Nous dirons seulement que cet habile manufacturier y a ajouté une pompe à air qui était jugée indispensable pour accélérer le travail et le rendre plus parfait.

( )

VOCABULAIRE

DE L'ART DU FABRICANT DE PAPIERS.

A.

ACOTAY, pied de biche dont l'usage est d'empêcher la vis de la presse de cuve de rétrograder. Il la soutient au moyen d'une rondelle de fer, dans les dents de laquelle cet acotay s'engage continuellement à mesure que la vis tourne.

ACOTOIR. Voyez Egouttoir.

AFFINER, *affinage*, *affineur* ; voyez Raffiner, etc.

AFFLEURAGE, opération qui a pour but de délayer uniformément la pâte dans un véhicule convenable et de l'adoucir en même temps.

AFFLEURANTE (Pile). Cette pile n'est garnie que de maillets nus et le plus souvent au nombre de trois : il y aurait de l'avantage d'augmenter le nombre des maillets, et de les ferrer.

AFFLEURANT (Cylindre). Ses dimensions, son travail et les avantages qu'on pourrait en tirer sont considérables.

AFFLEURÉE, quantité de pâte dont on charge la pile affleurante, et qu'on en tire lorsqu'elle a reçu sa préparation.

AFFLEURER, c'est conduire et diriger le travail de la pile *affleurante*.

AFFUT, terme du *formaire*. C'est le cadre de bois qui fait la base de la forme ou moule dont l'ouvrier se sert pour puiser la feuille de papier.

ALUN (*Sulfate d'alumine et de potasse*). Ce sel qu'on trouve abondamment dans le commerce, sert au papetier à mêler à la colle.

AMBALARD, *Bayart* ou *civière*. Instrument très-connu dont on se sert pour transporter la pâte.

ANDOUILLES, sortes de pâtons alongés et adhérens aux feuilles de papier. Ce défaut provient de ce que l'ouvreur a laissé accumuler la pâte dans certaines parties de la feuille.

APPRENTI de cuve; *leveur de feutres, vireur*. Il aide le leveur, en détachant les feutres de la porse, en brassant la cuve, en surveillant l'affleurage.

ARMURE; c'est l'enveloppe des rames de papier, qui se fait ordinairement avec des maculatures bleues ou grises, suivant la sorte de papier qu'on enveloppe.

ARQUET, cadre de bois garni de cordes en travers, sur lesquelles on étend un drap pour filtrer la colle avant de la mettre dans le mouilloir.

AVANTAGES, travail extraordinaire des ouvriers de la cuve, et qui leur vaut une certaine augmentation de salaire.

AZUR, couleur que les Hollandais, ensuite les fabricans Allemands et Français, à leur imitation, ont mêlé à la pâte du papier, pour faire disparaître la teinte jaunâtre et même rougeâtre de certaines pâtes.

B.

BACHAT. Ancien mot dont on se servait autrefois pour indiquer une *pile*. Voyez PILE.

BACHASSON, petite caisse de bois qui donne de l'eau aux piles.

BALLE, réunion de dix rames de papier emballées.

BALLON, quantité de papier qui renferme deux porses ou bien une rame de fabrication, et que les sallerantes transportent de la chambre de colle aux étendoirs.

BANC DE PRESSE; sorte de plateau fort épais, suspendu à la tête de la vis par un boulon de fer, et qui vient s'appuyer sur les *mises* dont la porse-feutre est couverte.

BARBES DES MAINS. Lorsqu'on plie une feuille de papier en deux, trois côtés présentent le bord des feuilles qui n'offre qu'un amas de matière mate et désorganisée, pour ainsi dire. Ces bordures, placées les unes sur les autres sur le bord des mains, se nomment *barbes des mains*; l'extérieur du pli des feuilles se nomme le *dos*.

BATADOIR ; banc sur lequel on lave les feutres.

BAYART. Voyez AMBALARD.

BATTERIE; c'est l'assemblage des rouages et des machines qui servent à triturer les chiffons pour les réduire en pâte.

BOIRE; on dit que le papier *boit*, lorsque étant mal collé, il se laisse aisément pénétrer par l'eau ou par l'encre.

BORDURES. Nous nous sommes assez appesanti sur les soins à prendre pour que les bordures des feuilles de papier soient coupées nettes lors de leur fabrication : les Hollandais excellent dans cette partie ; c'est à nous à les imiter.

BOUILLIE ; c'est le nom qu'on donne quelquefois, dans les cartonneries et dans les papeteries, aux pâtes qu'on retire des chiffons ou des anciens papiers qu'on refond.

BOURDONNÉ (Papier) ; c'est un papier ridé.

BOUTEILLES ; défaut du papier. Ce défaut est causé par une bulle d'air que le coucheur enferme entre le feutre et la feuille qu'il couche. Cette bulle comprimée écarte la pâte et ôte de l'épaisseur à la feuille. C'est ce vide qui porte le nom de *Bouteille.*

BRASSER LA CUVE ; c'est après qu'elle est fournie, remuer et agiter l'ouvrage de manière qu'il soit distribué également et uniformément dans l'eau qui lui sert de véhicule.

BULLE (Chiffon) ; c'est ordinairement dans le triage des chiffons, le troisième lot. Cette sorte de chiffon se pourrit plus facilement que celui des lots du fin et du moyen, et fuse en conséquence, si l'on ne modère pas les effets de la fermentation.

BULLE (Papier) ; c'est celui qui se fabrique avec les matières bulles ; c'est la dernière qualité des papiers d'écriture et d'impression.

C.

CAISSES DE DÉPOT. Ces caisses sont destinées à deux usages : les unes servent à recevoir la matière effilochée seulement ; elles sont doublées en plomb, et garnies d'un petit grillage qui donne issue à l'eau dont elle est imprégnée, et dont elle doit se dépouiller.

Les autres sont destinées à recevoir la pâte raffinée, et à la conserver avec son véhicule, elles sont pareillement doublées entièrement en plomb, sans aucun grillage.

On couvre les unes et les autres, afin de garantir la matière des saletés qui pourraient s'y introduire.

CARRON. On donne le nom de *bon carron* à un des coins de la feuille, renforcé par l'ouvreur, pour faciliter l'opération du leveur. Ce coin est celui qui se trouve sur sa droite, le plus éloigné de son corps, lorsqu'il tient la forme dans une position horizontale.

CASSÉ (Papier) ; c'est le papier déchiré ou défectueux, et qui forme le dernier choix. On le vend au poids pour pliage ou emballage.

CASSOLE ; réchaud destiné à contenir de la braise, qu'on place sous le mouilloir afin de tenir la colle dans un degré de fluidité suffisant.

CHAMBRE DE COLLE ; chambre ou atelier dans lequel s'exécutent toutes les opérations pour le collage du papier.

CHAMBRE DES CUVES ; atelier dans lequel sont placées les cuves pour la formation du papier, et qui

22

contient les presses nécessaires pour les premières opérations.

CHAPITEAU; c'est la couverture de la cuve ou pile à cylindre. On l'appelle quelquefois *chapeau*.

CIVIÈRE. Voyez AMBALARD.

CUEILLETTE. Ce mot s'applique à plusieurs opérations que nous indiquerons successivement : 1° *Cueillette du chiffon*, c'est en approvisionner la manufacture; 2° *Cueillette des pages*, voyez RECUEILLIR LES PAGES; 3° *Cueillette du papier*, voyez RECUEILLIR LE PAPIER.

CUEILLIR; c'est l'action de faire une *cueillette*.

CHAPERONS. On désigne sous ce nom un défaut du papier qui se manifeste par des espèces d'égratignures produites dans l'opération de l'étendage par la jeteuse qui a frotté le papier contre les cordes.

CHASSIS. On n'emploie guère ce mot que pour désigner deux pièces qui se trouvent dans le chapiteau de la pile à cylindre; l'un est garni d'une toile de fils de laiton, l'autre d'une toile de crin. Ils sont destinés l'un et l'autre à retenir la pâte et à laisser écouler l'eau. Indépendamment de ces deux châssis, on donne ce nom à une planche à coulisse qui forme vanne et qui ferme l'issue à l'eau, et l'empêche de s'écouler, lorsqu'on veut la retenir dans la pile, pour blanchir la pâte.

CHIFFONNIÈRES; femmes qui font, dans les campagnes, la cueillette des chiffons. On appelle aussi *chiffonnières* celles qui font le triage du chiffon dans les fabriques.

CHIFFONS; vieux morceaux de toile de chanvre,

de lin ou de coton, qu'on ramasse pour en faire une pâte avec laquelle se fabrique le papier d'Europe.

COIN, *bon coin*, *bonne cornière*, *bon carron*. Voyez Carron.

COLLAGE; apprêt qu'on donne au papier, et qui non-seulement le rend propre à recevoir l'écriture sans boire, mais encore lui communique une certaine fermeté nécessaire dans un grand nombre d'autres usages auxquels on l'applique.

Le collage s'exécute de deux manières, ou après que le papier est formé, selon l'ancien procédé; ou bien on le colle en le fabriquant selon le nouveau procédé, ce qui s'appelle *coller à la cuve*. Ce dernier procédé est le meilleur.

COLLE (chambre de); c'est dans l'ancien procédé, l'atelier où l'on prépare la colle, et où l'on colle le papier. Les fabricans qui suivent les nouveaux procédés, n'ont pas besoin de cet atelier.

COLLE EN PATE; mélange des substances qu'on jette dans le cylindre raffineur, ou directement dans la cuve de fabrication, qui ont la propriété de coller la pâte, de sorte que le papier sort tout collé de dessus la forme.

COUCHEUR; second ouvrier de la cuve, qui renverse la forme chargée d'une feuille de papier, et l'applique sur les feutres.

COULÉ; défaut du papier. On appelle papier coulé, celui dont la matière est accumulée dans une place plus que dans une autre. Ce défaut s'aperçoit distinctement en regardant la feuille à travers le jour. Ce défaut provient de l'ouvreur qui n'a pas bien distribué la pâte.

COULOIR, Voyez ARQUET.

COUTURES; les coutures, les ourlets, doivent être séparés des morceaux de chiffons dans le triage, et triturés séparément avec les maillets. Ces machines triturent mieux, quoique plus lentement, les nœuds des fils à coudre que les cylindres, qui ne peuvent les atténuer et les détruire, mais leur donnent seulement une forme ronde.

COUVERTE; assemblage de quatre tringles de bois jointes ensemble à angles droits, et évidées par-dessous en feuillures, de manière à s'appliquer exactement sur les quatre bords de la forme. Elle fait partie du travail du *formaire*.

CUVES DE FABRICATION. Ce sont des vaisseaux de bois dans lesquels on dépose la matière où la pâte à papier, et où l'ouvreur la puise avec sa forme pour le fabriquer. En France les cuves sont rondes dans tout leur contour, ce qui est une forme défavorable au travail de l'ouvreur, surtout quand il fait de grandes sortes, ou bien qu'il travaille à formes doubles; car alors la longueur des formes fait que, pour peu qu'il les approche du rebord de la nageoire, il court risque de frapper les deux extrémités de la courbure de la cuve. Pour remédier à cet inconvénient, il convient, à l'imitation des Hollandais, de construire la cuve plate, dans toute la partie qui correspond à la nageoire de l'ouvreur. Nous n'avons pas remarqué que, dans ces sortes de cuves, la matière tournât avec moins de facilité, lorsqu'ou les brasse, et qu'elle se mêlât moins bien avec son véhicule.

CYLINDRE; machine avec laquelle on réduit le chiffon en une pâte plus ou moins courte. Elle est composée d'un cylindre de bois, qu'on nomme *rouleau* dans les papeteries, armé de lames de fer ou de métal, fixées à la circonférence convexe du cylindre. On creuse sur la face extérieure des lames, des cannelures au moyen desquelles le chiffon se coupe et se divise en petits élémens fibreux, par la rencontre de semblables cannelures creusées à la surface de la *platine*.

La construction de cette machine nous paraît avoir été dirigée non-seulement dans l'intention de lui faire produire le plus grand effet possible, mais encore de pouvoir ragréer les cannelures à mesure qu'elles s'émoussent par le travail, d'en renouveler les lames, et d'en replacer d'autres lorsqu'elles sont usées. Je dois faire remarquer à cette occasion que des machinistes qui avaient perdu de vue ce principe, ont jeté plusieurs entrepreneurs de manufactures dans des dépenses considérables, en construisant des cylindres d'une seule pièce et de fer fondu qui, usés à un certain point au bout de quelques mois, n'ont pu être ni ragréés ni réparés et sont devenus des pièces de rebut totalement inutiles, qui servent de bornes à la porte des moulins; nous ajouterons ici que ces machines ainsi construites, même neuves et entières, ne donnent pas des pâtes égales.

Tel a été le premier établissement de papeterie fait à Essonne, auquel feu M. l'Ecrevisse, habile constructeur Hollandais, a substitué des cylindres et des rouages exécutés sur les meilleurs principes. C'est avec ces belles machines que le propriétaire de cette usine s'occupe utilement à perfectionner les différens papiers qui se fabriquent dans cette manufacture.

CYLINDRE AFFINEUR ou **RAFFINEUR**; c'est la cuve à cylindre dans laquelle on réduit le chiffon effiloché en pâte fine pour en former immédiatement le papier. Cette machine porte encore, dans quelques fabriques, le nom de *cylindre broyeur*.

CYLINDRE AFFLEURANT; c'est la cuve à cylindre dans laquelle on travaille la pâte qui a séjourné pendant quelque temps dans les caisses de dépôt, et qui s'est agglomérée en perdant une partie de son eau. Cette pâte y est de nouveau délayée et même affinée.

CYLINDRE EFFILOCHEUR, c'est la cuve à cylindre dans laquelle on jette d'abord le chiffon au sortir du dérempoir. Les chiffons y sont déchirés et réduits en une pâte grossière qu'on nomme *demi-pâte*.

D.

DALON; gouttière pratiquée dans le cylindre, qui reçoit les eaux sales ou superflues et les porte au-dehors du cylindre.

DÉCHETS; pertes qui ont lieu dans la fabrication. Il est rare que les fabricans s'en rendent un compte exact. Dans le triage des chiffons, ces déchets s'élèvent de 4 à 17 pour cent, selon que le fabricant surveille plus ou moins bien cette première manipulation. Dans l'exécrable opération du pourrissage, si l'on ne suit pas avec exactitude et une attention scrupuleuse le degré de fermentation, on peut tout perdre; mais en s'obstinaut à vouloir pourrir les chiffons, on est assuré d'éprouver les déchets qui s'élèvent de 16, jusqu'à au moins 50 pour cent.

DÉLISSAGE; c'est le principal travail des salle-rantes, que, par cette raison, on nomme aussi *délis-seuses*. Ce travail consiste à mettre à part les papiers suivant ses qualités et ses défauts. Ces femmes en font cinq lots : le *bon*, le *bon retrié*, le *gros retrié*, le *triage* et le *cassé*.

DEMI-PATE; c'est celle qui sort du cylindre effi-locheur; le chiffon est déchiré et légèrement trituré.

DENTELÉE (Bordure); lorsque l'ouvreur ôte mal la couverte, il enlève quelques petites parties de la bor-dure inférieure ou de la mauvaise rive, et en consé-quence elle se trouve dentelée; de même le coucheur, en traînant la forme, opère le même effet ou complète le mal. C'est pour cette raison que la mauvaise rive est ordinairement baveuse.

DÉROMPOIR; instrument qui sert à couper les chiffons en petits morceaux, afin d'abréger le travail, et de diminuer les efforts du cylindre effilocheur.

DOS DES MAINS; c'est le côté de la main de pa-pier qui sert comme de charnière aux demi-feuilles qu'on ouvre. Par l'action du lissoir, ce pli se trouve affaissé.

DRESSER. Ce mot a deux acceptions différentes; 1° dans la papeterie proprement dite, il signifie la ma-nipulation par laquelle on égalise le papier, de manière qu'aucune feuille ne dépasse l'autre.

2°. Dans l'art du *formaire*, on l'emploie pour expri-mer l'action par laquelle on rend le fil de laiton droit et propre à la fabrication de la toile métallique dont on couvre les formes.

E.

EAU ; GRANDE EAU, PETITE EAU. On dit qu'on travaille *à grande eau*, lorsque l'eau, dans laquelle la matière du papier nage, est abondante, relativement à la quantité de cette matière : c'est tout le contraire lorsqu'on travaille *à petite eau*, la pâte est plus abondante, quant à son véhicule. Il est plus avantageux de travailler à grande eau.

EAU D'ALUN ; c'est un mélange d'eau, de dissolution de gélatine et d'alun qu'on passe sur les feuilles de papier qui ne sont pas suffisamment rendues imperméables par une première colle. On nomme ce mélange *demi-colle*.

ÉBARBER ; c'est rogner légèrement, avec de gros ciseaux, les bordures des feuilles de papier, lorsqu'elles sont pliées en mains, et avant que de les empaqueter en *rames*.

ÉCACHER ; se dit de la compression des porses blanches par le *leveur*.

ÉCHANGE ; suite de manipulations qui ont pour but d'adoucir le grain du papier, et de procurer en même temps au fond de l'étoffe un feutrage qui la rend ferme et cartonneuse.

EFFILOCHER ; c'est détruire la toile ou le tissu des chiffons, et les réduire aux élémens des fils. Cette opération se fait dans les piles particulières, qu'on nomme piles *à effilocher*, piles *à drapeaux*, piles *à drapeler*, piles *à battre en défilé*, et dans les *cylindres effilocheurs*. La pâte que l'on retire de ces cylindres se nomme *effilochée* ou *demi-pâte*. --

EGOUTTOIR; petite planchette placée sur le tour de la cuve qui soutient la forme lorsque l'*ouvreur la* passe au *coucheur*. Pendant le temps qu'elle s'y repose, l'eau de la pâte *s'égoutte*.

ENSEIGNE; on donne ce nom à l'assemblage d'un tissu de fil de laiton, qui comprend ordinairement la marque du papier, le nom du fabricant et sa demeure. Ce tissu fait partie de la toile métallique de la forme.

ENVERGER. Opération par laquelle l'ouvreur, balançant sa forme de droite à gauche et de gauche à droite, détermine la matière à s'étendre dans le sens des brins de la verjure, et surtout à s'introduire dans les intervalles de ses brins.

ÉTENDOIR ou **SÉCHOIR.** Ce sont des galeries qui règnent ordinairement sur les bâtimens de la papeterie. Les meilleurs sont ceux qui sont établis au rez-de-chaussée, à l'imitation des Hollandais. On y établit des piliers et des perches, qui servent à soutenir des cordages sur lesquels on étend les pages ou les feuilles de papier. Les ouvertures sont fermées par des jalousies qui permettent la circulation d'un air frais, au moyen duquel on ne brusque point la dessiccation des papiers, soit avant, soit après la colle.

F.

FERLET; instrument en bois qui a la forme de la lettre T, sur lequel l'étendeuse reçoit les feuilles que la jeteuse lui lance, à mesure qu'elle les détache des porses collées ; il sert aussi à celui qui étend en pages.

FEUTRES, FLOTRES ou **FLOUTRES** ; morceaux de drap sur lesquels le *coucheur* place les feuilles de papier qu'il reçoit, avec la forme de l'*ouvreur*, au fur et à mesure qu'il les fabrique.

FORMAIRE ; c'est l'ouvrier qui construit les *formes* avec lesquelles on fabrique le papier.

FORMES ; ce sont les moules avec lesquels l'ouvreur parvient à composer une feuille de papier, en distribuant la matière qui flotte dans l'eau.

FOURNIR LA CUVE ; c'est, après une porse ou la moitié d'une porse, verser dans la cuve une quantité d'ouvrage équivalente à celle qui a été employée à la fabrication de cette porse. Le leveur est chargé d'apporter la pâte affleurée, de la verser dans la cuve, et de la brasser conjointement avec l'apprenti.

FUT ; c'est le châssis de la forme armé de ses pontuseaux.

G.

GLUTEN ; substance végéto-animale, qui réunit et colle entre elles les fibres du chanvre, du lin et de plusieurs autres substances végétales filamenteuses. Leur macération dans l'eau de chaux détruit ce *gluten* d'une manière plus avantageuse que le pourrissoir qui détruit les substances filamenteuses. Les alcalis caustiques employés avec précaution arrivent au même but, et la trituration en est facilitée.

GONFLE. On désigne sous cette dénomination une

matière muqueuse qui se manifeste sur les chiffons dans le pourrissoir après quelques jours de fermentation.

GOUVERNEUR DU MOULIN; c'est un ouvrier qui est chargé des opérations les plus importantes de la fabrication, depuis la réception des chiffons, jusqu'à ce qu'il ait livré la pâte pour la formation du papier. On voit par là combien cet ouvrier doit être occupé, puisqu'il est chargé de tous les détails et de la conduite des machines. Le succès de la fabrication dépend particulièrement de l'intelligence, de la force et de l'activité de cet ouvrier, dont le repos est souvent interrompu par la nécessité de remuer les piles à effilocher, ou de remonter les piles à raffiner, car les piles sont en mouvement la nuit comme le jour. C'est pour cette raison qu'on lui donne un aide sous ses ordres, ou un apprenti.

GOUTTES; défaut du papier. On nomme *gouttes* certaines marques rondes qu'on aperçoit en regardant la feuille à travers le jour; la pâte y est plus claire que partout ailleurs. Elles sont causées par des gouttes d'eau que l'ouvreur ou le coucheur ont laissé tomber sur la feuille encore en pâte, et qui ont, par leur chute, dérangé l'épaisseur de la feuille.

GRAIN DU PAPIER. On appelle grain du papier de petites éminences qui se forment sur sa surface dans la fabrication même; ces éminences, lorsqu'on les laisse exister, sont très-nuisibles à l'écriture, au dessin et à l'impression : elles font cracher la plume. Les bons fabricans les détruisent par l'échange souvent répété.

GRAISSE. Au Chapitre 3 de la deuxième Partie, § 8, nous avons consacré un article entier sur cette substance; il faut le lire.

GRATTOIR ; petit instrument pointu, en forme de lance, tranchant des deux côtés, dont on se sert dans tous les bureaux ; il est parfaitement connu. On l'emploie pour enlever les boutons et les nœuds sur le papier.

GUILLOTIÈRE. On donne ce nom dans certaines papeteries à l'ouvrière chargée du choix des chiffons, et qui les dérompe à la main. On les nomme plus généralement *trieuses* ou *délisseuses-trieuses*.

H.

HOLLANDAISE ; c'est le nom qu'on donne en Allemagne et en Hollande à la cuve à cylindre. Voyez CYLINDRE.

J.

JETÉE ; réunion de plusieurs feuilles de papier que la jeteuse prend à la fois.

JETEUSE ; c'est l'une des deux étendeuses dont une salle est composée. Elle détache et sépare les rames, et les lance sur le ferlet que lui présente l'autre étendeuse.

JOURNÉE MOYENNE ; la quantité moyenne de matière employée par jour dans les cuves hollandaises, est d'environ 150 livres. En France elle ne va guère qu'à 120 livres.

K.

KAS ; châssis garni de toile de crin et qui donne issue à l'eau sale et à la graisse fournies par la matière qui se triture dans les piles à effilocher et à raffiner.

L.

LABOURÉ; défaut d'un papier mal couché.

LACHÉ, *coulé*, *labouré*, *écrasé*; défauts du papier produits par le *coucheur* qui, n'ayant pas la main sûre, laisse un peu glisser la forme sur le feutre.

LAMES; on donne ce nom aux pièces de fer ou de bronze dont les cylindres sont recouverts sur leurs surfaces convexes.

LAMINOIR; machine composée de deux ou trois cylindres placés les uns au-dessus des autres dans un sens vertical. Le laminoir sert à adoucir le grain du papier et du carton.

LAVAGE *du chiffon*. Cette opération, si négligée, s'exécute d'après les principes que nous avons développés: IIe Partie, Chapitre 1er, § 3; et IIIe Partie, Chapitre 1er, § 3. Le lavage des pâtes s'opère dans les piles ou cuves à cylindres.

LEVEUR; troisième ouvrier de la cuve, qui sépare les feuilles de papier des feutres, et en forme des paquets qu'on nomme *porses-blanches*. Il est chargé aussi du travail de la pile affleurante et du brassage de la cuve.

LEVEUR DE FEUTRES. C'est, dans certaines fabriques, l'apprenti de la cuve. Il tient aussi, suivant la méthode hollandaise, la planchette, pour aider le leveur à selle plate.

LISSE OU LISSOIR. On a donné ce nom à différentes machines et outils avec lesquels on a prétendu adoucir la surface des papiers ; mais aucune n'a produit un si bel apprêt que l'échange. Voyez Echange.

M.

MACULATURE (Papier de) ; Cette sorte de papier est faite de pâte fort grossière. On la tient d'une certaine épaisseur, attendu qu'elle est principalement destinée à servir d'enveloppe aux rames des papiers fins et moyens. Les maculatures se fabriquent en Hollande avec autant de soin que d'intelligence, parce qu'on y emploie un chiffon non pourri qui donne une étoffe solide et cartonneuse.

MAILLETS, MARTEAUX OU PILONS ; grosses pièces de bois ou de fonte, montés dans un fort manche, sur l'extrémité duquel ils se meuvent sur une forte cheville en fer. Ils servent à triturer le chiffon et à le réduire en pâte.

MAIN DE PAPIER ; c'est l'assemblage ou un paquet de vingt-cinq feuilles de papier pliées en deux. Il faut vingt de ces mains pour faire une rame. Les Hollandais savent plier les feuilles de papier, pour en former les mains, de manière que les dos soient bien ronds, et les bords des feuilles bien égalisés ; pour cela, ils placent les vingt-cinq feuilles les unes sur les autres, et les plient toutes à la fois ; au lieu qu'en France, on plie d'abord chacune des feuilles séparement, et puis en les assemblant les unes dans les autres, on en fait un paquet où les feuilles s'ajustent mal, et pour le dos et pour les bordures.

MANICORDION ; c'est un fil de laiton très-délié

dont le formaire se sert pour arrêter les fils de laiton plus gros qui constituent le tissu de la forme.

MATRISSAGE; c'est une opération qui a pour but de restituer au papier l'humidité qu'il a trop promptement perdue, et en l'exposant de nouveau au contact de l'air. Voici comment on opère : on place entre deux feutres mouillés, deux, trois ou quatre pages de papier qu'on vient de cueillir de l'étendoir; on soumet le tout, de suite, à une légère pression, et lorsque le papier a obtenu la moiteur nécessaire, on l'étend de nouveau pour le faire sécher plus lentement.

MOUILLÉE; ce mot a deux acceptions : 1° il exprime la quantité de chiffon qu'on introduit dans le pourrissoir; nous y avons placé une *mouillée* de fin, de moyen, etc.; 2° il exprime aussi la quantité de poignées dont le sallerant charge la presse de la chambre de colle; il faut séparer, par des morceaux de feutre, les rames dont la mouillée est composée.

MOUILLOIR; cuve qui contient la solution de gélatine dans laquelle l'ouvrier plonge le papier pour le bien imbiber de cette substance, et par là le rendre imperméable à l'eau et à l'encre.

MOULINS; assemblage de grandes machines pour la trituration des chiffons. Il y en a de deux sortes : les moulins à maillets et les moulins à cylindres.

MULE; planche que l'on place entre les jumelles de la presse de cuve, et sur laquelle le leveur ou son apprenti dépose les feutres que le coucheur y prend à mesure qu'il en a besoin.

MUSETTES; petites *bouteilles* occasionées par l'air

comprimé entre la feuille et le feutre lorsque la feuille n'adhère pas exactement au feutre dans toutes ses parties. Il s'en forme aussi lorsque le leveur écache mal. Voyez Bouteilles.

N.

NAGEOIRE ; C'est une espèce de caisse ou d'enfoncement dont les parties sont disposées, à côté de la cuve, de manière à recevoir l'ouvreur, et à le mettre à portée d'exécuter toutes les manœuvres, comme de plonger la forme dans la cuve, etc.

NŒUDS ; parties des fils à coudre, qui n'ont pu être triturées par les cylindres, et auxquelles ces machines donnent seulement une forme ronde. Ils sont fort sensibles à la surface de certains papiers, qu'ils percent quelquefois entièrement. Il n'y a qu'un triage sévère et exact qui puisse préserver les fabricans de cette défectuosité qui infecte les meilleures pâtes. On ne peut détruire les nœuds qu'en triturant les fils et les coutures aux maillets.

NOYÉ D'EAU. Sortes de nébulosités occasionées par une quantité d'eau surabondante qui noie la pâte entre les feutres, et en produit le dérangement.

O.

OUVRAGE. On se sert en papeterie de ce mot, pour indiquer la pâte placée dans la cuve de l'ouvreur et soumise à ses opérations. Ainsi l'on dit : si l'ouvreur s'aperçoit que *l'ouvrage* se précipite au fond de la cuve, il la fait brasser à moitié porse.

OUVREUR ; premier ouvrier de la cuve. C'est lui qui fabrique la feuille de papier ; il la livre au second ouvrier qui la couche sur les feutres. Le troisième ouvrier, le leveur, l'enlève de dessus les feutres, la met en porses blanches. La fabrication dépend de ces trois ouvriers.

P.

PAGES ; paquets de quatre à cinq feuilles qui, en séchant à l'étendoir, se collent ensemble et forment, dans cet état, des espèces de cartons. Il faut que ces pages ne soient pas trop épaisses, parce que cela occasionerait des rides et des fronces dans les feuilles qui touchent aux cordes, et qui ne peuvent pas sécher en même temps et de la même manière que les autres.

PAPETERIE. Ce mot a deux acceptions : 1° il se prend pour les bâtimens mêmes de la fabrique ; 2° pour la suite des procédés et des manipulations qui concourent à la fabrication et aux apprêts du papier.

PAPETIER. Ce mot s'applique aux *ouvriers* ou *compagnons* qui travaillent dans les moulins ; ainsi l'on dit les *ouvriers papetiers*, les *campagnons papetiers* commencent leur journée de bonne heure et la finissent aussi de bonne heure, à moins qu'ils ne fassent journée et demie. On l'applique aussi aux marchands papetiers des villes ; ainsi l'on peut dire que les *marchands papetiers* de Paris gâtent le papier à écrire, en le battant avec un large marteau.

PARFILER ; terme de formaire. C'est attacher ou *coudre*, pour nous servir du mot technique, le tissu de la toile métallique avec le fût ou l'affut.

PATE PULPE. C'est, en papeterie, le résultat de la trituration du chiffon qu'on réduit, ou par les maillets ou par les cylindres, à un état de ténuité plus ou moins considérable, suivant les sortes de papiers qu'on se propose de fabriquer.

PATTES ; nom qu'on donne aux chiffons dans certaines localités.

PATTIÈRES ; femmes qui font la cueillette des chiffons.

PEILLES ; nom qu'on donne aux chiffons dans nos départemens méridionaux. Ce mot, dans le patois du pays, signifie haillons et habits déchirés.

PIEDS ; partie de la forme que l'ouvreur tient de la main gauche. C'est un mot consacré dans beaucoup de papeteries ; on n'en conçoit pas l'étymologie, car les formes n'ont pas de pieds.

PIED-DE-CHÈVRE ; défaut du papier. Lorsque la feuille est écornée ou légèrement déchirée, on dit qu'elle est *pied-de-chèvre* ou *en pied-de-chèvre*.

PILE. Ce mot a plusieurs acceptions différentes dans l'art de la papeterie ; 1° on le donne aux creux dans lesquels frappent les maillets ; 2° on appelle *piles*, les caisses dans lesquelles se meuvent les *cylindres effilocheurs*, *raffineurs*, etc.; 3° on donne encore le nom de *piles* aux tas de papiers dressés, on dit une pile de papier.

PINCE DU KAS ; c'est une espèce d'entaille ou de poignée avec lesquelles on saisit le châssis du kas, lorsqu'on veut l'enlever pour le nettoyer ou renouveler la tellette.

PIQUÉ (Papier); c'est celui qui, étant serré trop tôt dans un magasin un peu humide, contracte quelques taches de moisissure.

PISTOLET; sorte de chaudron qui fait l'office d'un fourneau pour chauffer l'eau de la cuve à ouvrer, et y entretenir, pendant tout le temps du travail, une certaine température douce.

PLATINE. Ce mot s'applique à deux objets différens : 1° les platines propres aux piles à maillets; 2° les platines qui sont placées dans les piles à cylindres. Ajoutons ici sur chacune de ces platines quelques observations que nous jugeons très-utiles à ajouter à ce que nous avons dit dans nos descriptions.

1°. Les platines des piles à maillets sont de grandes plaques de fer fondu, et encore mieux de fer forgé, qui garnissent le fond des piles à maillets, et qui sont fixées par quatre gros clous qu'on nomme *agraffes*. C'est entre ces platines et la ferrure de la tête des maillets que le chiffon se triture, ou que la pâte se raffine.

2°. Les platines des piles à cylindres exigent un peu plus de détails. Ce sont des pièces de bronze cannelées à leur surface, et dont les cannelures rencontrant celles des lames des cylindres, sans cependant les toucher, font l'effet des ciseaux pour couper les chiffons, que le mouvement du cylindre entraîne entre ses lames et la *platine*. Les platines ont ordinairement deux systèmes de cannelures pour qu'on puisse les changer de situation et les faire servir dans les deux cas. Elles ont environ deux lignes de profondeur, et se terminent en tranchans couchés, à peu près comme les dents d'une crémaillère; la moitié des arrêtes est inclinée d'un côté, et l'autre moitié vers le côté opposé. Il est nécessaire de ragréer souvent et de rétablir la vive-arrête des cannelures de la platine, qui contribuent à couper les chiffons, et comme elle diminue d'épaisseur à mesure qu'on la ragrée, on est obligé de lui donner un support ou coussinet plus épais, afin qu'elle se conserve à une distance toujours la même des lames du cylindre, et qu'elle opère également avec ces lames, soit pour l'effilochage, soit pour le raffinage des pâtes.

On évite, en Hollande, de se servir de platines de fer, même avec les cylindres effilocheurs, parce qu'alors la rencontre de cette platine de fer avec les lames de fer du cylindre noircissent le chiffon à mesure qu'il se coupe et qu'il se bat en défilé.

On a soin aussi que le métal qui sert à composer les platines des cylindres raffineurs, soit moins dur que celui qui sert à former leurs lames; car, comme il est de principe qu'une dureté égale dans les lames des cylindres et des platines nuit au succès de la trituration du chiffon, on a préféré de faire les lames des cylindres plus dures, parce qu'on ne peut pas les renouveler aussi facilement que les platines. C'est pour cette raison qu'on tient les platines d'un métal plus doux. Quant au cylindre effilocheur, il est aisé de donner à ses lames, qui sont de fer, une supériorité de dureté sur la platine qui est en bronze.

PLONGEUR, OUVREUR, PUISEUR. C'est le nom qu'on donne indifféremment dans quelques manufactures au premier ouvrier de la cuve. Voyez OUVREUR.

POIGNÉE. On désigne par ce nom les paquets ou les porses que le sallerant trempe dans le mouilloir à chaque fois qu'il colle. Deux de ces poignées ou porses font une *rame*.

PONTUSEAU; liteau de sapin qui, en certain nombre fort variable, traverse d'un grand côté du châssis de la forme à l'autre. Les *pontuseaux* servent non-seulement à consolider les pièces du châssis, mais encore à lier la toile de laiton, et à la retenir lors des efforts du coucheur, qui l'appuie successivement contre les feutres.

PORSE; c'est une certaine quantité variable de feuilles de papier, ou couchées entre les feuilles, ou formant des paquets sans l'interposition des feutres. Dans le premier état on les nomme *porses-feutres*; dans le second, *porses-blanches*.

POURRISSOIR; c'est un endroit bas et fermé où l'on met le chiffon, trié et lavé, en tas plus ou moins considérables, qu'on appelle *mouillées*, parce qu'on les arrose de temps en temps afin qu'ils s'échauffent et pourrissent. Nous nous sommes élevés avec force contre l'usage de faire pourrir les chiffons, parce que nous sommes convaincus des désavantages et des pertes que cette manipulation occasione; que de plus elle est proscrite des établissemens hollandais dont les papiers surpassent ceux de nos manufactures. Cependant, afin de satisfaire ceux qui pouvaient encore tenir à cette pratique, nous allons décrire un genre de pourrissoir que nous avons vu établi dans une belle papeterie aux environs de Bruxelles.

Dans de grandes galeries dépendantes des bâtimens de la manufacture, le propriétaire a fait construire une suite de caisses bien fermées, et d'une capacité assez grande pour contenir une certaine quantité de chiffon,

connue et déterminée; par exemple, la quantité que les
cylindres qui sont en activité dans son moulin peuvent
triturer dans un jour. Le nombre de ces caisses est égal
au nombre de jours nécessaires pour que les tas de chiffons renfermés dans les caisses soient suffisamment
échauffés et puissent être soumis à la trituration. Plus la
saison est froide, plus est grand le nombre des caisses
qu'il remplit de chiffons, et il y en a d'autant moins que
la saison est plus chaude. Suivant ce système, on place
un tas de chiffons d'un côté, pendant qu'on en enlève
un de l'autre.

Nous devons faire observer qu'on mouille bien complétement le chiffon dans des auges de pierre, avant de
le déposer dans les caisses, afin qu'il puisse fermenter
autant et pas plus qu'il ne convient.

Les chiffons, lorsqu'ils ont pris dans ces caisses un
certain degré de fermentation sans être énervés, sont
beaucoup plus disposés à se laver et à prendre le degré
de blancheur convenable dans les piles des cylindres
effilocheurs, et ces bons effets d'un pourrissage réglé, se
remarquaient particulièrement sur les chiffons bulles et
même sur les moyens. Ce fabricant prétendait même
qu'une fermentation de peu de durée rend les saletés et
les parties colorantes du chanvre et du lin beaucoup
plus solubles dans l'eau sans altérer la partie fibreuse;
les chiffons fins même qui étaient un peu bis, avaient
acquis un certain degré de blanc par un commencement de pourrissage ainsi modéré.

PRESSAGE. Usage de la presse dans la fabrication
et dans les apprêts du papier. Nous ne le considérons ici
que comme la seconde manipulation de *l'échange* qui

succède au *relevage*, et qui en complète l'effet. Le *pressage* doit être ménagé d'abord après le premier relevage; mais ensuite on l'augmente par des progrès insensibles pour que l'eau s'écoule, et que les molécules de la pâte se rapprochent, elles forment une étoffe ferme et cartonneuse. Les pressages ont d'autant plus d'effet qu'ils ont lieu sur des étoffes encore molles, et qui se prêtent facilement à la moindre compression qu'on leur fait subir.

PRESSES. On fait usage de plusieurs presses dans les différens ateliers d'une papeterie. Dans la chambre de cuve; il y en a de fortes pour les *porses-feutres*, de plus petites pour les *porses-blanches;* d'autres d'une force moyenne pour la chambre de l'échange ainsi que pour la chambre de colle; enfin les plus fortes servent pour la salle des apprêts.

Q.

QUAIT; nombre constant de vingt-six feuilles de papiers, de quelque sorte que ce soit. Desmarets croit que ce mot correspond au mot quarteron, et peut être dérivé de là. Le nombre des *quaits* contenus dans une porse; varie d'une sorte à l'autre, comme le nombre des feuilles contenues dans ces mêmes porses. Le mot quait indique donc, comme on voit, une main de papier qui est de vingt-six feuilles dans la fabrication.

R.

RAFFINER ; c'est réduire à une plus grande ténuité la matière du chiffon effilochée. Cette opération se fait dans le cylindre à raffiner.

RAFFINEUR. Voyez CYLINDRE AFFINEUR.

RAGRÉER les cannelures des lames des cylindres et des platines, c'est les entretenir, autant qu'il est possible, dans leur vive-arrête.

RAME. On appelle ainsi la réunion de vingt mains de vingt-cinq feuilles chacune, ce qui donne cinq cents feuilles pour une *rame*.

RECUEILLIR le papier, c'est le prendre feuille à feuille de dessus les cordes de l'étendoir, où il a été placé pour le faire sécher.

REFONDRE le papier. Ce travail consiste à remettre de nouveau au pilon les feuilles de papier qui sont tellement cassées, qu'elles ne peuvent être d'aucun usage. Le cylindre raffineur exécute beaucoup mieux ce travail que les pilons.

RIDES ; ce sont des plis fort petits et souvent nombreux qui se trouvent ordinairement sur le milieu des feuilles.

RINCER. Ce mot s'applique également à plusieurs manipulations essentielles en papeterie. Le gouverneur du moulin *rince* fréquemment les piles, les maillets, les cylindres et les couloirs, en jetant dessus des bassines d'eau. Les ouvriers de la cuve la *rincent* après l'avoir vidée de ce qu'elle contient de pâte et d'eau. On *rince* les feutres, après la lessive, en les passant dans l'eau courante. Enfin, on *rince* chaque jour les feutres qui ont servi au travail de la cuve, et on les met égoutter pendant la nuit.

RIVE; ce mot indique les grands côtés de la feuille et de la forme. On distingue la bonne rive et la mauvaise rive. La *mauvaise rive* est le bord de la feuille et de la forme qui est du côté de l'ouvreur; et la *bonne rive*, le bord opposé. L'ouvreur fortifie la *bonne rive*, en y faisant couler plus de matière que vers la mauvaise rive. C'est sur la bonne rive que le coucheur appuie la forme et la feuille, quand il l'applique sur le feutre.

ROULEAU; c'est le nom que les ouvriers donnent assez ordinairement au *cylindre*. Voyez CYLINDRE.

S.

SALLERANT; ouvrier qui préside aux travaux de la salle, et en général à tous les apprêts du papier : il veille à la cueillette du papier en pages, à la cuite de la colle et au collage; il conduit l'étendage du papier collé; il le fait recueillir et mettre sous la presse de la salle; le distribue aux femmes pour qu'elles en fassent le délissage et le pliage en feuilles; enfin, il le met en mains et le fait empaqueter en rames.

SALLERANTES; ce sont des femmes qui concourent, sous la direction du sallerant, à donner au papier tous les apprêts dont nous venons de faire mention.

SALLE D'APPRÊT; atelier où l'on donne au papier les derniers apprêts. Cet atelier est meublé de fortes presses et de grandes tables autour desquelles sont distribuées les sallerantes.

SÉCHOIR. Voyez ETENDOIR ;

SELLE OU SELLETTE. On donne ce nom à trois choses différentes : 1º la *selle du leveur*, qui est ou *inclinée* ou *plate*. Cette dernière est la selle à la *Hollandaise*; 2º la *selle de la presse*; c'est le mouton ou le *banc de presse*. Voyez BANC DE PRESSE; 3º la *selle de l'étendoir*, c'est un trapan ou tréteau solide, plus ou moins élevé, et qui sert principalement à étendre le papier avant ou après la colle.

SORTES; ce mot sert à indiquer les divers papiers, relativement à leurs dimensions et au poids des rames.

SURGE (Pâte); C'est une pâte qui, n'ayant pas de graisse, quitte l'eau très-promptement.

T.

TACHE JOURNALIÈRE des ouvriers de la cuve; c'est la quantité de papier que les ouvriers de la cuve doivent fabriquer en un jour, suivant les différentes sortes.

TELLETTES; toiles de crin dont on garnit les châssis du *kas*, et à travers lesquelles l'eau sale s'écoule des piles ou des cylindres.

TIRÉ; défaut du papier. Voyez LACHÉ, COULÉ, LABOURÉ, etc.

TOUR-DE-LA-CUVE; assemblage de diverses planches établies sur une partie du bord supérieur de la cuve, pour servir particulièrement au transport des formes de l'ouvreur au coucheur, ainsi qu'à porter l'*égouttoir*.

TRANSFIL; terme du formaire. C'est un fil de laiton plus gros que celui de la verjure ; il le place à droite et à gauche des deux extrémités de la forme.

TRAPANS ; sortes de planches plus ou moins épaisses, bien équarries et bien dressées, qui servent à différentes manipulations de la papeterie.

TRÉPIED ; c'est le nom qu'on donne au panier dont on se sert pour faire la colle.

TRIAGE *du chiffon* ; opération qui consiste à séparer le chiffon en différens lots, suivant la finesse et la blancheur des toiles, et particulièrement suivant qu'elles sont plus ou moins usées, et d'une trituration plus ou moins facile.

TRIEUSES ; femmes occupées à faire la séparation des chiffons par *lots*, comme nous venons de l'indiquer au mot TRIAGE.

TRIPES; résidu de la cuite de la colle. On peut reconnaître qu'elles sont totalement épuisées de colle, lorsqu'elles ne se replient plus sur elles-mêmes, et qu'elles n'ont pas conservé le moindre ressort.

TRITURATION *du chiffon* ; elle s'ébauche dans les piles à effilocher, et se termine dans les piles à raffiner. Cette *trituration* doit se faire plutôt par des machines tranchantes qui *coupent*, que par des machines émoussées qui *broient*.

V.

VÉLIN ; c'est le nom qu'on donne à la toile métallique, tissue comme la toile de chanvre ordinaire, dont on recouvre le fût des formes à papier. Le papier fabriqué, avec ces formes, se nomme *papier vélin* ; il n'a pas de *verjures*.

VERJURE OU VERJEURE; toile formée de fils de laiton parallèles, et qui sert à garnir les formes sur lesquelles on fabrique le papier ordinaire. On distingue ces verjures en regardant le papier à travers le jour.

VERTE (Pâte); on donne ce nom à la pâte de papier qui provient des chiffons qui n'ont pas fermenté au pourissoir : les Hollandais n'en emploient pas d'autre.

VIREUR ; c'est le nom qu'on donne à l'apprenti de la cuve qui lève les feutres et aide le leveur. *Vireur* signifie *Tourneur*.

VOYER; c'est une expression usitée dans les ateliers, qui signifie secouer et arranger les papiers pour qu'une feuille ne dépasse pas l'autre, et que la poussière et les autres parties étrangères tombent et en soient détachés.

NOTICE DESCRIPTIVE

DES MACHINES

SERVANT A FABRIQUER LE PAPIER CONTINU,

Par M. C. V.

Les procédés préparatoires de la fabrication du papier,
tels que l'approvisionnement des chiffons, leur triage,
leur lavage, ainsi que le travail des dérompoirs anciens
et récens, opérations préliminaires, ont été complètement décrits dans le Manuel qui précède.

Cette Notice, en rappelant les principaux changemens et les améliorations les plus importantes, indi-
quera surtout ce qui constitue le raccord de l'ancien
système avec la nouvelle méthode de fabrication, dont
elle offrira l'ensemble général.

C'est donc à partir de l'atelier des dérompoirs jusqu'à
la salle de délissage, c'est-à-dire depuis sa préparation première, jusqu'à sa livraison au commerce, que l'on va suivre le papier fabriqué mécaniquement. Les deux planches dont ce texte forme l'explication, quoique sur une
échelle différente, constitueraient, placées à la suite l'une
de l'autre, et de droite à gauche, l'ensemble total de cette
fabrication. C'est pourquoi les figures de l'une feront
numériquement suite aux figures de l'autre. Les mêmes
lettres ou chiffres de renvois, employés alternativement,
indiqueront les mêmes objets et les mêmes parties, soit
dans le plan, soit dans la coupe ou dans l'élévation de
chacune des figures.

PLANCHE XVI.

Figures I, II et III.

Moulin à Papier.

On appelle moulin à papier, l'atelier où s'opère la trituration des chiffons dans les cuves ou piles à cylindre.

Cette vaste salle est précédée d'une salle de dépôt
(Pl. 16, fig. I.) garnie dans son pourtour de grandes
caisses 1, 2, 3, 4, etc., où les trieuses, sous la sur-
veillance d'une maîtresse, apportent dans des paniers,
le chiffon trié que les ouvriers du moulin viennent y
prendre à leur tour, pour en garnir les piles.

Le *moulin* à papier est représenté dans les figures
suivantes. La fig. II donne le plan de son étage supérieur; la figure III, offre la coupe transversale en a, b,
du système hydraulique, vu de face dans la figure IV,
sur la ligne c, d, du même plan.

Les deux partiés latérales e, f (fig. II), de cet
atelier sont exhaussées au-dessus du reste du plancher;
elles contiennent les caisses de dépôt g, h, i, j, divi-
sées chacune par une cloison, et dont la face antérieure
est échancrée semi-circulairement afin de faciliter le
puisage, ainsi que les deux cuves k, l, et les deux
pompes avec réservoirs m, n.

En avant des caisses et des pompes sont placées les
cuves à cylindres effilocheurs o, p, q, r, et latéralement, mais sur le plancher inférieur a, b, les autres
piles à raffiner s, t, u, v, qui reçoivent la matière
préparée par les piles à effilocher.

Ces cylindres sont en fer, la platine sur laquelle ils
agissent est maintenue au fond de la cuve dans une botte

en fonte; le tracé est en chevron brisé car on a
reconnu que cette forme de dentelures était préférable à
la rainure droite, en ce qu'elles agissent mutuellement
comme deux lames de ciseaux. Les cuves ont en outre
reçu une forme tout-à-fait ovale, par la suppression des
pans anguleux sujets à de nombreux désagrémens; le
chapeau ou chapiteau qui les recouvre est au contraire
de forme quadrangulaire, ce qui offre entr'autres avantages, celui de recevoir divers objets qu'on ne pouvait
poser sur la surface convexe. La figure V, même Planche,
contiendra le détail des autres améliorations.

z, w, robinets de cuivre destinés à humecter les pâtes
placées dans les cuves; ils sont alimentés par les pompes m et n.

a, a, escaliers ou marchepieds qui conduisent du plancher inférieur a, b, aux deux planchers supérieurs e, f,
où le gouverneur et ses ouvriers doivent porter les chiffons, et facilitent ainsi la circulation autour des cuves.

$é$, $é$, rainures ou coulisses, pratiquées dans le plancher inférieur, où passent en partie les roues ou vo-
lants ff, ff, sur lesquels s'engrainent, au niveau des cuves
supérieures, les rouages o, o, o, o, et ceux des piles
à raffiner, qu'on n'a pu qu'indiquer ici, mais qu'on re-
trouve dans la figure III, sous les lettres i, i, i, i.

Tel est l'ensemble beaucoup moins embarrassant et plus
régulier de l'atelier ou moulin hydraulique vertical qui
a remplacé l'ancien moulin hydraulique horizontal à
maillets.

La figure III représente la coupe latérale du système
hydraulique vertical, et son application au triturage de
la matière dans les cuves à cylindre,

1, roue adaptée à la roue hydraulique dont le développement est donné en A, (fig. 5).

2, est un second rouage maintenu verticalement et qui s'engrène sur l'extrémité de la roue hydraulique, pour communiquer, à son tour, un mouvement plus prompt à raison de sa circonférence au rouage 3, placé verticalement aussi dans la même coulisse, et dont l'axe 4 étant commun au volant *ff*, lui transmet sa vitesse.

Les petits rouages *i*, *i*, ayant pour axes ceux des cylindres placés dans les cuves à raffiner *s*, *t*, transmettent cette vitesse à ces deux cylindres.

Il en est de même des deux rouages *ó*, *ó*, engrenés sur la circonférence supérieure du volant *ff*; leurs axes étant ceux des cylindres qui roulent dans les cuves à effilocher *o* et *p*, leur communiquent cette même vitesse.

De même que dans la figure II, *g* et *h*, représentent les caisses; *k*, la cuve, *m*, la pompe, enfin *á*, *á*, les deux escaliers.

ù, l'escalier conduisant à l'étage inférieur; *ç*, le profil des grandes cuves indiquées sous le même renvoi dans le plan (fig. II) et qu'on détaillera plus tard.

œ, l'escalier qui conduit du plafond intermédiaire au rez-de-chaussée où le commencement des machines sans fin occupe les places *ss*,*ss*, (fig. II.)

L'explication d'une moitié du plan dans cette section s'applique nécessairement à l'autre puisqu'il y a parallélisme parfait de situation.

Figure IV.

Cette figure représente le système hydraulique vu de face, c'est-à-dire sur la ligne c, d, du plan (fig. II).

A, B, murs de façade. C, D, murs épais où posent les tourillons de rouages verticaux, appuyés d'autre part sur E, F, murs moins épais, qui, percés circulairement à leur base, sont traversés en G, H, par les extrémités de la roue hydraulique r.

I, I, rez-de-chaussée ou sol de l'établissement.

L, L, premier étage où posent les quatre grandes cuves *, *, *, *, des deux figures précédentes.

a, b, deuxième étage ou sol du moulin à papier proprement dit.

e, f, troisième étage ; gradins plus élevés où sont placées les piles à effilocher o, q ; les caisses de dépôt, les cuves g, h ; ainsi que les pompes m, m, avec leurs bâches.

Les rouages sont indiqués par les mêmes lettres que dans les deux figures précédentes, pour éviter d'en répéter la nomenclature et les fonctions.

Figure V.

Détails.

A, roue hydraulique.

B, cuve ou pile à cylindre, vue de profil, et garnie du levier en fonte a, qu'on a substitué à l'ancien levier de bois, figuré pl. IX, fig. 2.

b, coussinet où pose l'arbre de couche du cylindre.

d, d, chaises ou supports du levier, qui traverse leurs mortaises.

Le levier a est engagé, par ses deux extrémités ou

tenons e, e, dans les deux supports nommés chaises d, d,
qui le fixent à la cuve au moyen des vis f, f, dont l'une est
noyée dans l'épaisseur.

La chaise figurée en C, offre en avant une aile ou
oreille i qui supporte l'autre extrémité ou tenon du
levier, à l'aide d'une vis transversale j, qui fait charnière, et sur laquelle le levier s'élève ou s'abaisse à volonté.

La chaise droite est aussi représentée plus en grand,
en D, avec les mêmes lettres de renvoi qu'en B, figure
principale.

La grosse vis g, à tête refendue en forme de chape
ou de support de poulie, embrasse l'une des extrémités du levier, et sert à graduer la pression à l'aide
de l'écrou à manivelle h.

Le coussinet b est garni d'une chape en cuivre k, dé-
coupée à pans, qui s'emboîte exactement dans l'entou-
rage.

m, partie inférieure du coussinet vu de face.

n, face ou partie supérieure, avec les trous des vis
et le trou central où se dépose la graisse. O, coupe
du coussinet à sa moitié, avec la garniture de cuivre
s'encastrant dans les pans de la base m du coussinet.

E, spatule en forme d'aviron qui sert à agiter la matière dans les cuves.

Les cuves dont la grandeur est variable, reçoivent une
forme ovale maintenant, et sont, ainsi qu'on l'a déjà dit,
recouvertes par un chapeau ou chapiteau, de forme
quadrangulaire qui préserve le cylindre effilocheur ou
affineur de la chûte de corps durs et étrangers, qui
pourraient l'endommager ou nuire à la trituration ; sa

surface plane, permet d'y déposer divers ustensiles pendant le travail.

Au sortir de ces cuves, la matière suffisamment triturée passe dans les grandes cuves *, *, *, situées à l'étage intermédiaire, auquel une rampe *ù* (fig. III) conduit.

PLANCHE XVII.

Figure VI.

Cuves.

L'une des grandes cuves placées dans la planche précédente (fig. II), est intérieurement garnie d'un manége ou agitateur 1, composé d'une verge ou fléau de fonte horizontal 2, armé de chapes ou ailes 3, 3, 3, dans lesquelles se fixent, à l'aide de vis, des montans triangulaires, tels que 4, 4, supportant par leurs extrémités inférieures les deux râcles ou rateaux de fond 5, 5.

Le système hydraulique communique en 6 le mouvement de rotation horizontale à ce manége ou agitateur.

Outre la râcle 5, 5, un ouvrier ou aide gouverneur 7, monté sur la marche 8, agite encore la pâte au moyen du rateau 9.

La coupe 10, placée sur l'axe du manége, tourne avec lui et reçoit de la pompe placée à l'étage supérieur une quantité graduée d'eau pure 11, qu'un tube étroit 12, fixé le long d'un bras du fléau 2, lance sur les parois intérieures 13 de la cuve, auxquelles la matière refoulée par l'agitateur, cherche à s'attacher pendant le mouvement circulaire.

Une bonde, avec son conduit 14, déverse la pâte dans la *cuve à l'ouvrage*, qui forme la figure suivante.

Il suffit de décrire un des côtés de la manufacture,

puisque l'ensemble des parties de la mécanique répété sur l'autre face *ss* (fig. II), comporterait une description tout-à-fait semblable.

Figure VII.

Cuve et Tremblement.

a, cuve de travail garnie intérieurement d'un agitateur *b*, dont les fig. 7 et 8, pl. 14, donnent le détail.

c, robine de la pâte triturée, munie d'un barreau *d*, propre à graduer son écoulement.

e, robine d'eau pure.

f, conduite transversale de l'auge circulaire *g*, garnie intérieurement d'une danaïde ou pompe formée par quatre tubes courbes et fixés au même axe.

F (fig. 7), développement de la danaïde hors de l'auge circulaire.

h, chêneau qui verse la pâte sur la trame ou table d'envergement.

Le *tremblement* consiste en un bâtis *i, i, i, i. j*, levier ou fléau de fer tenu en balance sur la fourchette *k*; il est garni à l'une de ses extrémités de deux roues-poulies, dont on peut varier à volonté l'écartement; l'une en avant *l*, l'autre en arrière *m*.

A l'autre extrémité *n* est suspendu le contre-poids *o*.

p, q, grande roue et arbre sur lequel s'enroulent les cordes qui glissent sur *l* et *m*, et dont le tiraillement alternatif imprime au bras à charnière *r* le tremblement ou mouvement de *va-et-vient* qu'il communique à la forme dans l'angle de laquelle il s'adapte au point *s*.

t, conduite d'eau de lavage surabondante qui s'écoule en dehors par la rigole verticale *u*.

Pour donner ici le profil du tremblement, il a fallu l'élever au-delà de sa dimension réelle, sans quoi l'arbre des rouages *q* eût été entièrement caché par la cuve à l'ouvrier. Ramené à sa véritable hauteur, le niveau supérieur de cet appareil ne dépasserait pas le point culminant de la circonférence de l'auge *g*.

FIGURE VIII.

Forme et Table d'envergement.

1, cuvette platte et peu profonde, en bois.

2, 2, ses pieds fixés immobiles comme 3, le représente plus en grand (fig. 8).

4, auget de surabondance conduisant à *t* de la figure précédente.

5, la forme ou la toile métallique parfaitement égale dans sa trame.

6, cadre de la forme.

7, 7, pieds ou supports mobiles sur l'axe 8, et susceptibles de céder au *va-et-vient*, imprimé à la forme qu'ils soutiennent.

9, pied vu en plus grande dimension.

10, 10, petits cylindres de cuivre engagés par leurs tourillons dans le cadre 6, et sur lesquels roule incessamment la toile métallique qui supporte la pâte triturée. Leur nombre varie de 30 à 40.

11, double garniture de cuivre placée verticalement, et fixée au moyen des deux traverses en fer 12, 12, sur lesquelles elle est susceptible de glisser et de se resserrer suivant la largeur à donner au papier.

Les cinq roulettes de cuivre 13, 13, qui la surmontent, guident une lanière ou courroie épaisse de cuir, sans fin, 14, qui les embrasse en dessus ou en dessous, et dont l'effet est d'émarger la pâte humide, dans son trajet, sur les cylindres 10, 10, sans lui permettre d'adhérer par les bords que cette lanière découpe et entraîne. Cette courroie se nétoie en traversant la petite auge de bois 15.

16, 16, autres rouleaux en cuivre qui soutiennent aussi la toile métallique et le papier au-delà de la forme.

17, une roue à coulisse correspondante à celle des deux manchons de la figure suivante, dont on apprécie mieux la situation et l'office dans le *plan*.

18, 18, tuyaux et conduits d'eau en plomb avec robinets 19, 19, qui lavent au fur et à mesure la cuve ainsi que la toile métallique à son retour, quand elle passe sur ou sous les rouleaux inférieurs 20, 21, 22, pour revenir à son point de départ.

23, 23, montans mobiles du chaperon 24 placé au-dessus de la forme qu'on appelle aussi l'*ouvrage*, pour la garantir de la chûte des larges gouttes d'eau produites par la dessiccation du papier à la vapeur.

Le cuir d'émargement 14 parcourt successivement les roulettes 13, 13, en appuyent sur la pâte dans toute la longueur de la trame, et la trame ou toile métallique supposée partir de 22, passe tour-à-tour, sur les rouleaux de la forme 10, 10, et ensuite sur ceux qui la dirigent dans les presses, d'où elle revient en glissant sur le rouleau inférieur 20, où les jets d'eau partis de 19 la dégagent des particules papyracées, et s'égoutte ensuite, par la pression qu'exercent sur elle les rouleaux 21 et 22.

25, seau de lavage.

Figure IX.

Première Presse.

a, manchon ou cylindre supérieur.

b, son support.

c, c, râcle en bois garnie de deux roulettes aussi en bois *d, d*, destinées à empêcher la pâte de remonter vers la table.

e, manchon en pierre de liais, ou cylindre inférieur avec son support ou coussinet *f*.

g, tuyau d'eau avec robinet couchant, dont le jet horizontal nétoie le manchon *a*.

h, manche ou verrou d'enrayement.

i, contrepoids.

j, cuve inclinée où retombent les fragmens de pâte triturée.

k, réservoir des résidus pâteux.

l'''', l''', l'', l', rouleaux diversement supportés.

m, autre rouleau semblable à 16 de la figure précédente et dont la monture figurée plus en grand *n*, permet le placement à volonté. *o, o, ó, ó*, tirettes.

p, développement d'une *tirette* composée de deux roulettes de cuivre presque en contact sur un plan incliné et dont la pression maintient étendus, par le bord, le feutre ou l'étoffe qui supporte le papier.

La position de ces tirettes varie selon la direction donnée à leur tige en serrant l'écrou comme on le voit en *ó*, *ó* ; elles peuvent encore s'adapter aux supports comme *o, o*.

s, rouleau de bois dont la position peut varier à l'aide de la crémaillère *t*, destinée à recevoir ses tourillons.

u et v, deux autres rouleaux.

La pâte coagulée est conduite par la toile métallique qui la supporte, entre les deux manchons a et e. Au sortir de la presse qu'ils forment, pour ainsi dire, le papier abandonné un instant à lui-même, fait seul le trajet fort court de e, pour remonter à la tirette o placée au-dessus du rouleau l'.

C'est dans ce trajet que se commence la mise en feuille indéfinie du papier, dès qu'on a donné le mouvement à la machine ; c'est au sortir de cette presse qu'on empêche en la déchirant, la feuille déjà formée, de remonter sur le manchon a, et qu'on la porte au contraire sur le rouleau l, d'où elle passe aux opérations subséquentes ; tandis que la toile sans fin qui l'y avait conduite, tourne en dessous le manchon e, passe sur la roulette 20', pour revenir comme on l'a vu dans la figure précédente à son point de départ 22, (fig. VIII).

FIGURE X.

Deuxième et troisième Presses.

1, 2, deux cylindres ou manchons formant presse, et maintenus entre les jumelles 3 , 3.

1, est garni à sa partie supérieure d'un rouleau 4, figuré à part avec son contrepoids 5.

6, coussinet à vis de pression 7, où posent les tourillons des cylindres 1, 2.

8, coussinet vu en-dessus.

9, roulette montée à volonté dans sa tige ou fourchette 10.

11, autre roulette à écrou, dont 12 donne le développement.

13, 13, rouleaux mobiles supportés par des cremaillères.

14, 14, tirettes.

15, verrou d'enrayement.

16, 16, cylindres de la seconde presse maintenus de même entre les jumelles 17, 17, d'un coussinet 18 à vis de pression avec manivelle 19.

20, 20, 20, tringles rondes supportant verticalement à une hauteur déterminée par la longueur du feutre sans fin 21, un rouleau à pas de vis 22.

Des tirettes semblables à 14, peuvent au besoin, s'adapter aux tringles latérales 20, 20.

Le feutre sans fin 21, tourne donc dans un mouvement vertical autour du rouleau 22, et du manchon supérieur 16, qui opère sur lui et sur le papier qu'il recouvre une pression graduée à l'aide de la manivelle 19.

On a laissé le papier sortant de la presse *a*, *e*, pour se placer, dans la figure précédente, sur un feutre inférieur maintenu par une tirette *o* avant de passer dans la presse que forment les cylindres 1 et 2. Au sortir de cette presse, il glisse tour-à-tour sur le rouleau 9, sur le rouleau 11, et enfin sur le manchon 16, où ce feutre s'enroulant revient, par un trajet en zig-zag, à son point de départ *l*; passant du rouleau 13 par la tirette *o*, à *s* de la figure IX, puis à 13', et de là en *v* et *u*, (fig. IX) d'où il remonte à son point de départ *l*, (même figure).

Figure XI.

A, *face antérieure du Séchoir.*

a, *b*, *c*, trois chaudières cylindriques avec trous d'homme ou plaques de restauration *d*, *e*, *f*.

g, h, i, coussinets qui leur servent de support.

j, chevalet dont les oreilles k, l, sont cremaillées afin d'espacer à volonté les deux roulettes de cuivre m, n.

Le rouleau m, reçoit le papier seul, et dégagé des feutres qui l'avaient jusqu'alors supporté ou pressé.

Il suit dans sa marche le mouvement de rotation imprimé aux cylindres ainsi que l'indiquent la flèche et la ligne ponctuée qui les enveloppent; entourant la chaudière a, en-dessous, remontant et tournant le cylindre b, et enfin, en-dessous le troisième cylindre c; pour remonter sur le rouleau n, d'où il passe au dévidoir. C'est dans ce dernier trajet que l'on rompt au besoin la continuité du papier en le déchirant.

o, cheminée et p son ventilateur.

FIGURE XII.

B, *seconde face du Séchoir.*

a, b, c, les cylindres à vapeur.

1, la roue dentée engrenant et communiquant le mouvement aux axes des cylindres fixés dans les roues 2, 3, 4, 5.

A 5, est accolée une roue à gouttière sur laquelle glisse un chapelet 6, soutenu par la roue-poulie 7, fixée elle-même à l'extrémité du levier 8, faisant bascule sur 9, et dont on gradue l'élévation au moyen du contrepoids 10, pour établir une corrélation entre le mouvement du dévidoir 11, et celui des cylindres que le papier a quittés.

12, tuyau afférent ou conducteur de la vapeur.

13, 14 et 15, tubes ascendants de la vapeur, alimentant les trois cylindres,

16, 17 et 18, soupapes dont 19 est le développement, et qui, soulevées au passage en 20, dégagent à chaque tour la vapeur condensée.

21, axe de la machine.

k, l, crémaillères où s'espacent à volonté les tourillons des cylindres m, n.

Figure XIII.

Dévidoirs.

1, arbre ou axe des dévidoirs.

2, 2, léviers qui les supportent.

3, 4, bras des léviers.

5, 6, axes des deux dévidoirs fixés alternativement l'un et l'autre en 7, au moyen du verrou à manche 8.

9 et 10, les dévidoirs.

Ils ont pour axe les points 5, 6, comme le levier 1, 2, 2, a pour axe le point 1; ce qui permet de les substituer l'un à l'autre : le vide à celui qui est garni, en faisant faire à 2, 1, 2, une révolution qui change la position de 6 et 5 en 7, où l'on fixe l'arbre du dévidoir au moyen du verrou 8.

C'est pour opérer cette rotation que le plancher a été creusé en pans inclinés 11 et 12.

Les dévidoirs sont de deux espèces, ou simples comme 10, ou bien à extension comme 9.

La construction du dévidoir simple 10, ne varie pas.

L'extension a lieu dans le dévidoir 9, au moyen des pas de vis qui termine chacun de ses rais 11, 11 11 et que l'on engage à volonté dans le cercle taraudé 12; opération qui en alongeant ou raccourcissant ces rais, diminue ou aggrandit la circonférence formée par les tasseaux vissés 13, qui les terminent, ainsi qu'on peut le voir figuré à part en 13 (fig. 13*a*); 14, développement du loquet ou verrou qui fixe les dévidoirs aux extrémités 2, 2, du lévier 1.

15 (fig. 13*b*), coussinet où pose le tourillon de l'arbre *l*, vu plus en grand.

16, surface de la bande où il se fixe à volonté au moyen des rainures dans lesquelles les boulons peuvent glisser.

17, coussinet des chaudières sur une plus grande échelle.

Le dévidoir 10 n'étant pas susceptible d'extension, la figure en donne suffisamment la construction.

Le papier sorti du séchoir, passe de son dernier rouleau *n*, au dévidoir actif 9 qui l'enroule, et lorsque ce dévidoir est suffisamment garni, on rompt le papier dans l'espace 18; on ouvre le loquet 8, et faisant tourner le lévier 2, 2, sur son axe; on substitue le dévidoir vacant au dévidoir plein.

Un ouvrier 19, maintient alors le dévidoir ainsi que le papier qui l'entoure, tandis que le coupeur 20, guidé par une des barres de ce dévidoir, coupe transversalement l'écheveau de papier 21, qui se déroulant, tombe à plat sur le feutre 22, placé sur le sol et dans le creux 11 12.

Figure XIV.

Tables à couper.

a, *b*, *c*, *d*, assemblage et pieds de la table à couper.
e, son couvercle.
f, *g*, charnières.

G, développement d'une charnière (fig. 14 *a*).

h, *i*, loquets.

j, *j*, leurs gâches.

H, I, développemenr du loquet et de sa gâche.

l, *l*, trous percés aux deux angles antérieurs du couvercle où passe une corde, qui réunie en λ, forme un triangle par le tirage du cable *m*, glissant sur la poulie de renvoi *n*, pour lever ou abaisser ce couvercle à volonté.

o, la poulie de renvoi vue de face.

p, le contrepoids.

q, les supports de la poulie.

r, couteau à couper le papier.

Il a 5 décimètres de lame; le manche *s*, est creusé de manière à recevoir une main, et garni en outre d'une traverse *t*, où l'autre main fait effort.

u, planche où sont placés les divers ustensiles de petite dimension tels que :

v, pierre à aiguiser, et *x*, tampon de lisière, graissé de suif ou de savon pour frotter la lame du couteau.

y, règle mince métriquement divisée pour déterminer la disposition des ais et des coulisses du couvercle et de la table à couper, selon la dimension du format donné pour le papier.

Dans le plan, *a*, *b*, *c*, *d*, représentent le couvercle de la table à couper vu en dessus.

1, 1, 1, 1, 1, sont des ais épais réunis deux à deux, entre lesquels est ménagée une coulisse ferrée sur chaque lèvre, dans laquelle glisse le couteau.

L (fig. 14 *a*), développement de l'extrémité d'une de ces coulisses et des ais intermédiaires; ils ont 15 à 16 centimètres et demi de largeur sur 4 d'épaisseur.

2, 2, 2, 2, ais ou planches de moitié moins épaisses et sur lesquelles marche le coupeur.

3, 3, 3, etc., traverses ou ais de pareille épaisseur mais beaucoup moins larges (de 3 à 15 centimètres) disposés sur la table, de manière à compléter la dimension du papier qu'on y superpose.

4, extrémité d'une des planches ou ais à coulisses, armé d'un boulon 5.

6, la surface du cadre de la table percée d'une rainure 7, dans laquelle en faisant glisser le boulon 5, on fixe à volonté la pièce qu'il termine, au moyen de l'écrou 8.

Tout l'assemblage d'ais et de madriers de la table et de son couvercle, sont écarris avec soin, peints et vernis.

9, le coupeur; il ne doit monter sur la table ou sur son couvercle, qu'en chaussons, de crainte qu'une chaussure plus grossière n'altère la propreté d'une machine où le papier subit les manutentions du coupage.

10, couteau sur une plus grande échelle.

11, ouvrier portant les feuilles à l'atelier de pliage.

12, armoire sans battans, où l'on range en piles le papier coupé.

13, tonne ou panier à anses où l'on jette les fragmens de papier ainsi que les rognures du coupage, qu'on reporte aux cuves de la figure 2.

14, tablette où l'on dépose des ustensiles de petite dimension, des écrous, des clés, la burette à l'huile, 15, etc., etc.

FIGURE XV.

Papyromètre.

C'est le nom qu'on peut donner à cette romaine

où le papier échantillonné sur un format ou mesure fixée, et plié en éventail, est pesé au 500ᵉ.

a, pied de l'instrument scellé dans la table ou console qui le supporte , b.

c, tige ou fût.

d, échelle métrique circulaire, divisée en 125 degrés ou kilogrammes.

e, aiguille.

f, axe de l'aiguille et du fléau.

g, contrepoids.

h, balançoire ou plateau en laiton où l'on pose le papier plié.

Cet instrument d'exactitude doit être construit le plus simplement possible , c'est-à-dire en bois, en fer ou en carton vernis , à raison de l'humidité permanente de la fabrique.

La graduation au 1/500, permet en y pesant une feuille de papier, d'avoir aussitôt le poids total de 500 feuilles ou d'une rame du même format.

Le banc ou table b, qui supporte le papyromètre, peut former armoire et recevoir sur des tablettes ou dans des tiroirs, une foule d'ustensiles destinés à l'entretien de la machine, et tels que des clés, des tournevis, des écrous, des pelottes et des fils métalliques pour réparer la trame ; des laines, pour réparer les feutres, enfin des colliers, etc.

Figure XVI.

Balance.

C'est la balance ou peson, qui sert à peser la chiffe à son entrée dans la papeterie.

FIGURE XVII.

Meule à repasser

Ainsi que les figures précédentes, celle-ci n'avait pas
de place déterminée, et ne nécessite pas de renvois à raison de sa simplicité.

FIGURE XVIII.

Epurateur.

On a levé l'un des plus grands obstacles à l'adoption
du papier mécanique pour tous les modes d'impression,
en adaptant à la cuve à l'ouvrage, ce tamis préservateur
qui arrête les filamens étrangers, les nœuds, les ordures
et les graviers qui peuvent après une longue trituration,
se trouver en assez grande quantité dans la matière ou
pâte à ouvrer.

Les graviers et les boutons étaient surtout dangereux
dans l'impression des gravures et dans celle des dessins et
des écritures en lithographie, en ce qu'ils pouvaient oc-
casioner des raies très-profondes dans les cuivres gravés
et détruire d'une manière analogue, la surface grainée
ou poncée, écrite ou dessinée des pierres lithographiques.

Ces graves inconvéniens se faisaient aussi sentir dans
l'impression en relief, et les caractères avaient d'autant
plus à souffrir, qu'ils étaient plus compacts et plus fins.

Le temps et l'expérience mettront à même de juger
lequel doit l'emporter dans le concours d'émulation dont
cet appareil aussi simple qu'important est l'objet. L'épurateur représenté en A, figure XVIII, occupe la partie
antérieure et supérieure de la cuve à l'ouvrage, en avant
du chêneau *h* de la fig. VIII, sur lequel il déverse une

pâte parfaitement uniforme et dépouillée entièrement de filamens, de nœuds et de boutons.

Les lignes ponctuées indiquent les bords de la cuve; 1, 2, 3, 4, le cadre de ce châssis ou grille en cuivre garni transversalement dans toute sa longueur de barreaux ou tringles en cuivre-canon 5, 5, 5, au nombre de cent ou de moitié seulement lorsqu'on y dispose moitié d'interstices. Leur surface supérieure est plane, et leur surface inférieure arrondie.

La fig. B donne la coupe ou profil et met à même de juger de l'assemblage de chaque baguette ou tringle 5, dans les montans 7, 7; 8, l'un des deux pivots, fixés au bord de la cuve, sur lesquels s'élève et s'abaisse l'épurateur à chacune des rencontres de la détente 9, dans le collier 10 où tourne la roue à rochet 11. L'arbre 12 est mis en mouvement par une poulie 13 fixée au tremblement de la machine.

FIGURE XIX.

Tamis ou Paniers.

On obtient les mêmes résultats au moyen d'un assemblage de plusieurs paniers ou tamis, placés en avant du robinet de pâte triturée *c* de la fig. VII.

Une tringle ou traverse horizontale portant par ses extrémités sur deux montans fixés aux côtés de la cuve à l'ouvrage, reçoit un mouvement circulaire des rouages correspondans avec le *tremblement*. Les tiges verticales dont elle est garnie transmettent l'oscillation aux paniers-tamis dont les anses sont fixées (au milieu de la partie supérieure) à l'extrémité inférieure de chacune de ces tiges.

A, plan des paniers réunis.

a, auget qui reçoit la pâte du robinet *c* de la fig. VII, et la déverse par quatre chéneaux dans quatre tamis.

b, *b*, deux de ces quatre chéneaux, les deux autres étant supprimés pour laisser voir en entier le fond des tamis.

c, *c*, *c*, *c*, paniers ou tamis légèrement évasés et garnis au fond d'un treillis de fils de laiton soutenus par une traverse longitudinale.

B, panier-tamis vu de profil sur sa longueur.

c, vasque du tamis.

d, bras de l'anse.

e, tige de suspension fixée à charnière au milieu de l'anse et invariablement à la traverse de mouvement, placée en *f*.

g, l'un des chénaux *b* du plan précédent.

h, couvercle des tamis.

i, plan incliné qui conduit la pâte tamisée sur le chéneau de cuivre, d'où elle tombe sur la forme sans fin.

FIGURE XX.

Presse hydraulique.

Bien que l'auteur du Manuel qui précède ait amplement décrit la presse hydraulique, il a paru utile de la figurer ici puisque cette machine semble par les avantages considérables qu'elle présente, devoir être bientôt généralement substituée à la presse ordinaire.

A, le sommier de la presse.

B, B, jumelles en forme de colonnes.

C, plateau.

D, piston qui le supporte.

E, corps de la presse.

F, tuyau d'injection.

G, G, madriers pour asseoir la presse.

H, H, clavettes fixant les jumelles B, B.

I, I, I, I, fosse maçonnée pour recevoir la base de la presse.

K, K, pompes aspirantes et foulantes.

L, L, pistons.

M, bâche ou réservoir d'eau pour le service de la pompe.

N, N, soupapes de décharge.

P, Pièce d'assemblage qui réunit les deux pompes.

R, balancier brisé en *r*.

S, parallélogramme.

T, conducteur du piston.

U, contrepoids ou lentille du balancier.

Plan général de la Machine.

Ayant désigné dans le plan les diverses parties par les mêmes lettres que dans les détails ou dans l'élévation, l'explication précédente embrasse aussi le plan géométral.

La partie des rouages nécessite seule quelques renvois.

Les roues sont désignées par des *, et les colliers qui les embrassent par des flèches ←⊠ qui indiquent suffisamment le sens de la rotation et la marche générale.

w, est le tuyau de la vapeur qui, parcourant (à peu d'élévation au-dessus du sol), toute la longueur de l'édifice, vient alimenter les cylindres du séchoir (fig. V).

ff, est le tuyau de la vapeur qui remonte vers le comble de l'édifice qu'il suit aussi dans toute sa longueur.

Le sol de la manufacture est divisé en trois parties dans la moitié de la longueur du rez-de-chaussée.

La partie droite et celle de gauche sont occupées par les *machines* proprement dites, dont les figures 6 à 14 donnent le développement entier.

Le milieu de la largeur est destiné à la circulation vers les étages supérieurs, et contient à des distances convenables, le peson à chiffons (fig. 16) scellé dans le plancher; et au centre, la console ou armoire qui supporte le papyromètre (fig. 15).

Les dépots de chiffons en sac ou en piles destinés au triage, les tonneaux de chlore, les barils d'huile; enfin un atelier de menuiserie et de serrurerie réparatives, sont placés dans les annexes de la manufacture, dont la chaudière occupe l'une des extrémités latéralement au moteur hydraulique et dont les combles sont occupés par l'atelier de triage et des dérompoirs.

C. V.

N. B. *Pour ne pas faire disparate avec les planches précédentes, on a donné aux figures gravées des chiffres arabes, tandis qu'elles portent dans le texte des chiffres romains.*

AVIS DE L'ÉDITEUR.

Nous devons à l'obligeance de plusieurs fabricans de papiers et mécaniciens honorables les renseignemens et dessins qui nous ont servi pour l'exécution des planches 16 et 17. (Cette dernière est sur une échelle plus grande pour que les détails soient plus faciles à concevoir.)

Parmi les praticiens habiles auxquels nous devons des remercîmens particuliers, nous citerons MM. BRISE, CHAPELLE, DESGRANGES, etc., etc.

Désirant tenir cet ouvrage au courant des nouvelles découvertes et le rendre de plus en plus complet, nous recevrons avec empressement les notes et dessins que l'on voudra bien nous faire passer.

Nous croyons aussi rendre service à messieurs les fabricans de papiers éloignés de la capitale, en leur signalant l'établissement de M. CHAPELLE, rue du Chemin-Vert, N.º 3. Ce mécanicien, aussi ingénieux qu'habile, est l'un des plus connus par la confection des nouvelles machines propres à fabriquer le *papier continu* et pour les *presses hydrauliques* qu'il a portées à un haut degré de perfection. En ce moment il s'occupe d'un *nouveau tamis épurateur*. Les demandes nombreuses qu'il reçoit journellement de la plupart des fabricans, sont le garant le plus certain et le plus beau témoignage en faveur de l'établissement de M. CHAPELLE.

Il est aussi sorti des établissemens de MM. DAVIDSON et RICHARDSON, à la Villette, près Paris, plusieurs *mécaniques à fabriquer le papier continu* et plusieurs *tamis épurateurs*. On leur doit une foule de perfectionnemens.

Le papier qui a servi à l'impression de cet ouvrage, provient de la fabrique de MM. BRISE et Compagnie, à la Villette, près Paris; cette fabrique, qui a maintenant un *tamis épurateur*, est en pleine activité.

TABLE DES MATIÈRES

CONTENUES DANS LE TOME DEUXIÈME DU MANUEL DU
FABRICANT DE PAPIER OU ART DE LA PAPETERIE.

ART DE LA PAPETERIE.

TROISIÈME PARTIE.

NOTICE DESCRIPTIVE

FIN DE LA TABLE DU TOME SECOND ET DERNIER

TROYES. — IMPRIMERIE DE CARDON.

www.ingramcontent.com/pod-product-compliance
Lightning Source LLC
Chambersburg PA
CBHW050509270326
41927CB00009B/1963